本书是国家社科基金重点项目（16ATQ008）资助研究成果

专利信息挖掘研究

文庭孝　著

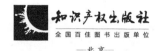

知识产权出版社
全国百佳图书出版单位
——北京——

图书在版编目（CIP）数据

专利信息挖掘研究／文庭孝著. —北京：知识产权出版社，2022.7
ISBN 978－7－5130－8165－8

Ⅰ. ①专…　Ⅱ. ①文…　Ⅲ. ①专利—信息检索—研究　Ⅳ. ①G254.97

中国版本图书馆 CIP 数据核字（2022）第 080064 号

内容提要

专利文献是集技术信息、法律信息、经济信息和战略信息于一体的综合情报源，其中包含了大量的技术细节、权利要求、市场倾向和战略意图等专利信息，便于我们对企业技术创新过程及其活动规律，以及技术创新中所包含的各类创新主体和各种创新要素信息进行挖掘和分析。本书从专利信息挖掘理论基础、专利信息挖掘对象与内容、专利信息挖掘方法与模式、专利信息挖掘系统开发和专利信息挖掘实证研究几个方面系统阐述了专利信息挖掘理论、方法、系统与应用问题。

责任编辑：张水华　　　　　　　　　　责任校对：王　岩
封面设计：智兴设计室·任珊　　　　　责任印制：孙婷婷

专利信息挖掘研究

文庭孝　著

出版发行：**知识产权出版社** 有限责任公司		网　　址：http://www.ipph.cn	
社　　址：北京市海淀区气象路 50 号院		邮　　编：100081	
责编电话：010－82000860 转 8389		责编邮箱：46816202@qq.com	
发行电话：010－82000860 转 8101/8102		发行传真：010－82000893/82005070/82000270	
印　　刷：北京九州迅驰传媒文化有限公司		经　　销：新华书店、各大网上书店及相关专业书店	
开　　本：720mm×1000mm　1/16		印　　张：20.5	
版　　次：2022 年 7 月第 1 版		印　　次：2022 年 7 月第 1 次印刷	
字　　数：320 千字		定　　价：89.00 元	

ISBN 978－7－5130－8165－8

前　言

专利既是科技创新的成果，也是保护科技创新的利器。尤为重要的是，专利文献中蕴含着大量的科技、经济、法律和战略信息，是科技创新的信息来源和知识基础，是科技创新的动力和源泉。全世界95%的发明成果可以在专利文献中找到，80%的发明创造只在专利文献中记载。同一发明成果出现在专利文献中的时间比出现在其他媒体上的时间平均早1~2年。因此，如何利用专利信息宝库开展专利信息挖掘研究，为国家科技创新、产业发展、企业竞争和科学研究服务，是世界各国科技创新、企业竞争情报和专利分析等研究中的重要课题，受到全世界各国的高度重视。

专利信息挖掘，也称专利挖掘、专利文本挖掘、专利数据挖掘等，是指在创意设计、技术研发、产品开发、技术贸易、专利诉讼等活动中，对所取得的专利技术成果从技术、法律、经济和战略层面进行剖析、整理、拆分和筛选，从而发现和获得有价值的专利信息的过程，其核心是从专利文献、专利数据库、互联网或Web专利信息中挖掘技术信息、法律信息、经济信息和战略信息。专利信息挖掘旨在揭示专利文献的深层动态特征，了解技术、经济发展的历史及现状，进行技术评价和技术预测。专利信息挖掘的产生和发展经历了长期的过程，与专利信息检索、专利信息分析、专利信息计量、专利情报研究、专利地图等研究密切相关。1949年，Seidel最早提出了专利引文分析的概念，但在当时并未引起足够的注意。20世纪70年代，美国知识产权咨询公司（CHI Research Inc.）和国家科学基金委员会（US National Science Foundation）合作研究了评价国家科学（文献）与技术（专利）之间关系的系列指标，并用于评估公司价值。1985年，Pavitt较早注意到专利统计与创新活动的关系。1994 年，纳林（F. Narin）发表了题为"Patents Bibliometrics"的论文，提出了"Patentometrics"的概念，最早把专利计量作为一个独立的领域进行研究。随着世界科技竞争和经济竞争的加剧，专利信息挖掘研究越来越受到政府部门、科技领域、产业领域、公司企业和研究者们的重视，应用范围日益广泛。与此同时，专利信息检索、专利信息分析、专利地图、专利竞争情报、知识产权等领域的相关研究积累了丰富的成果，大大促进了专利信息挖掘研究的发展。在国内外大量学者和实务工作人员的持续推动下，专利信息挖掘已经成为一个重要的交叉研究领域。

本书的出版源于以下原因：一是专利信息检索、专利信息计量、专利信息分析、专利竞争情报、知识产权、专利地图等领域经过长期发展，取得了丰富的研究成果，为专利信息挖掘研究奠定了坚实的理论基础。但专利信息挖掘研究尚未成熟，还没有形成自身完善的内容体系、理论体系和学科体系，需要整合这些领域的研究成果，使其成为独立的学科研究领域。二是笔者长期以来从事专利信息挖掘方面的教学和科研，积累了丰富的研究成果，为《专利信息挖掘研究》一书的出版打下了良好的基础。三是本书的出版得到了国家社科基金重点项目"面向企业技术创新的专利大数据挖掘与分析研究（16ATQ008）"的资助，本书是该项目结项研究报告。

本书在写作过程中参考了大量的国内外相关文献，融入了杨忠、赵阳、唐晖岚、姜坷炘、廖花林、龙微月等研究生的相关研究成果，中南大学湘雅医学图书馆刘晓英研究馆员为项目研究和本书写作做出了重要贡献。本书在出版过程中得到了知识产权出版社张水华编辑的大力支持和帮助，在此一并表示最衷心的感谢！

由于专利信息挖掘是一个新兴的综合交叉研究领域，加上笔者研究能力所限，书中疏漏在所难免，恳请广大专家、学者和读者批评指正。

文庭孝

2021. 11. 15 于中南大学

目 录

0 导　言

0.1　研究背景

　　企业是技术创新的主体，也是市场竞争的主体。随着世界科技和经济的持续快速发展，新一轮科技革命和产业革命即将启动。享受到技术创新带来的红利后，企业从事技术创新的热情空前高涨，因此，提升企业市场竞争能力和核心竞争优势的技术创新成果不断涌现并持续累积。企业技术创新过程是一个新技术从研发到应用的全过程，也是一个新产品从概念设想到研发设计，再到开发应用和市场转化的连续过程，专利在技术创新和市场开发中起着中介与桥梁作用。世界各国为保护企业技术创新动力而建立了专利保护制度，通过专利申请、审批的形式对技术创新成果进行保护已成为一种通行做法。专利是企业技术创新过程中智力劳动成果的结晶，而专利文献则是整个企业技术创新过程的完整记录。因此，企业技术创新离不开已有专利、专利文献及其中蕴含的高价值专利数据和专利信息。

　　专利文献及其衍生数据库是专利技术、法律、经济和战略信息等专利信息的载体，其中蕴含着大量具有潜在价值的专利数据和专利信息，是企业技术创新中最有价值的智力、竞争与商业情报源。企业是技术创新和市场竞争的核心主体，专利是技术创新和产品开发的主要体现。专利既是企业技术创新的重要成果，也是企业技术创新的重要情报源，同时也是企业技术创新的重要保护形式。因此，利用专利、专利文献及衍生数据库开展专利数据与专利信息挖掘对于企业技术创新的重要意义不言而喻。

　　知识产权，特别是专利，以及专利数据、专利信息挖掘在技术创新中的作用引起了各国政府及企业的高度重视，美、英、日、法、德、韩等发达国家都相继提出了科技创新和知识产权立国战略。巴西、印度等发展中国家也不甘落后，纷纷将科技创新与知识产权战略提升到国家战略高度。我国党中央和国务院高度重视科技创新和知识产权保护，并在"科教兴国""国家创新体系建设""知识创新工程""建设创新型国家""创新驱动发展""双一流"建设等国家重大战略决策以及《中共中央国务院关于加速科学技术进步的决定》《国家知识产权战略纲要》《国家中长期科学和技术发展规划纲要（2006—2020年)》《关于深化科技体制改革加快国家创新体系建设的意见》《国民经济和社会发展"十四五"规划和二〇三五年远景目标》，以及党的十八大报告、十九大报告，十九届五中全会和期间的政府工作报告等重要政策文件中把知识产权保护及专利信息资源开发与利用放到了十分重要的战略地位。

目前，全世界各国已累计产生专利超亿件，且每年新增专利约300万件。全球专利信息量正在高速增长，平均每10秒钟就产生1份专利申请，每20秒钟就出版1份专利文献，互联网上的电子专利、数字专利和专利信息数据库难以计数。专利文献和专利信息已经累积成为专利大数据，给传统的专利数据、专利信息挖掘带来了巨大的压力与挑战。面对海量专利数据和专利信息的有效处理与挖掘分析，需要将大数据思维、技术和算法引入专利信息深度挖掘与利用中。

专利信息挖掘能够从海量的专利信息中揭示出隐含的、先前未知的且具有巨大潜在价值的技术、法律、经济与战略信息，并转化为专利情报，为企业技术创新服务。专利信息挖掘的应用价值主要体现在：①专利信息挖掘对于企业技术创新、专利战略布局和发展规划的制定具有极大的应用价值。美国的专利信息挖掘与分析机构 CHI 公司拥有 IBM、Intel、Kodak、Philips Electronics、Seiko – Epson 等世界 500 强大企业客户，这些企业利用其提供的专利分析报告制定企业技术研发和专利发展战略，取得了巨大的成功。②专利信息挖掘贯穿企业技术创新和市场竞争的整个过程，与研发方向选择和布局、技术引进、技术攻关、成果转化、产品开发、市场营销、法律纠纷解决、企业技术人才选拔与聘用等密不可分。

0.2 研究内容

海量的专利文献、专利信息和专利数据为企业开展技术创新提供了重要的情报源。专利文献是集技术信息、法律信息、经济信息和战略信息于一体的综合情报源，其中包含了大量的技术细节、权利要求、市场倾向和战略意图等专利信息，具有内容详细、格式规范、技术面广、易于统计等诸多特点，便于我们对企业技术创新过程及其活动规律，以及技术创新中所包含的各类创新主体和各种创新要素信息进行挖掘和分析。专利文献中包含着各类人员信息（如申请人、专利权人、发明人、代理人、审查员等），时间信息（如申请日、授权日、公告日、优先权日等），空间信息（如国家、省区、地址等），技术信息（如技术特征、技术方案、专利名称、摘要、关键词、附图等），法律信息（如权利要求、法律状态、诉讼情况等），号码信息（如 INID 码、IPC 分类号、申请号、专利号、公告号、公开号等），引文信息（专利和非专利文献信息），专利族信息（同族专利信息）等专利特征单元信息，且这些专利信息和专利数据及其组合从不同角度和层面揭示了专利文献及其衍生数据库中蕴含的技术信息、法律信息、经济信息和战略信息。

不仅如此，这些专利信息单元之间不是孤立的，而是相互联系的，形成了一个完整的专利信息体系。专利信息挖掘反映的不仅仅是专利数据与专利信息单元的数量与质量特征，更重要的是体现了专利数据与专利信息单元的关联与网络特征。因此，专利信息挖掘包括两个基本要素：一是专利数据与专利信息单元，可以是人员信息、时间信息、空间信息、技术信息、法律信息、号码信息、引文信息、专利族信息等特定对象及其所反映的专利技术信息、法律信息、经济信息和战略信息；二是专利数据与专利信息单元之间的联系，如申请人、专利权人、专利发明人合作关系，专利引证关系，同族专利关系，IPC 关联，国家与地区合作关系，关键词共现等。因此，专利信息挖掘既包括专利信息的一维及其多维组合挖掘，也包括专利信息的关联挖掘。

0.3 主要贡献

（1）专利信息挖掘理论研究

本书的理论研究贡献主要体现在三个方面：一是系统梳理了国内外企业技术创新与专利信息挖掘研究现状与进展；二是概念体系构建，对课题中涉及的专利、专利文献、专利信息、专利数据、专利信息计量、专利信息分析、专利信息挖掘以及技术创新与企业技术创新两大概念体系进行了界定和统一；三是内容体系构建，从理论、对象、模式、方法、工具和实证研究以及专利技术信息挖掘、专利法律信息挖掘、专利经济信息挖掘和专利战略信息挖掘这两条线索构建了本课题研究的内容体系。

（2）专利信息挖掘模式与框架研究

本书的模式与框架研究贡献主要集中在两个方面：一是专利信息挖掘模式构建，提出并构建了基于专利检索、基于专利地图、基于专利数据挖掘、基于专利文本挖掘、基于专利分析以及专利信息一体化挖掘的专利信息挖掘模式；二是专利信息挖掘框架构建，提出并构建了面向企业技术的专利技术信息、法律信息、经济信息和战略信息的挖掘框架。

（3）专利信息挖掘工具开发研究

本书的工具开发研究贡献主要突显在两个方面：一是对现有专利信息挖掘工具进行系统梳理、比较与评价，并将国内外现有的专利信息挖掘工具根据其性质分为通用工具、专用工具和综合工具，根据其功能分为检索工具、分析工具和可视化工具；二是专利信息挖掘工具开发，根据项目研究需要，课题组开发了两款专利信息挖掘与分析软件，即专利信息计量分析工具 Patentometrics_ wen_ V 1.0 和专利信息可视化分析系统 V 2.0，其中专利信息计量分析工具 Patentometrics_ wen_ V1.0 登记获得了软件著作权证书。

（4）专利信息挖掘实证研究

本书的实证研究贡献主要在于五个方面：一是三一重工股份有限公司

（以下简称三一重工）的专利情报挖掘实证研究，从多个角度和多个维度对三一重工的专利数据进行了挖掘和分析，并提出了有针对性的建议；二是人脸识别技术领域的专利技术信息挖掘实证研究，从多个维度、采用多个指标揭示了人脸识别技术领域技术发展现状、技术热点和技术动向；三是华为的专利法律信息挖掘实证研究，从多个角度、采用多个指标和方法对华为专利文献包含的法律信息进行了系统挖掘和分析，并提出了有针对性的建议；四是中兴和华为的专利经济信息挖掘实证研究，基于两家企业的财务数据和专利数据对其中包含的专利经济信息进行了挖掘和分析，并提出了有针对性的建议；五是人工智能技术领域的专利战略信息挖掘实证研究，从多个维度、采用多个指标展示了人工智能技术领域企业的技术战略、法律战略和经济战略，并提出了有针对性的建议。

第1章　绪论

当今世界的竞争是以科技和经济为核心的综合实力的竞争，而科学技术是第一生产力，科技创新是第一动力。由此可知，科技竞争是国际竞争的焦点，而科技竞争的核心是科技创新，科技创新的核心是知识产权，企业知识产权的核心是专利。因此，代表企业知识产权和无形资产的专利已成为科技进步、经济发展、市场竞争的核心和焦点。全球竞争正从经济竞争、产业竞争前移到科技进步和创新能力的竞争。

1.1　研究背景与研究意义

企业是市场竞争和技术创新的主体，目标是市场利益最大化。企业实现市场利益最大化目标的途径是独占或垄断市场。为了达到这一目标，企业不惜动员和利用自身所有资源，以抢占先机，获得竞争优势。在企业的全部资源中，专利是含金量最大、价值最高的无形资产之一。专利既是企业在激烈的市场竞争中获利的法宝、进攻的利器、防护的盾牌，也是企业技术创新能力的重要体现、核心竞争力的重要来源。企业只有持续不断地进行技术创新，才能获得更多体现并维护其市场竞争优势的高价值专利。因此，提高技术创新能力，获得高价值的专利并转化为市场，是企业的核心竞争力，也是企业实现市场利益最大化的最佳手段。

企业技术创新是一个十分复杂的过程，是一项系统工程，离不开高效的组织和科学的管理。企业在技术创新过程中，除了需要拥有一支高效的技术研发团队，还需要资源、制度、环境等条件保障，这些因素都是企业技术创新能力的综合体现，全面反映了企业的资源动员和利用能力。企业技术创新能力也就是企业能够在多大程度上系统地完成与技术创新有关的各项活动的能力。企业技术创新能力取决于企业能否在技术上将科学概念和原理转化为创意，形成专利，设计成产品，并转化为市场，实现价值。

1.1.1　研究背景

科学技术是第一生产力，创新是引领发展的第一动力。科技是国家强盛之基，创新是民族进步之魂。科技创新和知识产权在人类历史上受到了前所未有的重视。

（1）科技创新和知识产权已经成为发达国家的国家战略

以美国为首的发达国家，包括英国、日本、法国、德国、韩国等国家都相继提出了科技创新立国和知识产权立国的国家战略。

2009 年 9 月，美国总统办公室、国家经济委员会（NEC）和科技政策办公室联合发布《美国创新战略：推动可持续增长和高质量就业》，首次系统地发布了创新战略，2011 年更新了此文件，新的创新战略确定了维持创新生态系统的新政策。2014 年 7 月，美国白宫科技政策办公室（STPO）和国家经济委员会联合开展了针对新战略的全民创意征集活动。此后美国推出系列战略实施计划，如《美国先进制造业战略计划（2012）》《国家生物经济蓝图（2012）》《气候行动计划（2013）》《国家制造业创新网络：初步设想（2013）》《基于先进的创新性神经科学技术的人脑研究计划（2013）》《国家纳米技术战略计划（2014）》等。2015 年 10 月，美国发布新的《美国创新战略》，并指出创新是经济增长的源泉，在其他国家依靠现有技术和商业实践实现增长的同时，美国必须持续创新，从而确保美国企业处于技术前沿。2020 年 10 月 15 日，美国发布了《关键和新兴技术国家战略》，旨在促进和保护美国在人工智能（AI）、能源、量子信息科学、通信和网络技术、半导体、军事以及太空技术等尖端科技领域的竞争优势。该战略制定了两个主要支柱，即促进国家安全创新基础和保护技术优势。

1994 年，英国政府首次公布了创新白皮书，明确了国家以创新为核心的新的国家科技发展战略。2002 年之后，英国政府更是系统地发表了一系列行动计划，包括《投资于创新》《在全球经济下竞争：创新挑战》《2004—2014 科学与创新投资框架》和《从知识中创造价值》等。2020 年 10 月 19 日，英国国防部发布了《2020 年科学技术战略》，旨在确保英国国防部保持未来的科技优势。

自 2006 年起，德国联邦政府相继推出了 3 份高技术战略。2012 年，德国政府推出了《高科技战略行动计划》，计划从 2012 年至 2015 年投资约 84 亿欧元，以推动《德国 2020 高科技战略》框架下 10 项未来研究项目的开展。2014 年 10 月，德国联邦内阁批准通过了《新版高技术战略——为德国而创新》，这是继 2010 年发布的《思想·创新·增长——德国 2020 高技术战略》之后第 3 份国家级"高技术战略"。2013 年 4 月，德国正式推出了《德国工业 4.0 战略计划实施建议》，并将该战略作为经济领域的重点发展对象，旨在支持德国工业领域新一代革命性技术的研发与创新，确保德国强有力的国际竞争地位。2018 年，德国又出台了《新高技术战略——创新德国》，提出要把德国建设为世界领先的创新国家。

20 世纪 90 年代末期，法国就开始实施了一系列科技创新政策，如 1999 年颁布的《创新和研究法案》旨在重构法国的创新体系，2003 年出台的《法国创新计划》成为促进企业研发创新的重大推手。2013 年法国通过《新高等教育和研究法》，在该法案的指导下，法国制定了《法国—欧洲 2020 关于研究、技术转化和创新的战略议程》，明确了国家在未来近十年间优先发展的科研领域，并制定了一系列促进技术转化和创新的举措。为应对全球科技、环境等方面的一系列重大挑战，保持法国世界一流科技大国的地位，法国政府于 2015 年颁布实施《法国—欧洲 2020》战略，成为继《国家研究与创新战略（2009—2013 年）》之后出台的第二个国家级科学研究与创新发展战略，旨在从宏观层面为法国应对气候变化、实现可持续发展、调整能源结构等重大问题提供决策支撑。

日本科技立国战略制定始于 20 世纪 80 年代初期，以 1980 年日本通产省发表的《80 年代通商产业政策展望》为标志，正式提出了"科技立国"的战略方针；同年 10 月日本科学技术厅公布的《科技白皮书》再次明确提出了"科技立国"战略。1986 年 3 月 28 日，日本政府内阁会议又通过了《科学技术政策大纲》，该大纲成为指导日本科技立国战略的总纲领。1995 年 11 月通过的《科技基本法》和 1996 年 7 月提出的《科技基本计划》进一步贯彻和强化了"科技立国"战略[1]。2017 年 6 月 2 日，日本内阁会议出台了《科学技术创新综合战略 2017》，该战略在日本《第五期科学技术基本计划（2016—2020）》第一年变化的基础上，重点论述了 2017—2018 年应重点推进的举措，包括实现超智能社会 5.0（Society 5.0）的必要举措，以及今后应对经济社会问题的策略，加强资金改革，构建面向创造创新人才、知识、资金良好循环的创新机制和加强科学技术创新的推进功能等 6 项重点项目。2018 年 7 月，日本政府又公布了 2018—2019 年科学技术政策基本方针《综合创新战略》，突显五大重点措施，即大学改革、加强政府对创新的支持、人工智能、农业发展、环境能源。

以上这些国家在科技创新投入、创新产出和创新能力等方面远高于其他国家，从而跻身于创新型国家行列。这些国家的研发经费占 GDP 的比重一般都在 2% 以上，拥有的发明专利总数占到全世界的 99%，在世界科技竞争和经济竞争中占据明显优势。

为了加强对科技创新成果的保护和利用，世界各国高度重视知识产权保护，并相继制定了国家知识产权战略。美国从 20 世纪 80 年代开始实行知识产权发展战略，一是产业结构的调整，二是相应的知识产权改革，制定法律，重新界定知识产权的权利归属和利益分配，包括知识产权的实施者和推动者及管理者的权益。在对外方面，谋求美国知识产权权利人在全球利益的最大化，推动"与贸易有关的知识产权协议"（Trips）的签署。美国是专利战略实施最好的国家，美国学者认为"专利战略是保证你能够保持已获竞争优势的工具"。2002 年 7 月 3 日，日本政府的知识产权战略会议发表了《知识产权战略大纲》，将"知识产权立国"列为国家战略。同年 11 月 27 日，日本国会通过了政府制定的《知识产权基本法》，提出从创造、活用、保护三个战略以及人才基础和实施体制等方面抢占市场竞争制高点。2003 年 2 月 25 日，日本政府决定在内阁增设知识产权战略本部，作为过去直属首相的咨询机构"知识产权战略会议"的延续，由全体内阁成员和 10 名在知识产权方面有专长的成员组成，首相任本部长，并成立了"知识产权推进事务局"，每年发布一次"知识产权推进计划"。

西方发达国家一直重视对专利数据资源的分析和利用，特别是"二战"

后的日本，通过对各类专利数据的分析，绘制了专利地图，并以此为依据制定了"包围型"专利发展战略，使日本迅速崛起成为科技强国。

（2）我国党中央和国务院高度重视科技创新和知识产权

2006 年，党中央、国务院做出了"建设创新型国家"的战略决策，并提出："建设创新型国家，核心就是把增强自主创新能力作为发展科学技术的战略基点……；就是把增强自主创新能力作为调整产业结构、转变增长方式的中心环节……；就是把增强自主创新能力作为国家战略……大力推进理论创新、制度创新、科技创新。"2012 年 11 月，党的十八报告又进一步明确指出，科技创新是提高社会生产力和综合国力的战略支撑，必须摆在国家发展全局的核心位置，并强调要坚持走中国特色自主创新道路、实施"创新驱动发展战略"，加快建设国家创新体系，着力构建以企业为主体、市场为导向、产学研相结合的技术创新体系。党的十八大以来，党和政府高度重视科技创新工作，坚持把创新作为引领发展的第一动力。2019 年 3 月 5 日，国务院总理李克强在发布的《2019 年国务院政府工作报告》中提出，过去一年，我国深入实施创新驱动发展战略，创新能力和效率进一步提升[2]。2020 年 9 月 11 日，习近平主持召开科学家座谈会，并在发表重要讲话时指出，我国经济社会发展和民生改善比过去任何时候都更加需要科学技术解决方案，都更加需要增强创新这个第一动力。我国"十四五"时期以及更长时期的发展对加快科技创新提出了更为迫切的要求：一是加快科技创新是推动高质量发展的需要；二是加快科技创新是实现人民高品质生活的需要；三是加快科技创新是构建新发展格局的需要；四是加快科技创新是顺利开启全面建设社会主义现代化国家新征程的需要。我国已经进入了高质量发展阶段，新发展阶段的时代特征、新发展格局的形成要求、新增长动能的支撑要求、人民对美好生活的期待、新一轮国际竞争的综合需要、实现现代化的发展任务，都需要科学技术这个第一生产力的支撑，都需要创新这个第一动力加以驱动。

2007 年，党的十七大报告明确提出了"实施国家知识产权战略"。2008 年 6 月 5 日，国务院印发了《国家知识产权战略纲要》，旨在提升我国知识产权创造、运用、保护和管理能力，建设创新型国家。为进一步加快推进创新型国家建设，全面落实《国家中长期科学和技术发展规划纲要（2006—2020

年)》，中共中央、国务院 2012 年 9 月又印发了《关于深化科技体制改革加快国家创新体系建设的意见》（中发〔2012〕6 号），并明确提出了"加强知识产权的创造、运用、保护和管理，到'十二五'期末实现每万人发明专利拥有量达到 3.3 件的目标，建立国家重大关键技术领域专利态势分析和预警机制"。国务院办公厅 2014 年颁布了《深入实施国家知识产权战略行动计划（2014—2020 年）》，成立了国务院知识产权战略实施工作部，并特别指出："指导有关行业建设知识产权专业信息库，鼓励社会机构对知识产权信息进行深加工，提供专业化、市场化的知识产权信息服务，满足社会多层次需求。"2014 年，李克强总理在政府工作报告中，再次明确了知识产权在科技创新和科学发展中的重要地位，要求继续加强知识产权保护和运用。中国科学院可持续发展战略研究组首席科学家牛文元提出，提升国家知识产权战略的定位，应从五个方面考虑：知识产权是 21 世纪国家发展的第一战略储备；知识产权是国家竞争力提高的根本体现；知识产权是在衡量国家创新能力时衡量产出的最重要指标；知识产权是知识经济社会真正的经济增长发动机；知识产权是先进生产力的代表[3]。2019 年 3 月 15 日，十三届全国人大二次会议闭幕后，李克强总理在回答记者提问时指出：加强对知识产权的保护，将修改《知识产权法》，要让侵犯知识产权的行为无处可遁。加强知识产权保护，是完善产权保护制度最重要的内容，也是提高我国经济竞争力的最大激励。为贯彻落实党中央、国务院关于强化知识产权保护的决策部署，进一步完善制度、优化机制，2019 年 11 月 24 日，中共中央办公厅、国务院办公厅印发了《关于强化知识产权保护的意见》，并发出通知，要求各地区各部门结合实际认真贯彻落实。2020 年 4 月 20 日，国家知识产权局发布了"2020—2021 年贯彻落实《关于强化知识产权保护的意见》推进计划"，我国将启动新一轮知识产权法修订工作。

（3）专利信息已累积成为具有重大科技创新价值的大数据

据世界知识产权组织（WIPO）统计，2006 年以来，全球各专利机构每年公布约 300 万件专利文献[4]。目前，全球有 160 多个国家、地区及组织以多种文字出版专利文献，每年以 300 万件左右的数量递增，约占世界图书期刊年出版总量的 1/4[5-6]。据估计，全球平均每 10 秒钟就产生 1 份专利申请，每 20 秒钟就出版 1 份专利文献，世界各国累计专利近亿件，数字专利信息不计其数。

如此丰富的专利信息资源是一个巨大的宝库，蕴含着重要的科技、经济、法律和战略信息，专利信息已成为具有重大科技创新价值的专利大数据。因此，加强专利信息挖掘和数据分析，深入挖掘专利信息的价值，有效展示专利文献中隐藏的高价值信息，是大数据时代专利信息挖掘和数据分析的必然要求。

（4）专利数据挖掘与分析是科技创新的加速器

专利是企业技术创新成果的防护盾，也是企业技术创新成果应用的利器。随着全球科技竞争和市场竞争的加剧，关键技术和核心专利已成为衡量国家、产业、机构、企业和个人科技创新能力与核心竞争优势的重要标志。

专利是集技术、法律、经济信息为一体的综合信息资源，是企业自主创新成果的重要载体。专利文献所反映的技术信息比一般学术论文、专题著作、科技报告等文献载体更准确、可靠、实用和系统。因此，在企业技术创新过程中，合理利用专利文献，充分挖掘和分析专利信息与专利数据，不仅可以为企业提供技术参考，还能节约研究经费和时间，提高企业技术创新的起点[7]。

一个企业能否具有持续的技术创新能力，既取决于其在长期的技术创新过程中积累起来的资源和能力优势，即企业自身的技术创新体系，能够持续不断地将企业内外部资源转化为技术创新能力，获得体现竞争优势的专利，并转化为市场；也取决于其能否有效利用外部资源，即社会技术创新体系（包括政府、高校、科研机构、其他企业和个人等主体形成的技术创新体系），节约资源，提高效率，高效创新。企业自身长期积累起来的专利信息和专利数据资源，企业外部所存在的专利信息和专利数据资源都是企业技术创新的起点。

继承性和发展性是技术创新的基本特点，正如牛顿所说：我之所以比别人看得更远，是因为我站在巨人的臂膀上。世界知识产权组织研究表明，全世界 90% ~95% 的发明创造是通过专利文献首次反映出来的，且有近 80% 未在其他文献中出现，仅能在专利文献中查到。同一发明成果出现在专利文献中的时间比出现在其他媒体上的时间平均早 1 ~ 2 年。因此，在企业技术创新过程中，充分有效地利用专利信息资源，可以平均缩短 60% 的研发时间，节省 40% 的研发费用[8-9]。

实践证明，通过专利数据挖掘与分析了解竞争对手和自身所掌握的关键技术与核心专利是科技创新的前提和基础，专利数据挖掘与分析是科技创新的加速器和推进器已成为一种全球共识。同时，专利数据挖掘与分析已贯穿企业技术研发和市场竞争的全过程，与人才选拔、研发方向选择与布局、技术攻关、技术引进、成果转化、产品开发、市场营销、国际贸易、侵权纠纷解决等密不可分。

正因如此，除传统的专利文献检索服务外，专利数据的深度挖掘与分析越来越受到国内外科技界、企业界的高度关注与重视。

(5) 中美贸易战吹响了全球技术创新争夺战的号角

科技创新已经成为主导世界秩序的重要力量。企业是技术创新的主体，技术创新是企业的生命线，技术创新决定了企业的市场竞争地位和国际竞争地位。

中美贸易争端一直不断，重点围绕知识产权和核心技术展开。2018 年，特朗普政府不顾中方劝阻，执意发动贸易战，掀起了又一轮的中美贸易争端。作为新一轮中美贸易战中的焦点，2018 年的"中兴事件"和 2019 年的"华为事件"敲响了企业技术创新与全球技术创新争夺战的警钟。

2018 年 4 月 16 日，美国商务部对中国最大的 5G 电信设备制造商中兴通讯实施 7 年的出口禁令，不允许中兴进口其产品所需要的美国部件和软件，作为其违反美国贸易禁令的惩罚。直到 2018 年 7 月 2 日，美国商务部发布公告，暂时、部分解除对中兴通讯公司的出口禁售令。2018 年 7 月 14 日，中兴通讯宣布："解禁了！痛定思痛！再踏征程！"[10]

2019 年 5 月 16 日，美国商务部以国家安全为由，将中国科技巨头华为公司及其 70 家附属公司列入管制"实体名单"，禁止美企向华为出售相关技术和产品，中断了华为与诸多美国企业的密切合作，企图通过"实体名单"限制中国科技业的发展。2019 年 5 月 20 日，谷歌暂停与华为的业务合作，不再向华为授权提供谷歌的各种移动应用，因此华为只能使用安卓手机操作系统的开源公共版本，这对华为的海外手机市场造成了很大的影响。其后，英特尔、高通、赛灵思和博通等芯片设计商和供应商也开始停止向华为供货。英特尔是华为服务器芯片的主要供应商，高通为华为的许多智能手机提供处理器和调制解调器，赛灵思向华为销售用于网络的可编程芯片，博通主要为华为提供交换芯片。2019 年 5 月 23 日，事件继续升级，英国电信运营商 EE 宣布启用 5G 服务，不支持华为 5G 手机；英国芯片设计商 ARM 断供华为；微软、东芝、日本两大通信运营商 KDDI 和软银等企业也与华为暂停了业务合作，对华为的发展造成了巨大的影响[11]。尽管如此，华为凭借其雄厚的技术创新能力，突破了美国对华为技术的重重封锁。

"中兴事件"和"华为事件"暴露出中国在一些关键核心技术上受制于人的软肋，以及自主知识产权的高端芯片远不能自给自足的严峻现状，这对中国企业是个前车之鉴，并再次向国内企业发出警示，中国企业必须进一步提高技术创新能力，尽快把核心技术掌握在自己手中。"开放创新"不能替代"自主创新"，技术创新和自主创新是企业参与国际竞争的唯一出路[12]。在我国正在推进"一带一路"倡议、推进《中国制造 2025》、全力推动人工智能和 5G 产业发展的关键时期，世界专利战和贸易战敲响了中国企业技术创新和自主创新的警钟。

1.1.2 研究意义

专利文献、专利信息和专利数据是商业经营、科学研究和技术创新最重要的信息源和情报源之一，专利信息数量庞大、价值突显、来源广泛。因此，如何有效开发利用专利信息和专利数据，引起了业界和学术界的高度关注，专利信息、专利数据挖掘与分析应运而生。

有关专利计量、专利分析、专利情报和专利数据挖掘等的研究成果已不少，但是缺乏系统性。从学科构建和理论构建的角度开展专利信息挖掘及其应用研究，有利于整合情报学、知识产权、经济学、管理学和技术创新等学科领域的研究，有助于初步形成以理论、指标、方法、工具与应用为主线的、统一的专利信息挖掘研究框架和理论体系，对于专利信息挖掘研究从零散走向系统、从经验走向科学，并成为一个独立的学科研究领域，具有重要的科学意义和学术价值。

企业是技术创新的主体，专利是企业技术创新的重要成果，也是企业技术创新的重要技术情报源。专利信息挖掘与分析对于企业技术创新的重要意义不言而喻。全球专利信息量正在高速增长，已经累积成为专利大数据，对传统的专利信息挖掘与分析产生了巨大的挑战。面对海量专利数据处理与分析的瓶颈，需要将大数据思维、技术和算法引入专利信息挖掘与分析。

总体来说，专利信息挖掘与分析的作用主要体现在：

（1）有助于专利信息资源的有效开发与综合利用

专利是人类聪明才智的结晶，是人类开拓创新的智慧源泉。海量的专利文献、专利信息和专利数据资源是一个亟待开发的巨大资源宝库，并且全世界绝大部分专利信息和专利数据都可以免费使用。如欧洲专利局的 Worldwide 数据库就收藏了 1836 年以来的专利文献 8000 多万件，且数量还在不断地快速增长[13]。因此，善于利用专利文献、专利信息和专利数据开展专利信息挖掘与分析可以加速企业技术创新步伐。

（2）有助于专利信息分析与服务产业健康快速发展

专利信息挖掘与数据分析的作用不仅在于专利查新检索、专利性检索、技术跟踪检索、侵权防御性检索、专利有效性检索等，也不仅在于规避在先技术、防范侵权风险、抢占市场份额、节约研发时间和经费等，更重要的是，专利信息挖掘与数据分析服务已经成为一个非常庞大的产业。据估计，美国专利信息挖掘与数据分析服务产业有 1000 亿美元的市场份额。目前，这一行业已经造就了一些年产值超过 10 亿美元，甚至 70 亿美元的专利信息服务企业。

（3）有助于专利管理政策与专利发展战略的科学制定

专利信息挖掘与分析不但对发明人、企业、实验室、大学等主体有极大的应用价值，而且对产业、政府部门也有极为重要的应用前景。如美国的 CHI 公司是一家知名的专利信息分析机构，目前拥有 DuPont、IBM、Intel、Kimberly‑Clark、Kodak、Philips Electronics、Seiko‑Epson 等大企业客户，拥有澳大利亚 CSIRO 和 ARC、欧盟、MITI/MET、日本通产省、美国航空航天局、美国国立卫生院、美国国家科学基因会、OECD、美国海军部、美国空军部、美国海军研究办公室、美国空军实验室等政府客户。这些大企业和政府客户将 CHI 的专利信息挖掘与分析报告和规划用于专利管理，并据此拟定中长期专利发展战略。

因此，如何利用专利信息和专利数据宝库开展专利信息挖掘与分析，为国家科技创新、企业技术创新、产业发展、企业竞争和科学研究服务，是世界各国科技创新和企业竞争情报研究中的重要课题，受到全世界各国的高度重视。

1.2　国内外研究现状

1.2.1　企业技术创新研究

自熊比特（J. A. Schumpeter）于 20 世纪初提出创新概念和理论以来，技术创新研究经历了 20 世纪 50 年代和 60 年代的开发性研究、20 世纪 70 年代至 80 年代初的系统研究和 20 世纪 80 年代至今的综合研究阶段[14]。

自 1912 年美籍奥地利经济学家熊比特在《经济发展理论》一书中首次提出"创新理论"以来，技术创新理论经历了熊比特时代的创新理论、后熊比特时代的创新理论和互联网时代的创新理论三个重要时期。

熊比特创新理论主要包括四个方面：①提出了"创新"的概念，他认为创新是指把一种从来没有过的关于生产要素的"新组合"引入生产体系，包括引进新产品、引用新技术、开辟新市场、控制或获得原材料或半成品新的供应来源、实现工业的新组织；②论述了创新与企业家的关系，认为创新的承担者只能是企业家，企业家应具备眼光、能力和胆略、经营能力三个条件；③论述了创新与经济增长的关系，经济因创新而增长，但会呈现周期性；④论述了创新与经济发展的关系，认为经济发展是一种质变或生产方法的新组合，创新是一种创造性的破坏。熊比特的创新理论对技术创新发展与管理具有深远的影响。

熊比特的创新理论在创立后的相当长时间内，没有得到理论界与企业界的重视，直到 20 世纪 50 年代后，学者们才开始重新认识创新理论，恢复了对技术创新问题的研究。熊比特之后的学者以其创新概念为工具，对技术创新促进经济增长的内部机制展开了深入而广泛的研究，形成了新古典学派、新熊比特学派、制度创新学派和国家创新系统学派四个学派[15]。技术创新的新古典学派以索洛（S. C. Solo）等人为代表，他们运用新古典生产函数原理，表明经济增长率取决于资本和劳动的增长率、资本和劳动的产出弹性以及随时间变化的技术创新。索洛提出了创新成立的两个条件，即新思想的来源和以后阶段的实现与发展。技术创新的新熊比特学派以爱德温·曼斯菲尔德（E. Mansfield）、莫尔顿·卡曼（M. J. Kamien）、南希·施瓦茨（N. L. Schwartz）等为代表，强调技术创新和进步在经济增长中的核心作用，将技术创新视为一种相互作用的复杂过程，提出了许多著名的技术创新模型。曼斯菲尔德建立了技术创新推广模式，卡曼、施瓦茨等从垄断与竞争的角度对技术创新过程进行了研究。制度创新学派以兰斯·戴维斯（L. E. Davis）、道格拉斯·诺斯（D. C. North）等为代表，他们在1971年出版的《制度变革与美国经济增长》一书中提出了制度创新理论，把熊比特的创新理论与制度学派的制度理论结合起来，深入研究了制度安排对国家经济增长的影响，发展了熊比特的制度创新思想。国家创新系统学派以克里斯托夫·弗里曼（C. Freeman）、理查德·纳尔逊（R. R. Nelson）等为代表，认为技术创新不仅仅是企业家的功劳，也不是企业的孤立行为，而是由国家创新系统推进的。弗里曼在《技术和经济运行：来自日本的经验》一书中提出了国家创新系统理论。

到了20世纪后期，随着技术的不断变化和企业竞争的日趋激烈，新创新形式不断涌现。在西方发达国家，非技术的创新在经济发展中的作用也很重要，且越来越突出。非技术创新包括管理创新、服务创新、商业模式创新、供应链创新等。如日本丰田公司的精益生产管理模式、全面质量管理都是管理创新。20世纪90年代以来，随着互联网的发展与普及，网络经济兴起，技术创新出现了虚拟技术创新、敏捷创新制造等新特征[16]。

1.2.2 专利信息挖掘与分析研究

整体来看，国内外专利信息、专利数据挖掘与分析研究主要分为四个水平和层次、三个方面、四种对象。四个水平和层次为：一是专利文献和专利特征信息的简单统计分析，如时间、地域、主体、分类、主题等；二是专利文献和专利特征信息的组合统计分析，构建专利信息组合矩阵和分布图；三是专利关联和专利地图分析，利用专利检索平台和专利分析软件构建可视化图谱，主要有专利管理和专利技术地图，如专利主体关联图、专利引证图、关键词和技术主题共现图等；四是专利发展趋势预测，如专利功效图用于技术空白点分析、技术路线图用于技术趋势预测、专利挖掘用于技术和商业竞争对手分析。三个方面是专利数量、专利质量和专利价值挖掘与分析，也指专利统计、专利引证和专利关联挖掘与分析。四种对象为专利技术信息挖掘、专利法律信息挖掘、专利经济信息挖掘和专利战略信息挖掘。

国外专利信息、专利数据挖掘与企业技术创新研究主要分为两个层次：一是少量专利的详细挖掘与微观分析，如专利语义网用于企业研发规划中的技术发展趋势识别、专利文本挖掘用于企业技术方向探测等；二是大量专利数据的关联挖掘与宏观预测，如专利数据挖掘用于企业技术竞争和商业决策、专利数据挖掘与企业技术预测等。专利数据挖掘与分析主要基于专利数据库、专利信息检索平台、专利分析软件和专利地图等进行，重点以专利技术信息挖掘和企业技术创新应用研究为主。我国的专利信息、专利数据挖掘研究成果不多，直接面向企业技术创新和针对专利技术信息挖掘的研究成果则更少，研究成果主要集中在专利信息挖掘技术、专利信息挖掘方法、专利信息挖掘工具、核心专利挖掘、专利信息挖掘系统、专利信息挖掘与企业技术创新决策等方面。

专利信息挖掘与分析研究的主要领域有：

（1）专利数据挖掘与分析

随着专利制度的不断发展和完善，专利文献快速积累，人们逐渐发现专利文献蕴藏着巨大的价值，但是受到分析方法和分析技术的限制，专利数据挖掘与分析在起初发展缓慢。20 世纪中期，Seidel 首次系统地提出了"专利引文分析"的概念，认为后继专利对在先专利的引用是不同专利运用相似的技术手段或科学思维的印证，同时，根据专利被引频次可推断专利技术的重要性，即被引频次较高的专利文献相对更重要[17]。专利信息分析在 20 世纪 80 年代才开始引起大众的注意，传统的专利数据挖掘主要包括原文分析和数据统计等，即通过专利文献上固有的信息识别文献，并对指标数据进行统计得到技术发展现状。Slama[18] 在 1981 年运用引力模型技术分析了 1967—1978 年的国际专利申请情况。Ashton[19] 等在 1989 年收集了 1966—1982 年有关钠硫电池的专利数据，采用专利数量、专利申请人、专利权人、专利引用等指标进行综合分析。传统数据挖掘方法没有考虑到专利文献中隐藏的信息，且在面对大量专利数据时手段单一，导致专利数据挖掘与分析结果浅显。随着信息技术的兴起和数据库系统的开发，大量的专利信息得以利用，基于数据挖掘的专利信息分析方法得以建立。利用数据挖掘技术，可以从海量的、无法通过人工统计的专利数据中挖掘出潜在的技术信息，还能通过算法构建潜在技术信息关联并展示出来[20]。专利文献的数据挖掘主要是指使用数据挖掘的方式，如统计分析、知识抽取、聚类、分类、关联等直接处理专利外部特征信息（著录项或专利元数据），得到共引聚类统计、时间序列分析、网络拓扑结构呈现等方面的研究结果[21]，再结合专利地图技术，对专利技术信息进行情报分析，以可视化的形式展现出来[22]。Leydescforff[23]利用谷歌地图，将USPTO 中的专利地域信息与地图位置对应，并补充其他专利信息放置于地图上，进而可利用形成的专利地图清楚、直观地分析国家专利布局情况，从专利地理分布的视角出发，探测技术分布。Han[24]以 RNAi 领域内新兴技术绘制专利地图，分析公司专利布局。

（2）专利文本挖掘与分析

随着对专利信息分析的深入研究，专利信息挖掘扩展到专利文本本身，即综合使用信息检索、数据挖掘、自然语言处理及机器学习等领域的知识和技术对非结构化的专利文本，如题名、摘要、权利要求等字段，进行术语抽取[25]、主题标引[26]、文本分类与聚类[27]等挖掘研究，从而识别专利的技术主题、功能效用和技术演进[28]。文本挖掘可以获得更加全面和潜在的专利信息，是专利数据挖掘的补充和扩展。专利文本挖掘研究主要集中在以下领域：①基于"主—谓—宾"（Subject - Action - Object，SAO）结构的专利文本挖掘。基于 SAO 结构的研究源自发明问题解决理论（Theory of Invention Problem Solving，TRIZ），是表示问题解决方式的基本功能函数单元[29]。SAO 结构一般从摘要或权利要求部分抽取，提升了基于引文或关键词分析的性能，可以更好地揭示技术主题之间的关系。Choi[30]利用文本挖掘提取 SAO 结构，根据语义相似度对专利文本聚类，再结合不同分析方法挖掘对应技术信息。刘鑫[31]在梳理了国内外专利文本挖掘技术研究进展的基础上，探索建立一种基于对中文专利文本中特定动宾结构进行挖掘分析的专利功能分析方法，实现了从专利文本中识别产业化的潜在领域；②基于 TRIZ 的专利文本挖掘研究。

发明中需要解决的技术难题和解决难题的技术方案分别称为技术矛盾和创新原则，是 TRIZ 的核心内容[32]。基于 TRIZ 的专利分类可以快速地获取利用相似发明原理或解决了相似技术难题的专利，提高专利分类准确度。梁艳红[33]、鲁麒[34]分别以 TRIZ 发明原理作为分类标准和语料库，建立了专利特征表示模型。He[35]从用户分类和技术分类角度加深专利知识发现研究。此外，还有结合专利地图、专利引文、社会网络等[36]方法的相关研究。专利文本挖掘丰富了专利信息挖掘与分析的研究视角，拓展了深度，提高了精度。

专利信息挖掘与分析的应用主要体现在两个方面：

（1）提供全面的技术领域信息

国内外专利信息挖掘的深入和分析方法的完善，使得专利信息的利用形式和运用场景不断丰富。随着互联网的发展与普及，专利信息服务平台迅速发展，专利局网站和商业性专利数据库都具备了对专利技术领域、专利发明人、专利申请人、专利权人、专利技术生命周期等信息进行统计与分析的功能，甚至还提供如引文分析、主题聚类和创新主体及其技术类别等分析，为专利信息挖掘、分析与利用提供了便利。王一婷等[37]从专利申请数量、区域分布、申请人分布、主要申请人专利申请技术特点等情况对聚合 MDI（模塑互连器件）专利现状进行了全方位分析。Lo[38]通过专利计量方法分析了我国台湾地区和日本、韩国在遗传工程技术领域的研究增长情况，以及相应的技术生产力的分布和影响等。Kang[39]从国内和国际专利申请模式、授予专利、共同申请人和发明人、知识积累以及知识溢出等方面比较华为、中兴的专利数据。张先伟[40]通过分析金砖五国专利权人在美国授权专利被科学论文引用的数据，从科学对专利产生影响的角度揭示了技术创新状况。周婷[41]采用 Innography 系统，从专利向后引、专利向前引等角度，分析了全球虚拟化技术引证、技术领域 IPC 分布等情况。Wang[42]利用 500 强企业的专利数据，经过引文网络构建企业专利同被引网络，进一步挖掘了技术集群与骨干企业之间的关系。

（2）评价和提高企业技术创新能力

企业申请和授权的专利数量与质量在一定程度上可以反映其技术创新能力，因此，专利信息挖掘与分析在一定程度上可以对企业自身创新能力及其作为技术创新主体所发挥的作用进行评价。目前，在企业技术创新能力测度方面，国内外学者多是通过建立定性与定量的专利指标评价体系，抽取企业专利申请数量、专利族大小、专利被引证率、专利技术范围和专利合作力度[43]等指标，采用多元统计分析、层次分析、灰色理论、神经网络、熵权法[44]等方法对企业技术创新能力做出评价。在国家层面，Lin[45]选取专利数量、单个专利平均被引用次数、当前影响指数和技术实力（专利数量×当前影响指数）等专利指标，对全球企业的竞争实力进行比较，了解技术发展趋势，评估技术扩散轨迹，掌握国家技术创新优势。在行业层面，Wu[46]建立了知识创新能力、网络创新能力、企业技术创新能力、创新环境和创新绩效等基于专利的技术创新能力指标，表明研发投入、专利申请、科技论文、技术合作可以增强国际竞争和技术创新能力；在企业层面，黄鲁成[47]利用关键词决定技术属性和相应水平构建了技术形态矩阵，然后利用专利引证指标和回归方法确定了技术水平的价值贡献，最后利用技术份额指标（企业技术效用或价值占全部企业拥有的总计数效用或价值的比率），对光学光刻技术领域的企业技术创新能力进行实证研究。

越来越多的企业开始重视知识产权管理和专利信息挖掘与分析，将知识产权作为重要的战略资源进行部署，从而提高企业参与市场竞争的可能和实力。Cao[48]采用问卷调查的方式，收集了 118 家高新技术企业的专利管理行为数据并进行回归分析，研究结果表明，专利信息获取对于专利保护和商业化都有积极的作用，将专利采购与商业化相结合，可以为高新技术企业带来创新绩效。Hu[49]利用专利数据分析了日本、韩国及我国台湾地区领先的 TFT - LCD 生产商技术创新能力的变化后发现，技术落后的企业可以通过知识管理提高自身创新能力。此外，企业对自身以外的技术获取、跟踪和分析也会影响企业的技术创新效果，进行广泛的外部技术搜索的企业可能具有更强的技术创新能力。在发达国家，企业利用专利信息挖掘与分析已经十分普遍，如IBM、东芝等都拥有独立的专利情报分析部门，通过定期对行业内的专利信息进行整理分析，了解行业发展趋势、研发动向和竞争对手的技术优势，继而制定并及时调整本企业的专利战略和经营战略。

我国虽然在专利信息挖掘、分析和利用方面落后于西方发达国家，但也有部分高新技术企业如华为、海尔等，开始重视专利信息挖掘、分析和利用，并与企业技术创新相结合，为企业技术研发提供指导。Hu MC、包逸萍、吴松、云洁、谢小东等[50-53]探讨了专利信息应用在企业技术创新中的作用和重要意义。黄跃珍[54]以企业研发阶段中专利信息的利用和管理为切入点，系统说明了各阶段专利工作的重点内容。王燕玲[55]分析了基于企业技术创新视角的专利形成机理，针对拥有不同创新情况的企业构建了专利分析框架。熊璇宇[56]研究了专利信息分析在企业新产品研发中的应用，并以我国汽车行业为例进行专利分析，明确了企业未来新产品的研发方向。何峰[57]将 TRIZ 理论与专利技术信息挖掘相结合，从而获取更多技术信息，促进企业技术研发。

1.2.3　专利计量与专利分析研究

专利计量也称为专利信息计量、专利分析、专利统计分析等，是专利信息、专利数据挖掘与分析在不同时期、不同阶段和不同领域的代名词。国内外尚未对这些做明确的区分，因研究视角、应用习惯、侧重点等不同而常混合使用，并无明显的区别。

1949 年，Seidel 最早系统地提出了专利引文分析的概念[58]，但在当时并未引起足够的注意。20 世纪 70 年代，美国知识产权咨询公司（CHI Research Inc.）和国家科学基金委员会（US National Science Foundation）合作研究了评价国家科学（文献）与技术（专利）之间关系的系列指标，并用于评估公司价值。1985 年，Pavitt 较早注意到专利统计与创新活动的关系[59]。1994 年，纳林（F. Narin）发表了题为"Patents Bibliometrics（专利文献计量学）"的论文，提出了"Patentometrics（专利计量学）"的概念，最早把专利信息计量作为一个独立的领域进行研究。自此专利信息计量逐渐从文献计量学、信息计量学、科学计量学中独立出来发展成为一个新的研究领域[60]，并且引起了专利研究和信息计量研究领域的共同关注。Narin 因此被称为专利信息计量和专利分析的鼻祖。在 Narin、Verbeek 等学者的持续推动下，专利信息计量的相关研究不断拓展和深入[61-69]。其有关专利信息计量研究的成果主要集中发表在 *Scientometrics* 和 *Research Policy* 两种国际性刊物上。2007 年，在西班牙马德里举行的第十一届科学计量学与信息计量学国际研讨会上，"专利信息计量指标"也成为会议的重要议题之一，专利信息计量及其应用研究受到科学计量学和信息计量学领域的特别关注。随着世界科技竞争和经济竞争的加剧，专利信息计量研究越来越受到政府部门、科技领域、产业领域、公司企业和研究者们的重视，应用范围日益广泛。

国外专利计量与专利分析研究以专利信息和专利数据为基础，以统计分析、引文分析、专利挖掘和专利地图等为方法，主要围绕技术、科学、知识、创新、指标、模式、三螺旋、产业、工业、大学、企业、绩效、R&D 等方面进行，专利分析与技术创新、技术转移、产业发展、绩效评估、经济增长研究等备受关注。专利计量、专利分析与企业技术创新关系密切，如可以用专利统计指标衡量企业竞争力，用专利计量测度企业知识产出、专利制度对企业技术创新投资的影响等。

在我国，专利信息计量研究起步较晚，始于 20 世纪 80 年代，虽然相关研究还不成熟，但已经引起了国内图书情报信息、科技管理和法学领域学者的高度关注。从近年来发表的一系列相关研究论文和出版的一批相关研究著作来看，我国的专利信息计量研究主要集中在以下几个方面：①专利信息计量理论研究。如邱均平、栾春娟、乐诗思等对国内外专利信息计量研究的现状进行了分析[66-69]。②专利信息计量指标与方法研究。如黄庆、曹津燕、刘洋、高继平、陈琼娣等对专利指标、专利评价指标体系和方法进行了系统研究[70-74]。③专利信息计量工具和软件研究。如张静、王敏、刘桂锋等对国内外专利分析工具进行了详细介绍和比较[75-77]；马海群、陶辅文、杨祖国等探讨了专利引文和专利引文数据库建设问题[78-80]；肖沪卫、刘颖等研究了专利地图及其应用[81-82]。④专利信息计量应用与实证研究。不少学者研究了专利信息计量在技术创新、技术贸易、专利保护、专利制度、专利战略、知识转移、技术行业领域和公司企业竞争等方面的应用[66,84-92]。我国台湾地区也有一批学者在从事专利分析、专利咨询和专利检索等研究，其中陈达仁、黄慕萱等学者开展的相关研究系统且实际。

我国的专利计量、专利分析与企业技术创新研究成果较多，重点研究了专利、专利文献、专利信息、专利情报、专利数据分析等在企业技术创新的作用，利用专利检索、专利统计、文献计量和专利地图等方法分析企业专利分布和技术优势及企业专利竞争情报等。我国在专利信息、专利数据挖掘与分析研究方面落后于国外，主要原因在于：①专利信息检索平台建设不完善，专利数据不标准、不规范；②专利数据获取渠道不畅通，专利数据获取困难、数据不完整；③专利信息挖掘与分析系统功能不完善，数据处理能力有限；④专利信息分析与利用意识不强。这些不利因素严重地阻碍了我国专利信息

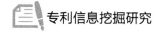

挖掘与分析研究层次和水平的提升。

1.2.4　专利大数据研究

2007 年以来，大数据在国外逐渐成为热点，重点包括大数据技术、算法、模型、挖掘和应用等，其中云计算、数据处理、关联分析、数据挖掘、知识发现等最受关注。研究成果主要集中在 IT、商业、金融、医疗、交通、政府和科研等领域。2013 年，国外开始将大数据引入专利研究，但相关研究成果很少。在 WOS 中用"标题 = big data and patent *"进行检索，仅找到 20 篇相关论文（检索时间为 2020 年 11 月 15 日）。如大数据用于专利价值评估，大数据用于跨语言专利信息检索和在先专利技术搜索，基于专利大数据的技术价值分析系统设计，用大数据技术分析专利产出数据，基于专利大数据挖掘的企业绩效预测，基于机器学习的专利大数据分析，基于大数据量化分析的技术创新与社会变革，支持研发战略制定的专利大数据分析框架，大数据用于技术转让和技术价值分析，基于专利大数据的技术价值分析系统设计，基于大数据的专利语义分析系统[93-102]。

我国大数据兴起于 2011 年，并迅速应用于 IT、商业和医疗等领域。2015 年 12 月 16 日，国家主席习近平在第二届世界互联网大会开幕式上正式提出了"国家大数据战略"，大数据在我国得到快速发展与应用。我国目前的大数据研究以大数据技术及其应用介绍为主，而专利大数据研究则刚起步。在 CNKI 中用"篇名 = 专利大数据"进行精确检索，仅找到 28 篇相关研究成果，如分析研究了利用大数据技术对专利数据资源进行整合、分析和挖掘，专利"大数据"，专利大数据发展对策、路径，专利大数据分析系统关键技术，专利大数据用于行业、热点科技领域、竞争等[103-112]。

1.3　研究内容与研究思路

1.3.1　研究内容

本课题主要围绕面向企业技术创新的专利信息挖掘的理论问题、方法问

题、技术问题和应用问题四个方面展开，主要研究内容和总体框架如图 1 - 1
所示。

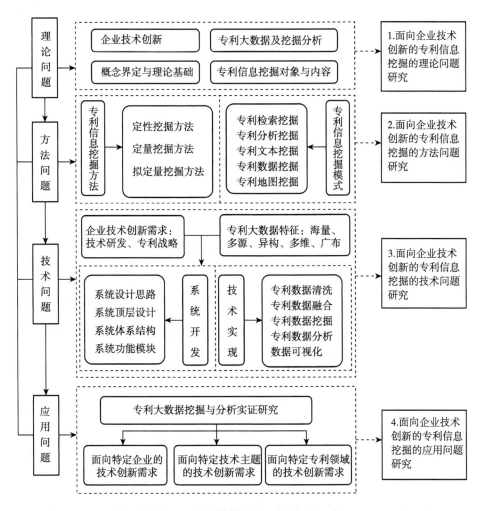

图 1 - 1　课题研究总体框架与主要内容

（1）面向企业技术创新的专利信息挖掘的理论问题研究

理论问题研究包括绪论、理论基础和研究对象与内容 3 章。绪论部分主
要包括选题背景、选题意义、国内外研究现状、研究内容与研究思路；理论
基础主要包括创新、技术创新、企业技术创新、专利与专利文献、专利信息
与专利数据、专利信息计量、专利信息分析和专利数据挖掘等相关概念界定，

以及大数据理论、数据挖掘理论、专利分析理论、技术创新理论、专利与企业技术创新、专利信息与企业技术创新等相关理论；研究对象与内容主要包括专利数据挖掘的对象及其来源、专利技术信息挖掘、专利法律信息挖掘、专利经济信息挖掘、专利战略信息挖掘及其他专利信息挖掘（如高价值专利信息挖掘、失效专利信息挖掘）。

（2）面向企业技术创新的专利信息挖掘的方法问题研究

方法问题研究包括专利信息挖掘方法、专利信息挖掘模式和专利信息挖掘框架三个方面。其中专利信息挖掘方法主要有专利信息定性挖掘方法、专利信息定量挖掘方法、专利信息拟定量挖掘方法；专利信息挖掘模式有专利检索挖掘模式、专利地图挖掘模式、专利文本挖掘模式、专利数据挖掘模式和专利分析挖掘模式；专利信息挖掘框架包括专利技术信息挖掘框架、专利法律信息挖掘框架、专利经济信息挖掘框架和专利战略信息挖掘框架。

（3）面向企业技术创新的专利信息挖掘的技术问题研究

技术问题研究主要是将大数据技术、智能挖掘技术与数据库技术等有机结合应用于专利信息挖掘，包括现有专利信息挖掘工具、专利信息计量与挖掘分析工具开发及专利信息可视化分析系统开发三个部分。专利信息挖掘工具部分主要是对国内外现有的通用专利信息挖掘工具进行比较分析，发现其优劣势及在专利信息挖掘中的应用；专利信息计量与挖掘分析工具开发部分主要是基于国内外重点专利数据源开发了 Patentmetrics_ Wen 专利信息计量与可视化系统；专利信息可视化分析系统开发部分主要是基于 BI（商业智能）和 Microsoft SQL Server 2012 开发了一款专利信息可视化分析系统。

（4）面向企业技术创新的专利信息挖掘的应用问题研究

应用问题主要是利用专利大数据和专利信息挖掘工具面向特定企业技术创新需求开展专利文献大数据、专利特征信息大数据和专利网络信息大数据等实证研究，主要包括三一重工的专利情报挖掘实证研究、人脸识别技术领域的专利技术信息挖掘实证研究、华为与中兴的专利经济信息挖掘实证研究、华为专利法律信息挖掘实证研究、人工智能技术领域的专利战略信息挖掘实证研究。

1.3.2　研究思路

本课题的基本研究思路为：从企业技术创新需求和专利大数据特征出发，构建专利信息挖掘系统，为企业技术创新提供精准服务，为企业制定技术研发和专利发展战略提供依据。如图 1-2 所示。

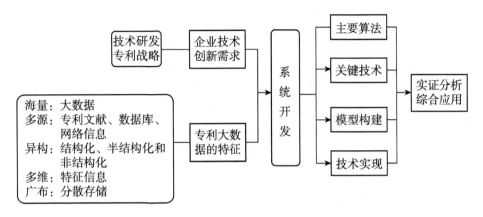

图 1-2　课题研究思路

本章参考文献

[1] 上海科学技术情报研究所，上海市前沿技术研究中心．全球科技创新中心战略情报研究：从"园区时代"到"城市时代" [M]．上海：上海科学技术文献出版社，2016：25-70．

[2] 李克强．2019 年政府工作报告：2019 年 3 月 5 日在第十三届全国人民代表大会第二次会议上 [EB/OL]．[2020-09-18] (2019-03-15)．http://www.gov.cn/guowuyuan/2019zfgzbg.htm．

[3] 陈柏昌．知识产权战略 [M]．2 版．北京：科学出版社，2019．

[4] 国家知识产权局专利局专利文献部．专利文献与信息检索 [M]．北京：知识产权出版社，2013．

[5] 郭吉安，李学静．情报研究与创新 [M]．北京：科学出版社，2006．

[6] 卢慧生，何艳霞，任晓玲，等．WIPO 动态：WIPO《2007 年专利报告》 [EB/OL]．[2020-08-28]．http://www.cutech.edu.cn/cn/rootfiles．

[7] 郭吉安，李学静．情报研究与创新 [M]．北京：科学出版社，2006．

[8] 李建蓉．专利文献与信息 [M]．北京：知识产权出版社，2002．

[9] 李建蓉．专利信息与利用 [M]．北京：知识产权出版社，2006．

［10］中央广电总台国际在线．国际锐评：中兴与美国终于签协议了！来之不易，值得各方深思和珍惜［EB/OL］．［2020 - 09 - 20］．http：//www. nbd. com. cn/articles/2018 - 06 - 06/1223774. html.

［11］SDNLAB. 华为禁令事件始末［EB/OL］．［2020 - 09 - 20］．https：//www. douban. com/note/721248469/.

［12］路风．走向自主创新：寻求中国力量的源泉［M］．北京：中国人民大学出版社，2019.

［13］肖沪卫．专利战术情报方法与应用［M］．上海：上海科学技术文献出版社，2015：19.

［14］吴贵生，王毅．技术创新管理［M］．3 版．北京：清华大学出版社，2013：2.

［15］雷家骕．技术创新管理［M］．北京：机械工业出版社，2013：6 - 11.

［16］柳卸林．技术创新经济学［M］．2 版．北京：清华大学出版社，2014：6.

［17］潘君镇，刘剑锋，陈雅莉．浅谈如何进行专利挖掘［J］．中国发明与专利，2016（12）：51 - 53.

［18］肖沪卫．专利战术情报方法与应用［M］．上海：上海科学技术文献出版社，2015：16.

［19］SOUNDARAPANDIAN S, PONNAIAH P. Strategic Mining of Cyanobacterial Patents from the USPTO Patent Database and Analysis of Their Scope and Implications［J］. J Appl Phycol, 2006（19）：277 - 292.

［20］张晨．专利检索新策略：关键词与分类号相结合［J］．科技情报开发与经济，2014（13）：112 - 113.

［21］陈琼娣．基于词频分析的清洁技术专利检索策略研究［J］．情报杂志，2013（6）：47 - 52.

［22］李更，范文，赵今明．TRIZ 创新流程与专利检索系统的结合探索［J］．情报杂志，2013（2）：79 - 81.

［23］刘彤，刘以成，李俊．TRIZ 理论在专利检索中的应用［J］．中国科技信息，2014（1）：163 - 165.

［24］MAHDABI P, ANDERSSON L, KEIKHA M, et al. Automatic Refinement of Patent Queries Using Concept Importance Predictors［C］. Portland, USA, c2012：505 - 514.

［25］WANG F, LIN LF, YANG S, et al. A Semantic Query Expansion - based Patent Retrieval Approach［J］. 2013 10th International Conference on Fuzzy Systems and Knowledge Discovery（FSKD），2013：572 - 577.

［26］MAHDABI P, CRESTANI F. The Effect of Citation Analysis on Query Expansion for Patent Retrieval［J］. Information Retrieval, 2014, 17（5 - 6SI）：412 - 429.

［27］LIM SS, JUNG SW, KWON HC. Improving Patent Retrieval System Using Ontology［M］. New York：IEEE, 2004, 2646 - 2649.

［28］陈茭熙，顾新建，陈国海，等．基于本体的专利检索技术［J］．浙江大学学报：

工学版，2009（12）：2213－2217.

［29］CHEN YL, CHIU YT. An IPC－based Vector Space Model for Patent Retrieval ［J］. Information Processing & Management, 2011, 47（3）：309－322.

［30］LEE W, LEUNG C, SONG J J. Reducing Noises for Recall－Oriented Patent Retrieval ［J］. 2014 IEEE Fourth International Conference on Big Date and Cloud Computing（Bdcloud）, 2014：579－586.

［31］KRESTEL R, SMYTH P. Recommending Patents Based on Latent Topics ［J］. Recommender Systems, c2013：395－398.

［32］左良军. 基于专利地图理论的专利分析方法与应用探究 ［J］. 中国发明与专利, 2017（4）：29－33.

［33］肖沪卫. 专利地图方法与应用 ［M］. 上海：上海交通大学出版社, 2011：15.

［34］瞿丽曼. 专利地图在企业技术研发中的应用 ［J］. 竞争情报, 2009（4）：44－56.

［35］WANG XW. Summary Research on Energy－Efficient Technology for Multi－core Computing System Based on Scientometrics ［M］. New York：Springer, 2016：348, 983－989.

［36］FU BR, HSU SW, LIU CH, et al. Statistical Analysis of Patent Data Relating to the Organic Rankine cycle ［J］. Renewable & Sustainable Energy Reviews, 2014（39）：986－994.

［37］FU BR, HSU SW, LIU CH. Trends in Patent Applications Relating to Organic Rankine cycle ［M］. Amsterdam：Elsevier Science BV, 2014：249－257.

［38］LO CH. An Extension Design by Applying Patent Map Analysis on Product Life Cycle ［J］. Pakistan Journal of Statistics, 2013, 29（5）：769－784.

［39］KANG B. The innovation process of Huawei and ZTE：Patent data analysis ［J］. China Economic Review, 2015, 36：378－393.

［40］张先伟, 杨祖国. 专利反向引文分析：金砖五国专利实证研究 ［J］. 图书馆工作与研究, 2015（3）：105－108.

［41］周婷, 文禹衡. 专利引证视角下的虚拟化技术竞争态势 ［J］. 图书情报工作, 2015（19）：30－40.

［42］WANG XIANWEN, ZHANG XI, XU SHENMENG. Patent Cogitation Networks of Fortune 500 Companies ［J］. Scientometrics, 2011, 88（3）：761－770.

［43］陈良兴, 赵晓庆, 郑林英. 基于专利信息分析的企业技术创新能力评价——以通信企业为例 ［J］. 科技与经济, 2012（01）：37－41.

［44］岳峰. 熵值法在企业技术创新绩效评价中的应用 ［J］. 中国乡镇企业会计, 2007（6）：26.

［45］LIN JY, SU HN. Investigating Technological Innovation Competitiveness by the Use of Patent－Based Indicators：A Global Comparison ［M］. New York：IEEE, 2014., 1313－1321.

［46］WU B, JIANG CB. The Theory and Practice of China Regional Technological Innovation Capability：A Case Study of Zhejiang Province in China ［J］. Procedings of International Conference on Risk Management and Engineering Management, 2008: 114 – 121.

［47］余小萍, 闻现洋. 基于技术路线图的企业知识管理初探［J］. 情报杂志, 2009, 28 (7): 96 – 101.

［48］缪小明, 汤松. 基于专利地图的混合动力汽车技术路线研究［J］. 情报杂志, 2013 (5): 73 – 76.

［49］KIM M, PARK Y, YOON J. Generating Patent Development Maps for Technology Monitoring Using Semantic Patent – topic Analysis［J］. Computers & Industrial Engineering, 2016, 98: 289 – 299.

［50］JEONG Y, LEE K, YOON B, et al. Development of a Patent Roadmap through the Generative Topographic Mapping and Bass Diffusion Model［J］. Journal of Engineering and Technology Management, 2015, 38: 53 – 70.

［51］詹斯特, 赫西. 竞争对手分析［M］. 北京: 经济科学出版社, 2004: 100 – 113.

［52］张红芹, 鲍志彦. 基于专利地图的竞争对手识别研究［J］. 情报科学, 2011 (12): 1825 – 1829.

［53］王兴旺, 孙济庆. 专利地图技术在竞争对手分析中的应用研究［J］. 中国科技论坛, 2009 (6): 88 – 94.

［54］TRAPPEY A, CHEN L, CHANG J, et al. Strategic Development of LTE Mobile Communication Technology Based on Patent Map Analysis［M］. Amsterdam: Ios Press, 2014: 825 – 833.

［55］CHANG S, TRAPPEY CV, TRAPPEY A, et al. Forecasting Dental Implant Technologies Using Patent Analysis［M］. New York: IEEE, 2014: 1483 – 1491.

［56］滕立, 黄兰青. 国际专利引文研究的计量分析［J］. 情报工程, 2016 (2): 18 – 25.

［57］陈亮, 张志强, 尚玮姣. 专利引文分析方法研究进展［J］. 现代图书情报技术, 2013 (Z1): 75 – 81.

［58］SEIDEL A H. Citation System for Patent Office［J］. Journal of the Patent Office Society, 1949 (31): 554 – 567.

［59］PAVITT K. Patent Statistics as Indicators of Innovative Activities: Possibilities and Problems［J］. Scientometrics, 1985 (1 – 2): 77 – 99.

［60］NARIN F. Patents Bibliometrics［J］. Scientometrics, 1994, 30 (1): 147 – 155.

［61］NARIN F. Patents as Indicators for the Evaluation of Industrial Research Output［J］. Seientometrics, 1995, 34 (3): 489 – 496.

［62］NARIN F, OLIVASTRO D. Linkage Between Patents and Papers: An Interim EPO/US Comprison［J］. Seientometrics, 1998, 41 (1 – 2): 51 – 59.

［63］VERBEEK, et al. Linking Science to Technology: Using Bibliographic References in Patents to Build Linkage Schemes［J］. Scientometrics, 2002, 54 (3): 399 – 420.

［64］VERBEEK, et al. Science Cited in Patents: A Geographic "Flow" Analysis of Biobliographic Citation Patterns in Patents [J]. Scientometrics, 2003, 58 (2): 241 – 263.

[65] CHEN, D – Z, et al. Using Essential Patent Index and Essential Technological Strength to Evaluate Industrial Technological Innovation Competitiveness [J]. Seientometrics, 2007, 71 (1): 101 – 116.

[66] 栾春娟, 王续琨, 刘则渊, 等. 专利信息计量研究国际前沿的计量分析 [J]. 科学学研究, 2008 (2): 334 – 338, 310.

[67] 邱均平, 等. 专利信息计量的概念、指标及实证: 以全球有机电激发光技术相关专利为例 [J]. 情报学报, 2008, 27 (4): 556 – 565.

[68] 乐诗思, 叶鹰. 专利信息计量学的研究现状与发展趋势 [J]. 图书与情报, 2009 (6): 63 – 66, 73.

[69] 邱均平, 李慧. 国内外图书情报领域专利信息计量研究的对比分析 [J]. 图书情报工作, 2010 (10): 83 – 87, 91.

[70] 黄庆, 等. 专利评价指标体系 (一): 专利评价指标体系的设计和构建 [J]. 知识产权, 2004 (5): 25 – 28.

[71] 曹津燕, 等. 专利评价指标体系 (二): 运用专利评价指标体系中的指标进行数据分析 [J]. 知识产权, 2004 (5): 29 – 34.

[72] 刘洋, 等. 专利评价指标体系 (三): 运用专利评价指标体系进行的地区评价 [J]. 知识产权, 2004 (5): 35 – 38.

[73] 高继平, 丁堃. 专利信息计量指标研究述评 [J]. 图书情报工作, 2011 (20): 20 – 43.

[74] 陈琼娣. 专利信息计量指标研究进展及层次分析 [J]. 图书情报工作, 2012 (2): 99 – 103.

[75] 张静, 等. 国内外专利分析工具功能比较研究 [J]. 情报理论与实践, 2008 (1): 141 – 145.

[76] 王敏, 李海存, 许培扬. 国外专利文本挖掘可视化工具研究 [J]. 图书情报工作, 2009 (24): 86 – 90.

[77] 刘桂锋, 王秀红. Aureka 专利分析工具的文献计量分析 [J]. 现代情报, 2011 (7): 106 – 110.

[78] 马海群. 论 "专利引文索引" 的情报功能 [J]. 图书馆建设, 1995 (2): 47 – 49.

[79] 陶辅文. 专利引文索引数据库 [J]. 情报理论与实践, 1995 (4): 50 – 51.

[80] 杨祖国, 李兰文. 中国专利引文分析研究 [J]. 情报科学, 2005 (5): 700 – 703, 707.

[81] 肖沪卫. 专利地图方法与应用 [M]. 上海: 上海交通大学出版社, 2011.

[82] 刘颖, 唐永林, 曾媛. 我国专利地图研究的文献计量分析 [J]. 现代情报, 2008 (10): 154 – 157.

[83] 李建蓉. 专利信息与利用 [M]. 北京: 知识产权出版社, 2006.

［84］杨中楷. 专利信息计量与专利制度［M］. 大连：大连理工大学出版社，2008.

［85］唐健辉，叶鹰. 3G 通讯技术之专利信息计量分析［J］. 图书与情报，2009（6）：70 – 73.

［86］刘小凤，罗勇，傅俊英. DNA 测序技术的专利信息计量研究［J］. 现代生物学进展，2010（6）：1173 – 1181.

［87］栾春娟，侯海燕. PCT 专利申请的计量与中国专利的国际保护［J］. 技术与创新管理，2009（2）：157 – 160.

［88］栾春娟，侯海燕. 国内外主要公司专利外部合作的计量与比较：以数字信息传输技术为例［J］. 科学管理研究，2008（5）：86 – 88.

［89］栾春娟，侯海燕. 全球纳米技术领域专利信息计量分析［J］. 科技与经济，2008（4）：38 – 40.

［90］栾春娟，侯海燕. 世界生物技术领域专利信息计量研究（2007）［J］. 科技管理研究，2009（9）：338 – 340.

［91］刘云，夏民，武晓明. 中国最大 500 家外商投资企业在华专利及影响的计量研究［J］. 预测，2003（6）：19 – 23.

［92］赵黎明，高杨，等. 专利引文分析在知识转移机制研究中的应用［J］. 科学学研究，2002（3）：297 – 300.

［93］LEE Y, LEE U. Design of Technology Value Analysis System Based on Patent Big Data［C］. PKAW, Knowledge Management and Acquisition for Smart Systems and Services, 2014.

［94］KIM G J, PARK S S, JANG D S. Technology forecasting Using Topic – based Patent Analysis［J］. Journal of Scientific & Industrial Research, 2015, 74（5）：265 – 270.

［95］ARAS H. Analysis of Patent Data Using Workflows and Big Data Technologies［J］. Information – wissenschaft and Praxis, 2019, 70（2 – 3）：127 – 133.

［96］CHIU Y J. Mining Patent Big Data to Forecast Enterprise Performance［C］. 5th International Conference on HCI in Business, Government and Organizations（HCIBGO）Held as Part of the 20th International Conference on Human – Computer Interaction（HCI International）, 2018：687 – 698.

［97］PARK S, LEE S J, JUN S. Patent Big Data Analysis Using Fuzzy Learning［J］. International Journal of Fuzzy Systems, 2017, 19（4）：1158 – 1167.

［98］SOFEAN M. Automatic Segmentation of Big Data of Patent Texts［C］. 19th International Conference on Big Data Analytics and Knowledge, 2017：343 – 351.

［99］SHIN J, LEE S, Wang T. Semantic Patent Analysis System Based on Big Data［C］. 11th IEEE International Conference on Semantic Computing（ICSC）, 2017：284 – 285.

［100］KIM Y, JONG S J, JANG W. Innovation of Technology and Social Changes – quantitative Analysis Based on Patent Big Data［J］. Korean Journal of Applied Statistics, 2016, 29（6）：1025 – 1039.

［101］SEO W, KIM N, CHOI S. Big Data Framework for Analyzing Patents to Support Strategic R&D Planning ［C］. 14th IEEE Intl Conf on Dependable, Autonomic and Secure Comp/ 14th IEEE Intl Conf on Pervasive Intelligence and Comp/2nd IEEE Intl Conf on Big Data Intelligence and Comp/IEEE Cyber Sci and Technol Congress （DASC/PiCom/DataCom/Cyber-SciTech），2016：746 –753.

［102］ LEE Y，LEE U. Design of Technology Value Analysis System Based on Patent Big Data ［C］. 13th Pacific Rim Knowledge Acquisition Workshop （PKAW），2014：48 –58.

［103］姚卫浩，金江军. 专利大数据及其发展对策 ［J］. 中国高校科技，2014 （6）：17 –18.

［104］张旭. 专利大数据分析系统关键技术与应用 ［D］. 杭州：浙江大学，2019.

［105］张亚军，邓洁. 基于专利大数据的产业竞争态势研究：以中国信息通信产业为例 ［J］. 科技管理研究，2018，38 （21）：154 –161.

［106］彭小宝，张宇. 全球量子通信领域专利大数据竞争战略分析 ［J］. 科技与法律，2018 （5）：62 –67.

［107］胡侠. 基于专利大数据的热点科技领域发现：多视图专利分析在储能产业的应用 ［R］. 杭州市科技信息研究院，2018 –09 –12.

［108］胡侠. 基于专利大数据的热点科技领域发现 ［R］. 杭州市科技信息研究院，2018 –06 –22.

［109］闵超，步一，孙建军. 基于专利大数据的中国国际专利技术流动分析 ［J］. 图书与情报，2017 （5）：33 –39.

［110］敖翔，谢虹霞. 专利大数据发展路径研究 ［J］. 中国发明与专利，2016 （5）：14 –16.

［111］吴洁霞，胡婷婷，张云星，等. 专利大数据挖掘在科技文献服务机构的应用 ［C］//广西图书馆学会. 广西图书馆学会 2014 年年会暨第 32 次科学讨论会论文集. 南宁：广西图书馆学会，2014：5.

［112］梁建军. 专利 "大数据" ［N］. 中国知识产权报，2013 –08 –21 （5）.

第2章 专利信息挖掘理论基础

2.1 相关概念

2.1.1 专利与专利文献

专利是保护发明创造和推动技术创新的产物，也是专利制度和专利保护的产物。专利制度是国家为了促进技术创新和刺激经济增长而制定的法律与政策制度。

（1）专利

1）专利的产生

专利（Patent）一词源于拉丁语 Litterae patentes，意为公开的信件或公共文献，是中世纪的君主用来颁布某种特权的证明。1474 年，威尼斯共和国制定了世界上第一部专利法，距今已有 500 多年历史。但对于哪些智力成果属于专利保护的对象，各国的专利法律规定不一。我国的专利包括发明专利、实用新型专利和外观设计专利三种。美国专利与商标局（USPTO）将专利定义为一种发明，是发明人知识产权的许可，其《专利法》则将实用新型包含在发明之内。就大多数国家而言，专利保护的对象主要是发明，专利与发明几乎是同义词。《巴黎公约》中所指的专利，实际上也只是发明专利。另外一些国家，如日本、德国等，特别通过设立专门法对实用新型和外观设计授予专利并实施保护。

2）专利的内涵

专利（Patent），简单地说就是受专利法保护的发明。完整地说，就是在法律的保护下，单位或者个人为其发明创造提交的申请文件通过专利局的审查和批准，承认其技术发明的发明权和所有权的发明和创造。

专利通常有三层含义[1]：一是指专利权（Patent rights），专利是专利权的简称，是指国家授予发明创造申请人在一定时间内对发明创造拥有的专有权利；二是指受到专利法保护的发明创造（Innovations），是指符合专利法的规定，经法定程序确认、受专利法保护的发明创造；三是指专利文献（Patent Documents），是由专利机构依据发明申请所颁发的一种文件。专利文献广义上包括专利申请书、专利说明书、专利公报、专利检索工具以及与专利有关的一切资料；狭义的专利文献仅指各国（地区）专利局出版的专利说明书或发明说明书。

从我国司法实践来看，"专利"的准确含义是指经专利行政部门依照法定程序进行审查，认定符合专利条件的发明创造。专利具有以下三个基本特征[2]：首先，专利是特殊的发明创造，是专利权的基础；其次，专利是符合专利条件的发明创造；最后，发明创造必须经过专利行政部门依法认定，否则任何发明创造都不得成为专利。

（2）专利文献

专利文献中包含了大量的技术信息、经济信息、法律信息和战略信息，是专利情报的重要来源，也是专利信息挖掘与分析的基础。

1）专利文献的产生

专利文献（Patent document）的起源可以直接追溯到现代专利制度的诞生。1852 年英国建立了专利局，并颁布《专利法修正法令》，规定：发明人必须充分陈述其发明内容并予以公布，专利在申请后无论是否授权都要公开出版。这项规定体现了现代专利制度的基本理念——"以技术公开换法律保护"。这是专利文献首次在专利法中有了明确的规定，它标志着专利文献的正式诞生，也代表着具有现代特点的专利制度的最终形成。从 1852 年起，英国专利局开始正式出版专利说明书，并向前追溯出版早期的专利说明书，配给专利号。另外，英国还出版了人名索引及分类文摘等专利文献。现存的第一份英国专利文献号码是 1/1617（即 1617 年的第一件专利）。美国现存的第一件有正式编号的专利说明书是 1836 年 7 月 15 日颁发的专利。我国的第一件专利文献出版于 1985 年 9 月 10 日，是一份发明专利申请审定说明书。

2）专利文献的内涵

世界知识产权组织（WIPO）在 1988 年编写的《知识产权教程》中阐述了专利文献的概念：专利文献是包含已经申请或被确认为发现、发明、实用新型和工业品外观设计的研究、设计、开发和试验成果的有关资料，以及保护发明人、专利所有人及工业品外观设计和实用新型注册证书持有人权利的有关资料的已出版或未出版的文件（或其摘要）的总称。并进一步指出：专利文献按一般的理解主要是指各国专利局的正式出版物。

我国知识产权局将专利文献定义为：各工业产权局（包括专利局、知识产权局及相关国际或地区性组织）在受理、审批、注册专利过程中产生的记录发明创造技术及权利等内容的官方文件及其出版物的总称。

专利文献从狭义上讲是指与专利有关的专利文件，包括专利申请说明书、专利说明书、专利证明书以及申请、批准专利的其他文件等。从广义上讲还包括专利局和有关机构出版的各种专利文献检索工具，如专利公报、专利索引、专利分类表等。专利文献的核心是专利说明书。

专利文献一般包括三层含义[3]：一是专利文献所承载的内容是提出专利申请或批准为专利的发明创造；二是专利文献是关于申请或批准为专利的发明创造的资料；三是专利文献所包含的资料有些是公开出版的，有些则仅为存档或仅供复制使用。

3）专利文献的类型

专利文献主要包括专利说明书、各种专利检索工具，如专利公报、专利分类表、分类索引、专利年度索引等。作为公开出版物的专利文献主要有：专利申请说明书、专利说明书、实用新型说明书、工业品外观设计说明书、专利公报、专利索引等。

专利文献按内容性质和加工深度分为三类，即一次专利文献、二次专利文献和专利分类资料。一次专利文献是指各工业产权局、专利局及国际（地区）性专利组织出版的各种专利说明书，包括授予的发明专利、发明人证书、医药专利、植物专利、工业品外观设计专利、实用证书、实用新型专利、补充专利或补充发明人证书、补充保护证书、补充实用证书的授权说明书及其相应的申请说明书。一次专利文献统称为专利说明书。专利说明书的作用主要是两个方面：一是技术公开，清楚、完整地公开新的发明创造；二是法律保护，请求或确定法律保护的范围。二次专利文献是指各工业产权局出版的专利公报、专利文摘出版物和专利索引。二次专利文献的作用主要在于：帮助用户快速、有针对性地从一次专利文献中寻找、选择所需要的文献，了解发明创造的主要内容，避免可能的侵权行为，跟踪有关专利申请的审批状况等动态法律信息。专利分类资料是按发明技术主题对专利申请进行分类和对专利文献进行检索的工具，主要包括：专利分类表、分类表索引、工业品外观设计分类表等[4]。

专利文献按作用和功能也可分为三类，即信息通报类，如专利公报、专利文摘；检索工具类，指用于检索专利信息的专利索引或专利分类资料；原始资料类，指在专利申请、授权程序中，所包含的一切原始文件资料，如说明书、申请时提交的权利要求书或申请过程中修改过的权利要求书或授权审定后的权利要求书、意见陈述书、专利证书等[5]。

中国的专利文献有以下几种形式[6]：专利说明书（纸件）；专利说明书（缩微制品），其中，胶卷型（Microfilm）依文献顺序号排列，平片型（Microfiche）按国际专利分类号排列；中国专利文献光盘；中国专利英文文摘（计算机磁盘）；专利公报；专利索引，如《中国专利索引》等。

一般在专利文献利用过程中将专利文献分为三种类型[7]：一是各工业产权局公开出版的描述发明创造内容和限定专利保护范围的专利文件，如专利申请说明书、专利说明书、实用新型说明书、外观设计说明书等；二是各工业产权局出版的公告性定期连续出版物，如专利公报、专利文摘、专利索引等；三是上述文献的电子形式出版物。我国的专利分为发明专利、实用新型专利、外观设计专利三类，相应的专利文献也分为三类。专利说明书和专利公报是专利文献的核心，其中包含着大量最有价值的专利信息。

专利说明书一般由说明书扉页、权利要求书、说明书正文、附图组成。有些国家的专利说明书还附有检索报告[8]。专利说明书扉页相当于专利说明书的信息一览表，标识着整篇专利文献的外形特征信息，有统一的编排体例，结构基本相同，包括著录事项（即著录项目）、摘要或权利要求。著录项目是各工业产权局为表示专利申请或其他工业产权保护种类申请的技术、经济、法律特征信息以及可供进行综合分析的信息线索而编制的项目，是专利文献中技术、经济、法律信息特征的集合，如专利及补充保护证书著录项目、工业品外观设计著录项目，通常用一套 WIPO 颁布的著录数据识别代码（Internationally Agreed Numbers for the Identification of Bibliographic Data，INID）表示。权利要求书是专利申请人请求专利保护的范围，是确定该发明创造专利权范围的依据，也是判断他人是否侵权的依据，权利要求书具有直接的法律效力。

说明书正文是清楚完整地描述发明创造技术内容的文件，是对技术信息揭示的主要体现。说明书具有法定的文本结构，从发明创造名称、所涉及的技术领域和背景技术，到发明内容、附图说明和具体实施方式等，每项内容都有具体的撰写要求和固定的顺序，并严格限定已有技术与发明内容之间的界限。专利说明书是专利文献的核心部分，含有对技术或发明的详细描述：名称、文摘、说明书；发明者姓名、地址、国籍；专利权人名称、地址、国家；技术所属的类别、分类号；对相关科学文献和专利的引用情况、专利申请与授权时间等。专利文献中包含的这些专利信息提供了非常有价值的有关发明时间的、地理的、国家的、行业的、机构的、技术的分布情况。

附图用于补充说明文字部分。附图和说明书一起构成权利要求的基础。附图包括：示意图、顺序图、流程图、数据图表、线路图和框架图等。

检索报告是专利审查员通过对现有技术进行检索，反映检索结果的文件。检索报告相当于一份与专利申请所述发明创造有关的相关文献清单，通常与专利申请说明书一起出版或单独出版。检索报告对于评价发明创造的新颖性和创造性、决定是否授予专利权十分重要。申请人可根据检索结果对权利要求进行修改。竞争对手可依据检索结果预测该专利申请能否授权[9]。

专利公报是各工业产权局报道最新发明创造专利申请的公开、公告和专利授权情况，以及其业务活动和专利著录事项变更等信息的定期连续出版物。专利公报以其连续出版、报道及时、法律信息准确而丰富的特点，成为一种可靠的工业产权信息源。因此，专利公报既可用于了解近期有关工业产权申请和授权的最新情况，也可用于专利文献的追溯检索，还可根据其掌握各项法律事务变更信息以及各国工业产权保护方面的发展动态。专利公报的内容主要包含：专利申请的审查和授权情况、专利索引及其他相关专利信息。

4）专利文献的特点

整体来看，专利文献具有数据巨大、内容广博、领域广泛、内容详尽、技术新颖、格式统一、结构规范、报道迅速等特点[10-11]。

①专利文献数据巨大。专利文献是一种数量巨大的战略性信息资源。美国汤姆森公司认为，专利文献是商业经营、科学研究和技术发展最重要的信息来源之一，80%可得技术信息都出现在专利出版物中，并且常常不会在其他地方再现。据估计，世界上平均每10秒钟就产生1件专利申请，每20秒就出版1份专利文献。世界上约有160多个国家、地区和组织设有专利机构，并以多种文字出版专利文献。据统计，从其诞生起至今，全世界累计可查阅的专利文献已超过1亿件。各国专利机构每年公布出版的专利文献呈逐年上升趋势，2006年以后每年出版接近300万件。

②专利文献内容广博。专利文献集技术、法律、经济、战略信息于一体，全面反映了人类实用技术领域的智力活动。专利文献对发明创造的揭示完整而详尽。首先，专利文献是技术文件，包含大量技术信息。根据专利法的有关规定，专利权人必须在专利说明书中对发明创造做出清楚、完整的说明，并且这种说明以所属技术领域的技术人员能够实现为准。专利的新颖性要求使专利文献中公布的技术必须是该领域以前未出现过的技术。一般来说，为了获得市场的独占权，越是具备领先地位的技术就越倾向于选择专利保护。因此，可以说专利文献是涵盖了最新先进技术的知识宝库。其次，专利文献也是法律文件，包含大量法律信息。其中的权利要求书清楚而简要地表述了该专利可请求保护的范围，经审查授权后的权利要求书是判断是否侵权的法律依据。专利文献还对专利的有效性和地域性进行即时报道，包括专利的申请、复审、授权、驳回、撤回、视为撤回、著录项目变更、无效宣告等；专利权的放弃、撤销、终止、转移、恢复等，是专利实施法律保护的可靠依据。最后，专利文献还与经济活动紧密相连，大量经济信息蕴含其中。公开的发明创造因其应用性强和价值高且易于实施和市场化而受到法律保护。通过对专利文献进行分析和研究，可以在国际贸易和技术引进中规避侵权、掌握主动，还可以了解竞争对手在国内外市场上所占的市场份额、核心技术竞争力、专利战略和技术发展动态等。

③专利文献报道迅速。专利文献传播最新技术信息。专利制度的先申请

制原则、新颖性要求、专利申请早期公开制度3个特点决定了专利文献是一种出版周期短、报道速度快的文献。大多数国家都实行了专利申请早期公开制度，这使得专利申请的公开时间大大提前，同时加快了技术信息向社会传播的速度。

④专利文献高度标准化。专利文献具有格式统一规范（专利文献是依据专利法规和有关标准撰写、审批、出版的文件资料）、文体结构标准（专利说明书具有法定的文体结构）、分类体系一（各专利机构出版的专利文献都开始标注国际专利分类号，即 IPC 分类号）等特点。专利文献的这些特点使其便于检索、阅读和实现信息化。

5）专利文献的作用

专利文献是专利活动的完整记录。它不仅阐述发明的具体内容、实施方案，描述该发明所在领域的现有技术及问题，而且专利文献中包含大量产权信息，明确了专利技术的归属、保护范围及专利权人信息。此外，专利文献中的经济信息，即对专利技术所产生的经济效益和未来市场的论证预测也是企业进行专利开发的前提。因此，专利文献是进行专利信息挖掘分析的重要依据，在国家经济发展、企业技术研发等方面具有极为重要的作用。专利文献中包含了丰富的技术信息、法律信息、经济信息和战略信息等多种重要信息。因此，获取技术信息有利于促进科技进步，获取法律信息有利于保护自身权益，获取经济信息有利于分析经济发展方向，获取战略信息有利于为战略制定与决策服务[12]。

专利文献在支持国家政策制定、引导企业专利战略制定与实施、推动科技研发等方面发挥着重要作用，同时也是专利实施法律保护的依据、专利机构审批专利的基础和保障[13-15]。

2.1.2 专利信息与专利数据

（1）专利信息

1）专利信息的产生

专利信息是专利活动的产物。因为专利信息是专利活动的全面反映，因此，专利信息是专利现象的表述，是人们认识专利的中介。

专利信息的产生与发展，依赖于人类认识能力的提高，同时专利信息的传播与作用，反过来又影响着人类的认识范围和认识深度。人们借助于专利信息，可以充分认识技术发展的新进展和技术水平的提高对社会的重大意义，可以充分了解人类对自然界和对人类自身认识已达到的深度和广度，也可以借鉴他人的智力成果，促进新智力成果的研究、开发。

2）专利信息的内涵

专利信息有广义和狭义的理解。广义上的专利信息是对专利权发生、发展过程中产生的信息的抽象规定，泛指人类从事一切专利活动所产生的相关信息的总和。狭义上的专利信息是指所有可以从专利局所出版的文件中获得的技术信息、经济信息、法律信息、战略信息及其他有关权利人的任何信息，通常包括专利权范围、专利申请日期、专利权归属、专利技术内容、专利状态和专利法律状况等信息，这些大都包含在专利文献中。当专利信息用于企业生产经营管理和战略决策制定时，也被称为专利情报。

专利信息是表征专利属性的信息，这种属性既包括专利作为整体的属性，又包括专利内各种具体智力成果权的属性。同时，专利信息又是表征专利保护客体的内涵信息。专利信息的概念有两层含义：首先，表征专利保护客体的内涵信息。专利文献所包含的信息以及专利开发、交流、传播中的信息，都是这种客体的内涵信息。其次，表征专利的信息，主要是指专利的产生、发展、变更中所发生的信息。

3）专利信息的类型

专利信息根据官方性质和出版状态可分为文献型专利信息和非文献型专利信息。而大部分专利信息是以文献型专利信息形式存在的。专利文献是专利信息的载体，专利信息是专利文献所承载的内容。狭义来说，专利信息即文献型专利信息，是由专利文献所反映的专利信息。非文献型专利信息是指以官方的非正式出版物和非官方出版物等形式传播的专利信息，如产品样本、广告宣传、科技书刊、产品实物等。

专利信息根据内容性质和加工层次可分为一次专利信息（如专利说明书等）、二次专利信息（如专利公报、文摘、索引、专利分类、专利数据库等）和三次专利信息（如专利图表、专利地图、专利信息挖掘、专利信息可视化等）。

4）专利信息的特征

专利信息的特征主要包括两个方面：外在特征和内容特征[16-17]。

①专利信息的外在特征

专利信息既有信息的一般特征，又有其独特特征。一般特征表现为共享性（信息的利用和价值的发挥不具有排他性）和载体性（主要以专利文献为载体）。独特特征表现为专利具有法律性、地域性和时效性。

②专利信息的内容特征

专利信息集技术、法律、经济和战略信息于一体，是一种复合型信息源。技术信息一般在专利说明书、权利要求书、说明书附图和摘要等中予以披露，专利文献所附的检索报告或相关文献间接提供相关的技术信息。法律信息主要包含了发明创造的权利保护范围、专利权生效日期和保护日期、优先权及其保护地域范围、专利权是否效、获得许可证情况等，还包括在权利要求书、专利说明书扉页、专利公报及专利登记簿等专利文献中记载的与权利保护和权利有效性相关的信息。经济信息主要是指专利文献中记载着与国家、行业或企业经济活动密切相关的信息。如专利申请人和专利权人的名称、专利国家标识、专利申请提供等，能反映出专利主体的经济利益和市场占有趋势。专利信息是重要的商业情报源和竞争情报源，与政府、产业、企业和科研机构进行竞争对手分析、竞争战略制定和发展战略制定密切相关。

专利信息分布在专利文献中的各个部分，从专利文献中可以获得大量真实、准确而详尽的专利信息，并可以从专利主体（人员信息）、时间、地域、主题等多个维度、角度、层面进行组合、聚类、挖掘和分析。

5）专利信息的作用

专利信息在专利活动中具有十分重要的作用。从宏观上来看，有效利用专利信息可提高专利的申请质量，避免低层次申请和重复申请；专利信息可以为项目申报与鉴定提供科学的评价尺度；专利信息可用于创造能力与创新意识培养，为从事创新、发明活动提供信息资源保证；专利信息可为专利管理、专利保护及专利实施提供保障。从微观上来看，专利信息在技术创新过程中可帮助企业了解技术现状、确定研发目标、激发创新灵感、进行有效仿制、避免侵权纠纷，如图 2-1 所示。

图 2 - 1　专利信息在企业技术创新中的作用

（2）专利数据

专利数据与专利信息密切相关，专利数据是专利信息的来源。在信息分析与信息管理中存在一个信息链条，即数据、信息、知识、情报、智慧逐层转化链条，信息、知识、情报、智慧是数据的不同存在状态。数据是指能够客观反映事实的数字和资料，是人类从事各类社会实践活动痕迹的原始记录。信息是事物的运动状态和变化方式（自然信息、本体信息）以及在人的头脑中的反映（社会信息、认识信息）。信息是自然界、人类社会和人类思维活动中普遍存在的物质和事物的属性。信息源于数据，并在一定的环境条件下赋予数据特定意义，信息是对数据加工处理后的结果。

专利数据是专利活动的原始记录，对专利数据进行加工处理便形成专利信息。在很多的应用场景中都将专利数据等同于专利信息，如专利信息检索与专利数据检索、专利信息分析与专利数据分析、专利信息挖掘与专利数据挖掘等。专利文献是专利活动的智慧结晶，专利文献中包含着丰富的专利数据和专利信息。专利文献由一系列外形特征和内容特征组成，每一项具体的特征都可以认为是专利数据，即专利数据库的字段，专利数据库是专利数据的集合。具有特定意义的专利数据（字段）及其组合就形成了专利信息，即专利数据库的记录，专利数据库也是专利文献和专利信息的集合。

通过对专利数据进行深层次价值挖掘、技术标注和综合应用服务，可以帮助个人、企业、科研机构提升创新能力与核心竞争力，为企业技术研发、

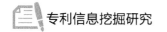

专利战略研究、科学决策提供强有力的支撑。

2.1.3 大数据与专利大数据

（1）大数据

进入 21 世纪以来大数据成为全球最热门的话题之一，引起了各行业、各学科领域的高度关注。大数据的产生与发展大致经历了三个阶段[18]：20 世纪 80 年代至 90 年代中期，是大数据的萌芽阶段。1980 年，美国著名未来学家阿尔文·托夫勒在《第三次浪潮》中将大数据盛赞为"第三次浪潮的华彩乐章"。20 世纪 90 年代中期到 21 世纪前 10 年，是大数据广受各界关注的阶段。2012 年后，大数据进入飞速发展阶段，美国、欧盟、日本等多个国家和组织都制订了大数据发展计划，并提出了大数据产业发展应对措施。2012 年 2 月，美国奥巴马政府发布了《大数据研究和发展倡议》，计划在生物、科技、医学等领域利用大数据。IBM、微软、苹果等 IT 巨头都相继实施了大数据计划和项目，试图占据大数据产业制高点。我国也高度重视大数据产业发展，2015 年 8 月 31 日，国务院印发了《促进大数据发展行动纲要》。2015 年 12 月 16 日，国家主席习近平在第二届世界互联网大会开幕式上正式提出了"国家大数据战略"。

2016 年 12 月 18 日，我国工业和信息化部制定了《大数据产业发展规划 (2016—2020 年)》。"大数据（big data）"这一术语最早可追溯到 apache. org 的开源项目 Nutch[18]。当时，大数据用来描述更新网络搜索索引需要同时进行批量处理或分析的大量数据集。麦肯锡、高德纳、IBM 等机构，维基百科、百度百科等搜索引擎，John Rauser、涂子沛等学者给出了大数据的概念与理解。我国的《促进大数据发展行动纲要》指出，大数据是以容量大、类型多、存取速度快、应用价值高为主要特征的数据集合，正快速发展为对数量巨大、来源分散、格式多样的数据进行采集、存储和关联分析，从中发现新知识、创造新价值、提升新能力的新一代信息技术和服务业态。

尽管没有关于大数据的统一概念，但大数据有一个共同的特征，即大数据是指超过了我们现有数据处理能力的海量数据集。

大数据具有"6V + 1C"特征，即数据体量大（Volume）、类型多样化

（Variety）、处理速度快（Velocity）、应用价值大（Value）、获取与发送灵活（Vender）、准确性（Veracity）、处理和分析难度大（Complexity）。

（2）专利大数据

2007 年以来，大数据在国外逐渐成为热点。我国大数据兴起于 2011 年，迅速应用于 IT、商业和医疗等领域。2013 年，国内外先后将大数据引入专利研究，重点在专利数据分析、专利信息检索和专利大数据系统设计等方面。

21 世纪，世界进入知识产权博弈时代，专利战不断在世界各地上演，专利信息也步入了大数据时代。全球专利信息量正在高速增长，海量专利文献和专利信息已经累积成为专利大数据，对传统的专利信息挖掘与分析带来了巨大的挑战。面对海量专利数据处理与分析的瓶颈，需要将大数据思维和技术引入专利信息挖掘与分析。专利大数据挖掘能够从海量专利信息中揭示出隐含的、先前未知的且具有巨大潜在价值的技术情报，为企业技术创新服务。

专利大数据的发展大致可以分为三个阶段[19]：①全球专利文献数据收集整合加工处理，即专利大数据 1.0 时代，核心是完成全球专利文献数据与案卷数据大融合；②整合利用专利行业生态系统数据，即专利大数据 2.0 时代，核心是促进专利生态系统数据广泛应用；③将专利数据与金融、宏观经济、产业发展等信息进行泛在融合，促使专利行业融入整个国民经济、科技创新生态系统，即专利大数据 3.0 时代，核心是实现专利数据与国民经济数据的泛在融合。

专利大数据体量非常巨大，除了专利文献数据外，还包含其他技术文献数据、市场资源数据、人力资源数据、竞争主体资讯数据、法律法规和案例数据等，数据的总量达到 PB 级以上。同时，专利大数据来自多种数据源，数据的种类和格式异常繁杂，包含了结构化、半结构化和非结构化的多种数据形式，其中可搜集到的数据八成以上是半结构化数据和非结构化数据，如专利文献、论文、网络博客、图片、视频、新闻、广告、演讲和报告等。

专利大数据存在数据体量大、数据源广、数据结构复杂、分布广泛、持续动态增长等诸多特性，这些相比传统专利数据存在的大数据特性，使得传统的专利数据处理面临困境。专利大数据蕴含着巨大的商业价值，但需要专业的专利人才使用大数据平台，构建、实施和优化企业的大数据专利生态管理系统，才能实现专利的价值链管理和数据驱动管理，为企业参与市场竞争提供专利支持和保障[20]。

2.1.4 专利信息计量与专利信息分析

（1）专利信息计量

"专利计量"最早由 Francis Narin 于 1994 年在 *Scientometrics* 上提出，英文可用"Patent Bibliometrics"或"Patentometrics"表示[21]，Narin 对专利计量的研究框架进行了界定：个人和国家的专利生产量（率）、引用及相关分析，也可以归纳为技术研发的生产力、影响力以及关联分析。Iversen 对专利计量进行了具体定义：将数学和统计学的方法运用于专利研究，以探索和挖掘其分布结构、数量关系、变化规律等内在价值的研究领域[22]。"Patent Bibliometric"也被译为专利文献计量，是指以定量方法为主对专利文献进行采集、加工、整理与分析，以形成专利竞争情报，获得有价值的信息，从而为国家和企业制定专利战略服务的一种科学研究活动[23]。专利计量是科学计量学研究的一个重要领域。科学计量学研究领域里目前已形成了诸多分支学科，如文献计量学、情报计量学、信息计量学和网络计量学等。作为国际科学计量学的一个重要研究领域，专利信息计量研究正在被越来越多的国际科学计量学家所关注。

专利信息计量在我国也称为专利计量、专利文献计量、专利分析、专利统计分析、专利信息分析、专利情报研究、专利信息挖掘等，以专利文献和专利信息为研究对象。因为专利是一种特殊的文献，其中包含着技术、经济、法律和战略等极为重要的专利信息，具有其独特性。通过专利信息计量分析可以发现专利信息的数量特征、分布规律和结构关系，在科学研究、技术创新、产业发展、技术贸易、市场竞争、专利价值评估、专利政策和专利战略制定、专利制度安排、专利管理实施等方面具有极为重要的作用。专利信息计量研究与信息分析、情报研究、科技创新、技术管理、法律维权、经济活动等密切相关[23]。因此，专利信息计量研究是一个涉及图书情报学、管理科学、自然科学、法学、经济学等多个学科的研究领域，是一个综合性交叉研究领域[24]。目前专利信息计量可以归为三大类：一是专利数量统计分析；二是专利指标计量分析；三是专利网络或关联计量分析。

（2）专利信息分析

专利信息分析也称专利分析（Patents analysis）、专利情报分析、专利统计分析等，它是竞争情报分析的重要形式，是在对专利文献进行筛选、鉴定、整理基础上，利用文献计量学方法，对其所含的各种信息要素进行统计、排序、对比、分析和研究，从而揭示专利文献的深层动态特征，了解技术、经济发展的历史及现状，从而进行技术评价和技术预测[25]。

专利情报分析（Patents information analysis）与专利分析高度相关，是指对来自专利说明书和专利公报中大量的、个别的、零碎的专利信息进行加工及组合，并利用统计手段或技术分析方法使这些信息成为具有总揽全局及预测功能的竞争情报的一项分析工作。也就是说，专利情报分析是将零散的专利信息按照不同的指标或角度来进行整合分析，以获取整体性的有价值的深层次情报信息[26-28]。

专利统计分析（Patents statistical analysis），也称为专利定量分析，是通过对大量专利文献外部特征的统计分析，提炼出专利分布的规律和特征，并从中发现技术发展路线的一种信息分析方法[29]。

专利分析的本质是从专利文献中抽取大量的专利信息，利用定性和定量方法及专利图表挖掘隐藏在专利文献背后的情报，揭示技术、对手、市场、研发、人才、伙伴等专利信息，帮助企业了解对手、了解市场、指导研发、找到专利人才、找到合作伙伴、得到公知公用技术、制定专利战略等。其目的在于通过对大量杂乱、孤立的专利信息进行分析，研究专利信息之间的关联，挖掘深藏在大量专利信息中的客观事实真相，并转化为有价值的专利竞争情报[30]。

2.1.5　专利信息挖掘与专利数据挖掘

（1）专利信息挖掘

专利信息挖掘，也称专利挖掘、专利文本挖掘、专利数据挖掘等，是指在创意设计、技术研发、产品开发、技术贸易、专利诉讼等活动中，对所取得的专利技术成果从技术、法律、经济和战略层面进行剖析、整理、拆分和筛选，从而发现和获得有价值的专利信息的过程[31-32]，其核心是从专利文献、专利数据库、互联网或 Web 专利信息中挖掘技术信息、法律信息、经济信息和战略信息。

广义的专利信息挖掘包括专利检索、专利分析、专利地图、专利计量、专利数据挖掘和专利文本挖掘等，其本质都是有用专利信息的识别、发现、提取和利用，包括专利数据分析、专利信息挖掘、潜在规律发现、未来趋势预测等方面。狭义的专利信息挖掘则仅指专利数据挖掘和专利文本挖掘，即利用数据挖掘和文本挖掘方法对专利进行研究[33]，目的在于通过规范、有效的专利数据和文本挖掘使隐含在专利文献、数据库和互联网中的有价值的专利信息显性化，并以专利的形式进行保护和利用。

专利信息挖掘有助于从主题和内容角度对专利文献、数据库和互联网中包含的技术特征（术语、关键词等）和法律信息（权利要求等）及其组合形成的衍生经济信息（专利价值、同族专利等）和战略信息（专利布局、技术趋势等）等进行深层次分析，以发现技术特征关联、演变和规律等，从而有助于企业从宏观层面把握技术发展趋势，从微观角度把握技术创新细节，辅助企业技术创新决策[32]。因此，专利信息挖掘可以起到梳理技术创新成果、提升专利申请质量、提前规避专利风险、发掘未来竞争优势等作用。

国内外专利信息挖掘研究大致经历了专利数据库构建、专利文献检索和专利信息分析 3 个发展阶段。国内外许多机构和公司在专利信息抽取、采集和分析方面投入了大量的人力和物力，研制出了不少针对专利文献结构化特征信息挖掘与分析的方法和软件，并在非结构和半结构化专利信息的多维分析、内容分析和主题分析等方面取得了一定的研究进展。

（2）专利数据挖掘

海量专利文献和专利信息已经累积成大数据，需要借助数据挖掘和大数据分析思维。

数据挖掘是采用数学、统计、人工智能和机器学习等领域的科学方法，从大量的、不完全的、有噪声的、模糊的和随机的数据中，提取或发现隐含的、预先未知的且具有潜在应用价值的模式和知识，并应用于预测以指导决策的过程[34]。数据挖掘包括数据分类（Classification）、估计（Estimation）、预测（Prediction）、相关性分组或关联规则（Affinity grouping or association rules）、聚类（Clustering）及复杂数据类型挖掘（Text、Web、图形图像、视频、音频等）等。

数据挖掘技术的发展为专利数据挖掘提供了有力的技术支持，目前数据挖掘已在专利分析领域得到广泛应用，如专利文献评估、专利文献自动分类、专利文献推荐、专利技术预测、专利技术可视化等[35]。

专利数据挖掘自动化、智能化、可视化等研究备受关注。如 Lucy Akers 等人开发了一种新的数据挖掘工具用于挖掘专利信息中隐藏的知识[36]。Meng－Jung Shih 等人运用数据挖掘技术研究专利变化趋势，分析企业竞争情报[37]。马芳、王效岳采用聚类算法和关联规则对专利信息进行数据挖掘以发现用户感兴趣的知识，并使之转化为有效的竞争情报[38]。马芳构建了基于神经网络的数据系统，并将其应用于专利自动分类[39]。翟东升构建了基于本体的专利知识库、面向主题的专利分析系统和中文专利侵权检索模型，用于专利信息深度挖掘和应用[40]。

专利聚类分析是专利数据挖掘的重要方法，它将聚类分析方法应用于专利数据分析，通过分析不同专利数据之间的相似度和关联程度，将相似性大、关联紧密的专利数据聚集为某一技术主题。专利聚类分析的对象有文本信息（标题、摘要、权利要求书、说明书等）、引证信息以及分类号、发明人、技术功效、共引共现等信息，其中专利文本聚类和专利引证聚类是最主要的专利数据聚类分析手段[31]。

2.1.6　技术创新与企业技术创新

(1) 创新与技术创新

美籍奥地利经济学家熊彼特最早研究"创新"，他认为，创新就是把生产要素与生产条件的新组合引入生产体系[41]；索洛于 1951 年提出新思想来源和以后阶段的实现发展是技术创新成立的两个条件[42]；弗里曼在 1973 年发表的《工业创新中的成功与失败研究》中指出创新最为关键的步骤是新产品或新系统的首次商业应用[43]。技术创新就是一个从新思想的产生，到研究、发展、试制、生产制造到商业化的过程，它不仅仅是技术行为，更是经济行为，集创新和市场化于一体。技术创新成功的标志是"创新成果的首次商业化",技术创新要以满足市场需求和用户需求为中心,这既是技术创新的出发点,同时又是技术创新成功的保证。可见,创新与技术创新都与企业、市场密切相关,企业是创新的主体,市场是创新的动力。

（2）技术创新链

技术创新是一个复杂的动态过程,由彼此相连的若干阶段及若干环节组成。根据创新环节、顺序、资源、相关主体的不同,技术创新流程可以分为线性模型、交互模型、并行模型、链环模型等,线性模型根据创新动力的差异又可分为技术推动模型、市场拉引模型和技术推动—市场拉引综合模型。技术创新流程不管如何变化,它都是由各阶段、各环节连接在一起,形成技术创新链。这一完整的技术创新链包括项目立项、基础研究、应用研究、新技术产品的研究开发、中试、企业化生产、上市销售等若干环节,项目立项是技术创新的初始环节,是技术创新的准备阶段;基础研究是技术创新产生和发展的根本,需要企业有足够的战略耐性;应用研究阶段主要进行技术研发,是技术创新的关键环节;新技术产品研发,是将应用研究阶段的成果与企业的产品或服务进行融合,开发出新的产品;中试是产品在大规模量产前的小规模试验,从实验室所获得的科研成果与实际产业应用存在很大差异,必须进行中试环节;企业化生产是企业将经过中试环节的成果转移到生产部门进行批量生产的过程,通过对加工技术、生产流程等进行创新改进,寻求低成本的批量化生产;上市销售是技术创新的最后环节,是检验技术创新成效的试金石。当然上市销售并不意味着技术创新的结束,可能后续还包括技术的改进与更新等。

（3）企业技术创新

企业是技术创新的主体,并有将技术成果转换为专利的内在要求,而专利则是企业技术创新最主要的智力产出。企业技术创新具有复杂性、不确定性、高风险性、高投入性、高收益性、周期性长、探索性强、路径依赖性、不可逆性等特点,它可以通过内部开发、外部收购或合作等方式实现,通常包括模仿创新、自主创新与合作创新三种方式。模仿创新是通过产品的反向工程、专利技术信息的检索和挖掘等方法,在对目标技术进行分解学习模仿的基础上进行的二次创新，模仿创新具有低投入、低风险、市场适应性强等特点，适合起步阶段的公司积累技术和资金，但缺乏超前性和主动性，无法引领技术创新的发展。自主创新指企业通过自身的努力和探索产生技术的进展或突破，攻克技术难关并开发出新产品，实现技术创新成果的商业化，掌握着核心技术的自主知识产权；自主创新包含原始创新、集成创新及引进技术的消化吸收再创新，是企业技术创新能力的根本体现，更是提高企业竞争力的关键，也是企业进行合作创新的资格证。合作创新是指企业根据自身的技术创新战略需要，与相关的研究学者、高校、科研院所、企业等主体进行合作，实现资源、技术的共建共享，在当前的技术和经济背景下，合作创新成为企业发展的必需选择。

在企业技术创新中，尽管发明不一定都是技术创新，但绝大多数发明申请了专利，并且最关键、最核心的技术将获得专利授权，因此专利文献是企业技术创新中的重要情报源，专利信息挖掘与分析可以为企业开展技术创新提供强有力的支持。

2.2　理论基础

2.2.1　技术创新理论

（1）技术创新的内涵

美籍奥地利经济学家熊彼特在其《经济发展理论》一书中最早提出了技术创新的概念，并指出技术创新是指将新的生产条件和生产要素做新的结合引入生产体系中，包括五个方面，即引进新产品、引用新技术、开辟新市场、控制或获得原材料或半成品新的供应来源、实现工业的新组织。美国国家科学基金会（National Science Foundation of United States，NSF）早在 20 世纪 60年代就开始组织了对技术变革和技术创新的相关研究，并在其《成功的工业创新》报告中指出，技术创新是从新的思想和概念开始，通过不断解决后续的各种问题，最终让一个有经济回报的项目在实际中得以成功应用的过程。之后的 20 年间，技术创新的概念不断拓展，技术创新被认为是将全新的或者改进的产品、生产条件、生产过程和服务引入资本市场。

20 世纪 80 年代末，我国开始进行技术创新相关研究，傅家骥认为技术创新是指因存在潜在的市场盈利机会，企业家为获取商业利益而重新组织生产要素和生产条件，总结出更高效率、更强效能和更低耗费的生产经营方式，进一步推出适应市场的新产品、新工艺，同时取得新的原材料和半成品的来源渠道，帮助企业建立新的组织或扩展新的业务[44]。

企业是技术创新的主体，技术创新是企业提高经济效益并增强市场竞争力的内在源泉。因此，技术创新是指企业通过利用创新知识和新的技术、工艺、生产方式、经营模式等，不断提高产品质量或者直接开发新的产品、提供新的服务，最终达到逐步占领市场并获得市场价值的目的。由此可知，技术创新包括三个要素：技术创新的主体是企业；从新技术的研发到产品的市场化和商业化是一个系统的过程，包括概念产生、研究、开发、商品化等一系列过程和科技、经济、组织、商业等一系列活动；检验技术创新成效的标准是企业商业利益的获取及技术的市场占有和实现程度。

（2）技术创新的流程

技术创新是一个将知识、物质和技术转化为具有价值的新产品的过程，涉及技术预测、市场调查和需求预测、新技术评估和决策、研究开发、设计和制造、过程管理、产品功能完善到市场营销等一系列活动。技术创新过程就是上述活动紧密联系又循环交叉的过程。

目前，技术创新的过程模型可以分为以下四种[45]：

①技术推动模型。技术本身是在不断发展的，随着技术的改进或者现实的迫切需求，最终会引起技术的重大变革和突破。技术是企业创新的推动力，由技术发展引发的企业技术创新是一种线性过程。这一过程模型始于研发，经过生产制造、营销最终将某产品导入市场，如图 2 - 2 所示。

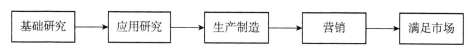

图 2 - 2　技术推动模型

②需求拉动模型。企业技术创新的成果最终要转换成具有市场价值的商品，在创新过程中如果只注重研发投入而忽视市场导向，很可能会使产品不

能经受住市场的考验，导致企业技术创新失败。因此，需求拉动模型强调市场变化是技术创新的直接来源，市场需求是技术变革的机会，并激发企业寻求新的技术突破方案。如图 2-3 所示。

图 2-3　需求拉动模型

③技术市场交互作用模型。技术创新的动力，既来自技术推动，也来自市场需求。技术与市场的交互作用模型强调技术创新过程中技术和市场两个因素的有机结合，并作用于产品生命周期和技术变革的不同阶段，如图 2-4 所示。

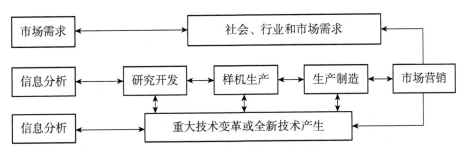

图 2-4　技术市场交互作用模型

④一体化模型。一体化模型强调技术创新过程不是一个职能到另一个职能的序列过程，而是同时涉及创新构思产生、产品研发、设计制造和市场营销的并行过程，要求企业研发部门、设计部门、职能部门、销售部门等在企业创新过程中一致行动，实现职能一体化，如图 2-5 所示。企业技术创新过程模型，不论是从技术推动或市场拉动上，还是从强调技术和市场的一体化作用上，都反映出技术和市场在企业创新过程中的重要作用。

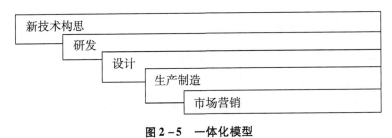

图 2-5　一体化模型

2.2.2 数据挖掘理论

(1) 数据挖掘的内涵

数据挖掘（Data Mining，DM）又称数据库中的知识发现（Knowledge Discover in Database，KDD），是目前人工智能和数据库领域研究的热点问题。所谓数据挖掘就是指从数据库的大量数据中揭示出隐含的、先前未知的且有潜在价值的信息的非平凡过程。数据挖掘是一种决策支持过程，它主要基于人工智能、机器学习、模式识别、统计学、数据库、可视化技术等，高度自动化地分析企业的数据，做出归纳性的推理，从中挖掘出潜在的模式，帮助决策者调整市场策略，减少风险，做出正确的决策[46-47]。

在计算机领域，数据挖掘就是从大量的、不完全的、有噪声的、模糊的、随机的实际应用数据中，提取隐含在其中的、人们事先不知道的但又是潜在有用的信息和知识的过程。数据挖掘与数据融合、人工智能、商务智能、模式识别、机器学习、知识发现、数据分析、决策支持等概念非常相似。

在商业领域，数据挖掘被认为是一种新的商业信息处理技术，其主要特点是对商业数据库中的大量业务数据进行抽取、转换、分析和其他模型化处理，从中提取辅助商业决策的关键性数据。因此，数据挖掘可以描述为：按企业既定业务目标，对大量的企业数据进行探索和分析，揭示隐藏的、未知的或验证已知的规律性，并进一步将其模型化的先进有效的方法。

(2) 数据挖掘的对象

数据挖掘的对象可以是结构化、半结构化和非结构化数据。既可以是关系数据库等结构化数据源，也可以是数据仓库、文本、多媒体数据、空间数据、时序数据、Web 数据等半结构化数据和非结构化数据源[47]。

(3) 数据挖掘的流程

数据挖掘过程由数据准备、数据挖掘和结果表达与解释三个阶段组成[46]。数据准备是从相关的数据源中选取所需的数据并整合成用于数据挖掘的数据集；数据挖掘即规律寻找与发现，是用某种方法将数据集所含的规律找出来；结果表达与解释是尽可能以用户可理解的方式（如可视化）将找出的规律表示出来[46]。

（4）数据挖掘的方法与算法

常用于数据挖掘的方法有分类、回归分析、聚类、关联规则、特征、变化和偏差分析、Web 页挖掘等。

数据挖掘的主要算法有神经网络法、决策树法、遗传算法、粗糙集法、模糊集法、关联规则法等[48]。

（5）数据挖掘系统

一个典型的数据挖掘系统由六个部分构成[47]：①数据库、数据仓库、万维网及其他信息库，负责数据清洗、集成和选择；②数据仓库或数据仓库服务器，负责相关数据提取；③知识库（存储领域知识）；④数据挖掘引擎（用于执行特征化、关联和相关分析、分类、预测、聚类分析、离群点分析和演变分析等）；⑤模式评估（设定阈值，过滤已发现的模式）；⑥用户界面（人机互动接口）。如图 2−6 所示。

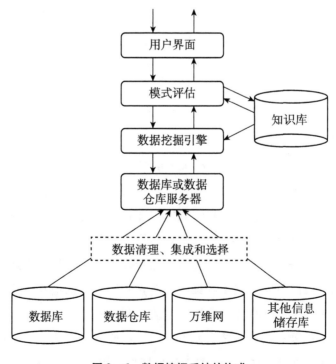

图 2−6　数据挖掘系统的构成

2.2.3　专利分析理论

(1) 专利分析的内涵

专利分析也称为专利信息分析或专利情报分析，不同学者对它的定义各有不同。有学者认为，"它是信息分析的一部分，是竞争情报分析的重要形式，是指跟踪、研究、分析某一技术领域及竞争对手的专利发明，以获得超越竞争对手优势为目的的企业竞争情报活动，换言之，专利信息分析就是将那些个别的、看来是互不相关的专利信息转化为系统而完整的情报分析工作"。也有学者认为，"专利信息分析是将相关的专利信息进行统计、归类、分析，将孤立的信息按照不同的聚集度聚集，使它们由普通的信息转化为有价值的专利竞争情报。其本质是通过对专利信息的内容、专利数量以及数量的变化或不同范围内各种量的比值（如百分比、增长率等）的研究，对专利文献中包含的各种信息进行定向选择和科学抽象的研究活动，是情报信息分析工作和科技工作结合的产物，是一种科学劳动的集合"。还有学者认为，"专利信息分析是对专利说明书与专利公报中大量零碎专利信息进行分析、加工、组合，并利用统计学方法和技巧把这些信息转化为具有总揽全局及预测功能的竞争情报，从而使其由普通信息上升为企业经营活动中有价值的情报，为企业的技术、产品及服务开发决策提供参考"。"专利信息分析是以专利文献为基础，根据特定的数据特征，从中挑选出符合某一特定要求的相关信息，并通过一定的竞争情报分析技巧，找出其中蕴藏的规律、趋势以及信息间的相关性，为公共事务或企业管理决策提供参考。""专利信息分析是从专利文献中采集专利信息，经过加工整理，分析形成专利竞争情报，为企业乃至国家的科技发展战略服务。从专利信息的内在特征上看，专利信息分析的核心是对专利技术的现状、发展等问题进行研究。从其外部特征来看，专利信息分析在不断向经济、法律、社会等各方面延伸和拓展。目的是通过分析将孤立的专利信息按照不同的聚集度聚集，使它们由普通的信息转化为有价值的专利竞争情报。根据这些竞争情报可以从专利视角研判企业或国家在相关产业和技术领域的重点技术及技术发展方向、主要竞争对手的技术组合和技术投资动向，为企业乃至国家制定与总体发展战略相匹配的专利战略。"[49]

专利分析是专利信息分析的简称，也称为专利情报分析，是对专利信息进行科学的加工、整理与分析，经过深度挖掘与缜密剖析，将其转化为具有较高技术与商业价值的可利用信息的过程。是从专利文献中采集专利信息，通过科学的方法对专利信息进行加工、整理和分析，转化为具有总揽性及预测性的竞争情报，从而为政府部门或企事业单位进行决策提供参考的一类科学活动的集合。目的是对大量的、杂乱的、孤立的专利信息，使用各种定量或定性分析方法，研究它们之间的相互关联性，挖掘深藏在大量信息中的真相，从而对特定技术做出趋势预测、对竞争对手做跟踪研究等，将普遍的专利信息转化为有价值的专利竞争情报，从而产生指导国家、行业、企业生产、经营决策的重要情报[50]。

专利分析可理解为由专利信息获得专利情报的理论和方法。从对象和目的来看，专利分析就是指以某一技术领域的专利文献信息为分析样本，结合网络、报纸、期刊、学位论文等各类非专利文献信息，对该技术领域的专利技术的整体情报、发展态势、分布状况、竞争力量等内容进行多维度分析，以获取技术情况、法律情报、商业情报。开展专利分析是有效利用专利信息、降低运营风险、防范专利权纠纷的重要手段，是有效开发和保护自主知识产权、提升竞争优势的重要途径[51]。

（2）专利分析的产生与发展

在国际上，对于专利分析这一领域的实践应用和理论研究已有多年的历史。一些发达国家将其用于比较、评估不同国家或企业之间的技术创新情况、技术发展现状，以及跟踪和预测技术发展趋势，并以此为科技发展政策，尤其是为专利战略的制定提供决策依据[52]。

早在 20 世纪 60 年代，国际经济合作与发展组织（OECD）就开始探究生产率要素与专利质量的内在联系。在美国，美国专利商标局技术评估及预测处（OTAF），从 1971 年建立开始，就一直不惜成本地对专利信息加以统计分析，并定期出版 *Technology Assessment and Forecast*，深得各个专业部门与企业技术评估和预测部门的器重，并把它作为企业专利战略的重要参考依据。美国摩根研究与分析协会（Mogee Research & Analysis Association）自 1985 年以来，一直在为美国《财富》杂志中所列的五百强企业提供专利信息研究和分析，其分析报告对企业技术许可、市场竞争、研究与开发管理、专利投资及经济发展提供了很好的帮助。联合国教科文组织发表的《1998 年世界科学报告》中指出，"技术活动可以通过专利局公布的专利数予以描述，这里不把专利看作一种工业手段，而是看作处于知识前沿的技术能力的标志"。同时，该报告还阐述了专利与研究开发成果、国内生产总值的关系。

与此同时，国外学术界对专利信息与科技活动、经济活动的关系进行了大量有益的探索。例如，1983 年，美国加州大学伯克利分校教授保罗·罗默提出的生产四要素理论，认为经济的长期增长取决于资本、非技术劳力、人力资本（按接受教育时间的长短衡量）和创新思想（可按专利数量衡量），专利数量是经济活动的衡量指标之一。1990 年，哈佛大学教授、当代权威专利数据研究专家 Griliches 在其论文中探讨了专利数据的重要价值和意义，对专利总量的波动与投资增长的关系进行了精辟的分析。

第二次世界大战后，一些学者开始将文献计量学方法引入专利分析。1949 年，美国学者 Seidel 最早系统地提出了专利引文分析的概念，指出专利引文是后续专利基于相似的科学观点而对先前专利的引证，同时还提出了高频被引专利及其技术相对重要性的设想[53]。此外，Seidel 还与 Hart 一起提出以计量方式来分析专利文献。20 世纪 50 年代，日本在大量引进西方先进技术的同时，针对专利文献检索工作不能揭示隐藏在专利文献信息后的专利权及其引用者之间的关系，存在难以为企业技术管理提供决策支持等弊端，应用信息计量理论和数理统计方法对专利文献检索过程进行深化，将单纯的专利文献检索工作改造成为主要针对国外技术动向跟踪的专利信息分析，先后创造了"产业专利技术调查""专利地图分析""专利关系树分析"等专利信息分析方法[54]。自 20 世纪 70 年代起，美国的 Van Steen 开始将专利信息分析结合到科技政策制定中，将其作为政策分析的一个重要工具[55]。Scherer 是一位将专利分析数据引入经济分析的著名经济学家。Pavitt 利用专利信息检索与分析结果建立起了一个技术发展扇形分类系统。Francis Narin 首次将文献计量学方法引入专利信息检索与分析[21]。随着信息技术、网络技术和专利数据库的快速发展，数据挖掘、文本挖掘和数据可视化等现代信息处理技术以及 SWOT 和定标比超等竞争分析模型与方法也被引入专利信息分析之中。如美国乔治亚理工学院的 Allen Porter 等人采用数据挖掘和情景分析等技术与方法，对大型专利信息数据库的主题词进行时间序列分析、聚类分析，并综合其他相关信息来解释和深化对技术创新竞争环境和市场前景的认识，以研究特定产业的技术热点领域和前沿领域[56]。

（3）专利分析的内容

专利分析的内容丰富，范围广泛。有人认为专利分析的内容有专利技术生命周期分析、重点专利技术分析、技术发展趋势分析、竞争对手专利分析、区域专利分布分析、专利研发团队分析、核心专利分析、重点技术发展路线分析、技术空白点分析和重大专项知识产权风险判定等[57]。

也有人认为专利分析的内容包括专利相关人分析（专利申请人、专利权人、发明人）、竞争者分析、地域分布分析、技术主题分析（IPC 分类、技术路径）、技术功效分析、专利引证分析和技术生命周期分析等[58]。

还有人认为专利分析的内容包括技术发展趋势分析（专利量逐年变化、专利分类逐年变化、技术主题逐年变化）、地域性分析（区域专利量、区域专利技术特征、本国专利份额）、竞争者分析（竞争对手专利总量、竞争对手研发团队、竞争对手专利量增长比率、竞争对手重点技术领域、竞争对手专利量时间序列、竞争对手专利区域布局、竞争对手特定技术领域、共同申请人）、核心技术或核心技术领域分析（专利引证分析、同族专利规模分析、技术关联与聚类分析、布拉德福文献分散定律应用）、重点技术发展线路分析（专利引证线路图分析、技术发展时间序列图、技术应用领域变化分析）、技术空白点分析、研发团队分析（重点专利发明人分析、合作研发团队分析、研发团队规模变化分析、研发团队技术重点变化分析）等方面[59]。

专利分析的主要内容涉及多个方面，具体来看，可以分为三个层面：

①从专利分析的内容来看

专利分析有技术信息分析、经济信息分析和法律信息分析。技术信息分析包括产业和技术发展趋势分析、技术分布分析（如领域、地域、主体等）和核心专利分析，为国家制定产业政策和企业把握特定技术开发、投资方向及制定专利战略等提供依据。经济信息分析包括经济价值、市场、合作伙伴、竞争对手、人力资源（如发明人）分析等，重点关注竞争对手在不同地域或国家的竞争策略、市场经营活动以及竞争企业间的技术合作、技术许可动向等，为企业寻找合适的战略伙伴、技术开发人员，预测新技术和新产品推出、市场普及情况和相关国家的市场规模等提供依据。法律信息分析重点在于专利性分析和专利侵权分析等，一方面，专利法律信息分析可为企业确定技术研发方向、突破竞争对手专利壁垒、构筑企业自身专利保护圈、制定专利战略和选择经营活动方向等提供参考；另一方面，专利法律信息分析可为已经发生或可能发生的专利侵权行为的判定提供法律依据，做出评估，为企业制定诸如规避、警告、索赔、诉讼和结盟等策略提供建议和意见。

②从专利分析的层次来看

专利分析有国家或地区专利分析（宏观）、机构专利分析（中观）和发明者专利分析（微观）。国家或地区专利分析主要是从宏观上和整体上对国家或地区的专利信息进行分析，为国家或地区制定专利战略和产业政策提供决策依据。机构专利分析主要是指企业、大学、科研机构、政府部门以及其他申请专利的社会组织的专利信息分析，其中企业是主体，大学和科研机构也备受关注。发明者专利分析主要是考察发明创造者的研发能力、研发动向和分布状况，为企业和科研机构发现技术人才等提供参考。也有学者根据专利信息的特点，将专利分析分为"点""线""面""立体"专利情报分析四个层次[60]。

③从专利分析的维度来看

专利分析有专利数量分析、专利引用分析和专利关联分析。专利数量分析从专利数量统计的角度分析专利技术在主要国家、机构与个人中的分布状况，以便全面了解相关专利的时空分布特征，并结合时间因素、专利分类、专利技术主题和专利数量特征分析某一技术领域的技术研发趋势。专利引用分析研究是指将引文分析法用于专利分析，从被引用专利国家、所属机构、发明人以及专利技术本身，辨识专利技术发展的时间轨迹与技术知识的扩散路径，同时结合引用时间推测技术的生命周期等。专利关联分析包括专利技术关联分析和专利科学关联分析，专利关联分析是在专利引用分析研究的基础上探讨科学与技术之间的关系，以了解学术机构的基础研究对于产业技术发展的影响。也有人将专利分析的维度理解为专利数量分析、专利质量分析和专利价值分析，分别用不同的分析指标和方法来衡量。

（4）专利分析的作用

专利分析可以在相当程度上反映出一个国家或地区科技及经济发展现状，在政府制定科技政策、产业政策、知识产权战略、招商引资等方面具有重要作用，在企业识别竞争对手、分析市场行情、制定专利和企业发展战略等方面具有重要作用。世界经济论坛（World Economic Forum，WEF），在其每两年发布一次的《全球竞争力报告》（*Global Competitiveness Report*）中选用"专利获准数"，即平均每百万国民所获得的专利数，作为衡量"国家创新能力"的重要指标。瑞士洛桑国际管理学院和世界经合组织也将专利作为确定国家竞争力的重要衡量指标。

专利分析的主要作用体现在[52,61]：专利分析可以提供对发明创造过程的清晰认识，可以在宏观或微观层面上反映国家或企业的发明创造活动以及研发产出、知识产权的拥有量、技术发展水平及其在国际技术与经济竞争中的地位；借助专利分析，可以把握相关产业和技术领域中的整体状况及其发展趋势、行业技术创新热点及专利保护特征，了解相关产业和技术领域企业或国家的技术活动及战略；可以为国家制定产业政策提供依据，也可以为企业的决策者把握特定技术的开发、投资方向以及制定企业专利战略等方面提供论证；还可以了解竞争对手在不同地域或国家的市场经营活动，竞争企业间的技术合作、技术许可动向，预测新产品、新技术的推出和市场普及情况，以及相关国家的市场规模等。

2.2.4 专利与企业技术创新

（1）科技创新链

科学研究包括基础研究、应用研究和开发研究三个方面，反映了科技创新链条中从科学研究到产品开发再到市场转化的完整过程。科技创新链，即从科学发现（主要成果体现为论文、著作等载体中包含的原理、方法、思想、观点等），到技术创新（主要成果体现为发明、专利等载体中包含的技术特征、技术方案等），再到产品开发（主要成果体现为新产品、新工艺等），最后到新产品市场化、商业化、产业化（主要成果体现为满足市场需求、实现企业价值、提升企业竞争优势等），是一个完整的过程。

专利既是衡量技术创新的有力工具，在很大程度上能够反映一个行业或企业的研发能力和技术创新活力；同时也是保护企业的发明创造，保障企业技术创新动力的源泉。专利制度维护发明创新者个人的利益，激励创新和促进科学技术进步，增进人类社会的共同利益。因此，林肯一针见血地指出了专利制度在技术创新中的作用：专利制度为智慧（天才）之火添加利益之油（薪）。

只有将科技革命和产业革命有机结合，才能有效地推动经济社会高速发展。科技创新和科技革命为产业革命和产业发展提供知识、思想原料，发明创造及保护发明创造权利的专利制度，成为推动产业发展、促进经济繁荣的不竭动力。经济发展又反哺科学研究和技术创新，推动新一轮科技创新与科技革命及产业革命与产业发展。专利在科技创新、科技革命与产业革命、产业发展中起着中介和桥梁作用。如图 2-7 所示。

图 2-7　发明、专利与产业发展的关系

（2）专利在企业技术创新中的作用

专利是企业技术创新能力和技术实力最直观的体现，目前专利数量、质量和价值也成为衡量企业技术创新水平、能力和核心竞争力的重要依据。

专利既是技术创新的智力劳动成果，是衡量企业技术创新能力的重要指标，也是受专利法和专利制度保护的发明创造。在企业技术创新中，专利起着保护企业技术创新成果，为企业持续开展技术创新保驾护航并源源不断提供动力的作用。①专利是企业技术创新成果的重要保护形式。企业在技术创新过程中会产生很多创新成果,包括专利、计算机软件著作权和商业秘密等,其中专利是最主要的保护形式。专利作为企业技术创新成果的保护形式,它的优势在于专利是国家法定机关依法授予的一种确定的权利,它的保护范围非常明确,具有唯一性和排他性,企业可以通过许可、转让、质押等运营方式获得长期的利益回报,为企业回笼资金。②专利维护企业技术创新的公平竞争环境。企业技术创新具有不确定性、高风险性、高投入性、高收益性等特点,企业需要投入大量的资金、设备、人才、时间等资源,具有很高的风险。这些特点要求企业必须有一个公平的竞争环境,对其技术创新成果进行保护。而专利法授予专利权人对其发明创造在某一国家或地区在一定时期内享有专有权,专利成为企业保护自身利益、压制竞争对手的有力武器。③专利促进企业技术创新持续发展。专利是企业形成持续技术创新能力、赢得市场竞争的有力武器,它能够促进企业技术创新的发展以及技术创新成果的有效利用。专利制度最初就是为了推动、保护和传播技术创新这一过程而制定的[62],本质上是一种以法律和经济手段鼓励和刺激技术创新、推动技术进步的管理制度,被公认是提升技术创新和促进科技进步的重要政策工具。专利法通过授予专利权人一定期限市场垄断地位,借助垄断利润、专利许可、专利转让等方式给予专利权人收回研发成本并赚取利润的机会,激励技术创新发展并继续通过专利方式保护其发明,形成良性循环。加强对专利的保护力度,能够降低企业专利被侵犯的风险,提高技术垄断利润和专利运营收入,从而鼓励企业投入更多的研发资金,提升技术创新能力[63]。

2.2.5　专利信息与企业技术创新

企业技术创新成果都详细记录在专利文本中,专利文献蕴含着大量技术信息、法律信息、经济信息和战略信息,是重要的竞争情报信息源。专利信息利用贯穿企业科研立项、新产品开发、技术贸易、侵权纠纷解决和进出口贸易等各个环节,企业技术创新离不开专利信息。

企业技术创新是一个充满矛盾和不确定的过程,不确定性是企业技术创新的基本特性。技术创新的不确定性主要体现在三个方面[64]:技术不确定性、商业不确定性和市场不确定性。这些不确定性给企业技术创新带来一定风险。因此,要减少企业技术创新的不确定性,增加企业技术创新的成功率,企业必须通过有针对性地收集相关技术文献、全面了解市场需求和适应市场变化、及时跟进国家政策和外部信息等，尽可能消除不确定性。不确定性不仅由于信息缺乏造成，更可能因为所拥有的信息与所需信息之间的差距造成，因此，挖掘和分析专利信息能减少企业技术创新中的不确定性。

专利信息在企业技术创新过程中不仅具有研发导向作用，还具有市场情报作用。因为企业技术创新的主要工作是新技术研发，但研发阶段是风险和利益并存的，低水平、重复的开发最终会导致产品市场化的失败。只有查找相关专利信息后，才能了解技术领域现状，辨别技术的新旧、潜力和发展，明确研究方向，以较高的起点进行自主研发创新，避免人财物的浪费。另外，通过对专利信息进行战略分析和研究，可以挖掘潜在合作伙伴和竞争对手，及时掌握竞争对手技术研发状况，监测竞争对手专利申请策略，评价竞争对手技术创新能力，以制定和实施本企业的专利战略，增强市场竞争能力，从而为生产和经营决策提供参考。

具体而言，专利信息在企业技术创新中的主要作用有[65]：①展示发明创造轨迹。通过专利信息分析可以将不同时期的技术发明创造活动整合形成一条清晰的技术发展路线图，从不同层面反映出一项技术发明创造的产生、发展过程，反映出技术在不同国家或企业的发展轨迹，从而了解不同国家或企业在科研实力、专利拥有量、技术发展水平及其在国际竞争中的地位。②揭示技术发展趋势。通过专利信息分析可以揭示相关产业和技术领域的整体状况及其发展趋势、行业技术创新热点和专利保护重点，揭示相关技术领域和企业技术活动最新动向与战略布局走向，为国家制定产业政策、企业把握技术投资方向和制定专利战略等提供依据。③展现竞争环境态势。借助专利信息分析可以帮助企业了解竞争对手在不同国家或地区的实时经营活动状况，掌握企业间的技术合作和技术许可动向，预测新技术和新产品的推出及市场分布情况，对于企业预防和突破竞争对手的专利壁垒或构筑自身的专利保护圈等都有极其重要的参考价值。④制定技术创新战略。专利战略是企业技术创新战略的重要组成部分，专利战略的成功运用可以减少企业技术创新的风险。专利战略推动和促进企业技术创新的发展，技术创新是专利战略的目标。专利战略是指从长远目标出发，利用专利保护制度在市场竞争中获取和保持竞争优势地位的总体性谋略[64]，包括专利申请战略、专利布局战略、专利保护战略、专利管理战略、专利运营战略、专利预警战略、专利诉讼战略等。企业专利战略的制定需要根据专利技术信息、经济信息、法律信息并结合企业自身的情况。⑤降低企业研发风险。企业技术创新是一个系统和持续过程，由若干阶段和环节组成，技术创新在项目立项、技术研发、中试、商品销售等阶段存在极大的不确定性。技术创新总是在前人的基础进行，了解前人的技术创新成果最有效的途径是查找专利文献。据统计，90% ~95% 的最新技术最早出现在专利文献中，70% ~80% 的仅在专利文献中出现。专利文献是企业技术创新过程中重要的技术、经济、法律、战略情报源，且专利信息利用贯穿于企业技术创新全过程，充分利用专利信息可以降低企业技术创新的不确定性，减少技术创新的研发风险、市场风险、法律风险等。

本章参考文献

[1] 肖沪卫. 专利地图方法与应用 [M]. 上海：上海交通大学出版社，2011：2 - 4.

[2] 方曙. 基于专利信息分析的技术创新能力研究 [D]. 西安：西安交通大学，2007：23.

[3] 杨中楷. 基于专利计量的专利制度功能分析 [D]. 大连：大连理工大学，2007：20 - 21.

[4] 李建蓉. 专利信息与利用 [M]. 北京：知识产权出版社，2006：1 - 5.

[5] 牟萍. 专利情报检索与分析 [M]. 北京：知识产权出版社，2012：47 - 51.

[6] 杨中楷. 基于专利计量的专利制度功能分析 [D]. 大连：大连理工大学，2007：21 - 22.

[7] 杨铁军. 专利信息利用导引 [M]. 北京：知识产权出版社，2011：68 - 92.

[8] 肖沪卫. 专利地图方法与应用 [M]. 上海：上海交通大学出版社，2011：6.

[9] 陈燕，黄迎燕，方建国，等. 专利信息采集与分析 [M]. 北京：清华大学出版社，2006：4 - 6.

[10] 李建蓉. 专利信息与利用 [M]. 北京：知识产权出版社，2006：8 - 17.

[11] 方曙. 基于专利信息分析的技术创新能力研究 [D]. 成都：西南交通大学，2007：26.

[12] 孟俊娥. 专利检索策略及应用 [M]. 北京：知识产权出版社，2010：3 - 6.

[13] 国家知识产权局专利文献部. 专利文献与信息检索 [M]. 北京：知识产权出版社，2013：1 - 8.

[14] 国家知识产权局专利文献部. 专利文献与信息检索 [M]. 北京：知识产权出版社，2013：1 - 2.

[15] 李建蓉. 专利信息与利用 [M]. 北京：知识产权出版社，2006：5 - 8.

［16］肖沪卫.专利地图方法与应用［M］.上海：上海交通大学出版社，2011：5－7.

［17］文庭孝，姜珂炘，赵阳，等.大数据时代的信息分析变革研究［J］.图书情报知识，2015（5）：66－73.

［18］敖翔，谢虹霞.专利大数据发展路径研究［J］.中国发明与专利，2016（5）：14－16.

［19］顾毓波.大数据时代企业专利管理面临的问题与应对策略［J］.知识产权，2015（10）：120－124.

［20］NARIN F. Patent Bibliometrics［J］. Scientometrics, 1994, 30（1）：147－155.

［21］IVERSEN E J. An Excursion into the Patent－bibliometrics of Norwegian Patenting［J］. Scientometrics, 2000, 49（1）：63－80.

［22］吴海燕，张国卿.基于专利信息计量的专利引文数据库的设计［J］.科技情报开发与经济，2009（22）：88－91.

［23］栾春娟.专利计量与专利战略［M］.大连：大连理工大学出版社，2012.

［24］王续琨.交叉科学结构论［M］.大连：大连理工大学出版社，2003.

［25］王敏，李海存，许培扬.国外专利文本挖掘可视化工具研究［J］.图书情报工作，2009，53（24）：86－90.

［26］唐炜，刘细文.专利分析法及其在企业竞争对手分析中的应用［J］.现代情报，2005（9）：179.

［27］张静，刘细文，柯贤能，等.国内外专利分析工具功能比较研究［J］.情报理论与实践，2008（1）：141－146.

［28］王永红.定量专利分析的样本选取与数据清洗［J］.情报理论与实践，2007（1）：93－96.

［29］肖沪卫.专利地图方法与应用［M］.上海：上海交通大学出版社，2011.

［30］马天旗.专利分析方法、图表解读与情报挖掘［M］.北京：知识产权出版社，2015.

［31］肖沪卫，瞿丽曼，路炜.专利战术情报方法与应用［M］.上海：上海科学技术文献出版社，2015.

［32］董新蕊，朱振宇.专利分析运用实务［M］.北京：国防工业出版社，2016.

［33］陈炘钧，米黑尔·罗科.纳米科技创新与知识图谱：世界纳米科技专利与文献分析［M］.吴树仙，王琛，译.北京：科学出版社，2013.

［34］张龙晖.大数据时代的专利分析［J］.信息系统工程，2014（2）：150－151.

［35］AKERS L, YANG Y Y, KLOSE, YANG C B. Text Mining and Visualization Tools － Impressions of Emerging Capabilities［J］. World Patent Information, 2008, 30（4）：280－293.

［36］MENT－JUNG SHIH, DUEN REN LIU, MING LI HSU. Discovery Competitive Intelligence by Mining Changes in Paten Trends［J］. Expert System with Applications, 2010, 11（37）：2882－2890.

［37］马芳，王效岳.基于数据挖掘技术的专利信息分析［J］.情报科学，2008

（11）：212 – 220.

［38］马芳．基于神经网络的文本挖掘在专利自动分类中的研究与应用［D］．山东：山东理工大学，2009.

［39］翟东升．专利知识挖掘关键技术研究［M］．北京：知识产权出版社，2013.

［40］ALOIS SCHUMPETER J. The Theory of Economic Development［M］. Oxford：Oxford University Press，1912.

［41］王娟，郭新宝，席升阳．创新理论的发展脉络及其启示［J］．创新科技，2013（4）：8 – 9.

［42］FREEMAN，C. A Study of Success and Failure in Industrial Innovation［M］. Palgrave Macmillan UK，1973.

［43］高双．竞争情报在企业技术创新中的应用研究［D］．武汉：华中师范大学，2011.

［44］陈茂圣．企业技术创新过程及组织分析［D］．北京：北京交通大学，1999.

［45］刘宇，倪问尹．中国网络文化发展二十年（1994—2014）：网络技术篇［M］．长沙：湖南大学出版社，2014：150.

［46］韩家炜，堪博．数据挖掘：概念与技术（原书第 2 版）［M］．范明，孟小峰，译．北京：机械工业出版社，2007.

［47］刘军，阎芳，杨玺．物联网与物流管控一体化［M］．北京：中国财富出版社，2017：431.

［48］李建蓉．专利信息与利用［M］．北京：知识产权出版社，2006：353 – 354.

［49］杨铁军．专利分析实务手册［M］．北京：知识产权出版社，2012：3.

［50］谢顺星．专利咨询服务［M］．北京：知识产权出版社，2013：58.

［51］牟萍．专利情报检索与分析［M］．北京：知识产权出版社，2012：2 – 5，6 – 22.

［52］SEIDEL A H. Citation System for Patent Office［J］. Journal of the Patent Office Society，1949（31）：554 – 567.

［53］刘平，张静．专利地图制作及应用例析［J］．管理学报，2005（2）：555 – 561.

［54］VAN STEEN. Free Patent Information as a Resources for Policy Analysis［J］. World Patent Information，2003，25（3）：223 – 232.

［55］PARRY M，NORLING，et al. Putting Competitive Technology to Work［J］. Research Technology Management，2000，43（5）：23 – 28.

［56］毛金生，冯小兵，陈燕．专利分析和预警操作实务［M］．北京：清华大学出版社，2009：35 – 73.

［57］谢顺星．专利咨询服务［M］．北京：知识产权出版社，2013：68 – 80.

［58］杨铁军．专利信息利用技能［M］．北京：知识产权出版社，2011：406 – 442.

［59］郭婕婷，肖国华．专利分析方法研究［J］．情报杂志，2008（1）：12 – 15.

［60］王磊，沈金波．专利情报分析方法研究［J］．图书馆学研究，2006（11）：2 – 5.

［61］徐迎，张薇．专利与技术创新的关系研究［J］．图书情报工作，2013（19）：

70,77 - 82.

　　[62] 吴超鹏，唐菂．知识产权保护执法力度、技术创新与企业绩效：来自中国上市公司的证据 [J]．经济研究，2016，51（11）：125 - 139.

　　[63] 张韵君．基于专利战略的企业技术创新模式研究 [J]．经济问题，2015（5）：84 - 89.

　　[64] 李道苹．卫生信息分析 [M]．北京：人民卫生出版社，2014：343.

第3章　专利信息挖掘对象与内容

专利文献是一个综合性专利文本，集专利技术信息、法律信息、经济信息、战略信息于一体，是获取专利信息和专利数据的重要来源。围绕专利文献、专利信息与专利数据加工、分析、利用所累积起来的专利数据形成了专利大数据，是专利信息挖掘的对象与内容。

面向企业技术创新的专利信息挖掘就是利用专利数据挖掘与分析方法、工具对由专利文献、专利信息和专利数据以及互联网中所累积形成的专利大数据进行加工、整理、挖掘与分析，揭示其中蕴藏的专利技术信息、法律信息、经济信息、战略信息，为企业开展技术研发、产品开发、法律诉讼、侵权与维权、预警与风险、市场经营、商业贸易、竞争情报、管理决策、战略制定等相关专利活动提供服务。如图 3-1 所示。

技术创新是企业核心竞争优势的原动力，专利信息挖掘的目的就是要从技术研发、产品开发、法律诉讼、侵权与维权、预警与风险、市场经营、商业贸易、竞争情报、管理决策、战略制定等企业专利活动与生产经营管理活动的不同角度和层面维护企业市场竞争优势和核心竞争力。

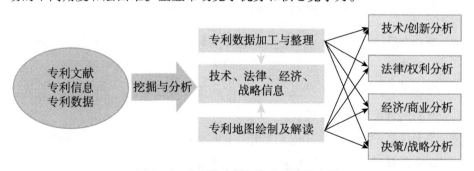

图 3-1　专利信息挖掘与分析及其应用

3.1 专利信息挖掘的对象及其来源

3.1.1 专利数据源

专利文献、专利信息和专利数据构成了专利信息挖掘中的数据链条，专利数据蕴含于专利信息中，专利信息源于专利文献，而专利信息是对专利文献外部特征和内容特征的揭示和表达，大量的专利数据累积形成专利大数据，存在于专利数据库、专利数据系统和专利数据平台中。如图 3 - 2 所示。

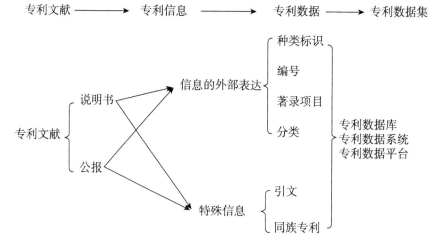

图 3 - 2 专利文献、专利信息与专利数据的关系

3.1.2 专利数据类型

专利文献中包含着大量的专利信息和专利数据，主要分为以下几大类[1]：

人员信息：申请人、专利权人、发明人、代理人、审查员等。

时间信息：申请日、授权日、公告日、优先权日等。

空间信息：国家、省区等。

技术信息：技术特征、技术方案、专利名称、摘要、关键词、附图等。

法律信息：权利要求、法律状态、诉讼情况等。

号码信息：INID 码、IPC 分类号、申请号、专利号、公告号、公开号等。

引文信息：专利和非专利引文信息。

专利族信息：同族专利信息。

这些专利信息和专利数据及其组合从不同角度和层面揭示专利文献、专利数据库中蕴含的技术信息、法律信息、经济信息和战略信息。

专利文献中的专利信息和专利数据一般可概括为"5W"信息，即 Who（人员信息）、Where（地域信息）、When（时间信息）、What（内容信息）、Which（权利信息），如表 3-1 所示。如果从专利信息挖掘与分析的维度来看，专利文献中的专利信息一般分为四个维度，即权属、时效、技术、地域，如表 3-2 所示；也可分为主体、时间、地域、技术四个维度，每个维度都可以和其他三个维度进行组合。

表 3-1　专利文献中的"5W"信息

Who	申请人	发明人	专利权人	代理人、审查员
Where	申请国	指定国		
When	申请日	公开日	优先权日	……
What	IPC 分类	名称	摘要	……
Which	权书要求	数量	范围	

表 3-2　专利文献中的四维度信息

权属	申请人	权书	法律状态	发明人	……
时效	申请日	公告日	优先权日	授权日	……
技术	分类号	摘要	发明名称	关键词	……
地域	国省代码	地址			

这些专利信息之间不是孤立的，而是相互联系的，形成一个完整的专利信息体系。专利信息挖掘与分析反映的不仅仅是专利信息与专利数据单元的数量与质量特征，更重要的是体现专利信息与专利数据单元的关联与网络特征。因此，专利信息挖掘与分析包括两个基本要素：一是专利信息与专利数据单元，可以是人员信息、时间信息、空间信息、技术信息、法律信息、号码信息、引文信息、专利族信息等特定的挖掘与分析对象及其所反映的专利技术信息、法律信息、经济信息和战略信息；二是专利信息与专利数据单元

之间的联系，如申请人、专利权人、专利发明人合作关系，专利引证关系、同族专利关系、IPC 关联、国家与地区合作关系、关键词共现等。因此专利信息挖掘既包括专利信息的一维及多维组合挖掘，也包括专利信息关联挖掘。

专利文献是一个结构化文本，专利信息和专利数据存在于结构化专利文本中的各个部分，并且通过不同的符号及表达方式展示出来。如专利说明书的扉页中包含着大量的专利信息和专利数据，可以利用 INID 代码及对应信息反映出来，如表 3-3 所示。

表 3-3　专利说明书扉页的著录信息（INID 代码表）

代码	含义	代码	含义	代码	含义
(10)	文献标识	(45)	授权公告日	(64)	再公告专利
(12)	文献号	(46)	只出版专利权项的日期	(65)	同一申请的公布数据
(13)	文献类别	(47)	可阅览和复制的日期	(66)	本国优先权数据
(15)	文献修正信息	(50)	技术情报项目	(71)	申请人姓名
(19)	公告文献的国家或机构名称	(51)	国际专利分类	(72)	发明人姓名
(21)	申请号	(52)	国家分类	(73)	受让人
(22)	申请日期	(53)	国际十进制分类号	(74)	专利代理机构名称或代理人姓名
(30)	其他登记日期	(54)	发明或实用新型名称	(81)	指定国
(31)	优先申请号	(55)	关键词	(82)	选择国
(32)	优先申请日期	(56)	对比文件	(84)	EPO 指定的缔约国
(33)	优先申请国家	(57)	摘要或权利要求	(85)	PCT 国际申请进入国家阶段日
(40)	公布日期	(61)	增补专利	(86)	PCT 国际申请的申请数据
(43)	公开说明书出版日期	(62)	分案申请	(87)	PCT 国际申请的公布数据
(44)	审查未批说明书出版日期	(63)	继续申请		

从结构化的专利文本中提取出来的专利信息和专利数据，根据其特征又可分为两类：一类是结构化的专利信息和专利数据，存在于专利说明书扉页的各个部分；另一类是非结构化专利信息和专利数据，存在于摘要、说明书和权利要求中的各个部分。如表 3 - 4 所示。

表 3 - 4　专利文献中的专利信息与专利数据结构

	位置	名称	备注
结构信息	专利说明书扉页	名称、申请号、申请日、公开［授权］号、公开［授权］日、主分类号、颁证日、优先权、申请人、IPC、申请人地址等	数字或字符串
		摘要	段落文字
		摘要附图	图
非结构信息		权利要求书	段落文字
	说明书	技术领域	段落文字
		背景技术	段落文字
		发明内容	段落文字
		附图说明	段落文字
		具体实施方式	段落文字
		说明书附图	图

3.2　专利技术信息挖掘

专利文献首先是技术文本，记载了人类在发明创造活动中获得的每一项技术进步，是一本动态的技术百科全书。专利文献完整而详细地揭示了技术信息，这主要体现在，申请人必须按照《专利法》的规定，在专利申请书中清楚而完整地说明其发明创造的内容，且需要以相关技术领域的技术人员能实现为准。此外，专利文献必须满足新颖性、实用性和创造性等专利申请和审查要求，因此，专利说明书要对发明创造的技术方案和技术特征进行完整而详尽的描述，并且对比现有技术基础指明新的发明创新所在和具体的实施方式及达到的有益效果[2]。

专利文献不仅要详细说明技术内容，同时也要对技术领域的现存技术作简要介绍，因而专利文献提供了一个窥探特定技术发展历程的独特视角。在专利文献的说明书、权利要求书、附图、摘要及著录项目等中都直接披露了与该发明创造技术内容有关的信息，不仅如此，专利文献所附的检索报告或相关文献间接提供了与发明创造相关的技术信息。专利文献中包含着十分丰富的专利技术信息，是企业从事技术创新活动的重要技术情报来源，因为专利文献中实施部分包含了详细的技术方案实施步骤与数据等信息，通过专利文献分析，可以清晰地看到技术产生、发展的全过程以及未来趋势。

3.2.1　专利技术信息的内涵及特征

专利技术信息是指某一技术领域内发明创造的内容，也是某一特定技术的发展趋势，技术解决方案，技术分布（领域、地域、主体、时间），技术特征和技术主题等。专利技术信息可以分成三类：一是背景技术信息，说明该发明产生的缘由；二是发明信息，代表对现有技术的贡献，指专利文献中披露的技术主题具有新颖性，及其与现有技术主题存在的差异；三是附加信息，指出发明技术主题的用途或应用。

专利技术信息主要包括专利技术的技术主题、所属技术领域、发展轨迹、技术解决方案、技术的发展趋势，以及现有专利技术发展水平。专利技术信息一般可以通过专利分类号、专利名称、摘要、专利检索领域等著录项体现。揭示发明创造的技术内容的信息集合是专利技术信息特征。专利技术信息可以是技术领域内的发明创新，也可以是关键技术解决方案，还可以是领域内一定技术的发展历程、技术分支、技术主题和技术内容提要等[2]。按照专利信息的直观性和隐蔽性划分，专利技术信息可分为外部特征信息和内部特征信息。外部特征信息潜藏在专利说明书扉页的著录项目中，如专利分类号、分类范畴、申请日、优先权日、授权日、专利权人、发明人、地址、国家代码、国省代码、检索领域等；内部特征信息包含于专利文摘、权利要求项和技术说明书中，具体有发明名称、摘要、参考文献、专利权利要求项、技术说明书、附图等。

3.2.2　专利技术信息挖掘及其作用

专利信息是一种重要的战略性情报源，尤其是专利技术信息，在企业技术研发和技术创新活动中不可或缺。专利是新技术的代名词，专利制度特有的法律地位决定了专利文献的技术情报价值，专利文献几乎囊括了人类应用技术领域的一切发明。据世界知识产权组织统计表明，全世界每年 90% ~ 95% 的发明成果首先通过专利文献反映出来，可以说专利文献是人类发明创造的智慧情报库。

专利技术信息挖掘是指将个别或大量专利文献、专利数据库中潜在的技术信息，通过加工、组合、统计或数据文本处理的方式从专利文献、专利数据库中挖掘出来，形成为创新活动服务的情报和知识[3]。主动的专利技术信息挖掘贯穿于企业技术创新活动的全过程，通过理解和跟踪创新流程[4]，从技术趋势、技术分布和核心专利挖掘入手，了解技术研发进程，分析技术分布态势，掌握技术发展趋势，从而为企业技术创新活动提供技术监测、竞争情报、技术评价和预测等管理决策信息，在企业技术研发、专利布局、侵权维护、商业贸易、战略部署等专利活动与生产经营活动中发挥重要作用。

利用专利文献中的技术情报，不但可以了解、学习前人的智慧，启迪新思维，站在现有技术之上进行研发，提高技术革新、科技开发的起点和速度，避免重复研究，节省人力、物力、财力和时间，而且也是技术评价与预测的可靠依据。利用专利文献进行再开发，即所谓"专利发明法"，就是以专利文献为线索，开发适合自己系列的新技术、新产品，这是一条多快好省地开展企业技术创新和生产经营管理的捷径。

3.2.3　专利技术信息源及其获取

（1）专利技术信息源的内涵

信息源是指一切借以获得信息的来源或载体。因此，借以获得专利技术信息的一切来源皆可称为专利技术信息源。专利文献、专利数据库和互联网是专利信息的主要来源。专利文献是一种集技术、法律、经济和战略信息于一体的综合性复合信息源，其中技术信息是专利直接承载和反映的内容，展现的是新技术的发明、创造和设计。专利技术信息的基本特征主要通过专利说明书扉页中的著录项目来揭示。专利数据库和互联网是对专利文献中的专利信息和专利数据进行加工处理后的专利技术信息源。

在发明和实用新型专利中，专利技术信息按内容可分为时间信息、地域信息、人事信息和实质信息（亦称为内容信息）四个类型，如表 3 - 5 所示。

表 3 - 5　专利文献中的技术信息类型

技术信息	主要类型
时间信息	［22］申请日期、［24］权利生效日期、［32］优先申请日期
地域信息	［13］公布专利文献的国家或机构、［33］优先申请国家或组织代码
人事信息	［71］申请人姓名或公司名称、［72］发明人姓名、［73］受让人姓名或公司名称
实质信息	［51］国际专利分类、　［52］内部分类或国家分类、　［54］发明名称、［55］关键词、［56］已发表过的有关技术水平的文献、［57］文摘及专利权项、［58］检索领域

除了专利著录项目外，权利要求书的独立权利要求，说明书的技术领域、背景技术、发明内容、具体实施方式以及检索报告都是专利技术信息中实质信息的重要来源。

（2）专利技术信息获取

随着全球经济、科技、贸易等快速发展及全球一体化进展加快，专利在日益激烈的国际竞争和市场竞争中的作用突显，国内外企业都高度重视专利信息和专利数据对于企业发展的重要作用。专利文献在经过标准化、数字化和网络化的演变后，其中承载的技术信息也随之变化，获取途径和方式也在不断变化。

目前获取专利技术信息的主要途径有三种：一是官方数据库无偿或限制性提供的专利技术信息；二是商业专利数据库有偿提供的专利技术信息，三是通过互联网搜索引擎免费浏览和获取的专利技术信息。

①基于专利数据库的技术信息获取。专利数据库是指基于计算机的、根据一定需要进行各种专利信息传递而建立的有序专利数据集合体。专利数据库分为免费专利数据库和商业专利数据库两大类。在互联网高度发达和广泛普及的条件下，各国专利局都耗费巨资建立了专利数据库，为公众、企业通过网络获取专利技术信息提供了免费、快捷的平台，如中国国家知识产权局（SIPO）、欧洲专利局（esp@cenet）、日本特许厅（IPDL）和美国专利商标局（USPTO）等。这些公开免费的官方专利数据库日益完善，不仅提供专利信息检索和浏览服务，还能开展一定程度的专利数据挖掘与分析功能。随着专利信息检索、挖掘与分析需求的日益增长，免费专利数据库难以满足公众和企业的海量、专业化需求。因此，以德温特（DII）、Delphion、Innography 等为代表的商业专利数据库应运而生，为用户提供更全面、及时、专业化的专利信息挖掘与分析服务。作为专利技术信息的重要来源，专利数据库在帮助用户掌握技术发展现状、预测技术发展趋势、确定技术研发方向、监控竞争对手等方面扮演着不可或缺的角色[5]。

②基于专利搜索引擎的技术信息获取。专利搜索引擎是一种通过互联网自动抓取世界各国或地区官方数据库中的专利信息和专利数据，经过搜集整理后提供用户查询的专利信息系统，如谷歌、百度专利搜索，以及 SooPAT、智慧芽、Innojoy、Patentics 等专利搜索引擎。专利搜索引擎除了可以提供专利文献检索、浏览、下载等服务外，还具有专利数据挖掘、专利分析功能，成为专利技术信息获取的重要途径。专利搜索引擎主要是依靠 Web 爬虫抓取技术获取官方公开免费的专利数据库中的专利数据，并提供给用户。

与单纯查找和阅读专利文献获取技术信息不同，专利数据库和搜索引擎可以提供自动的专利著录项统计分析，从不同角度提供某一技术领域的整体情况，帮助用户从宏观上把握专利技术信息，一些商业性的收费专利数据库还扩展了专利技术信息，如提供专利语义检索、专利引证分析、专利文本聚类、专利强度分析等功能，用户可以从专利文本内容中挖掘更具价值的技术信息。如表 3-6 所示。

表3-6　专利技术信息获取方式比较

功能	免费专利数据库	商业专利数据库	专利搜索引擎
检索入口	一般包括专利分类号、申请日、发明名称、摘要、关键词等专利著录项目	除一般专利著录项目外，部分还提供主题词、标引词检索	除一般专利著录项目外，部分提供语义检索
结果显示	支持结果排序，允许部分专利著录项目导出和专利文献下载	支持结果排序，允许专利著录项目导出和专利文献下载	支持结果排序（百度专利除外），允许专利著录项目部分导出（谷歌和百度专利除外）和专利文献下载
统计分析	对专利著录项目进行单个或组合统计分析，以二维或三维图表可视化展现，从不同角度提供专利技术信息	对专利著录项目进行单个或组合统计分析，以二维或三维图表可视化展现，从不同角度提供专利技术概况	对专利著录项目进行单个或组合统计分析，以二维或三维图表可视化展现，从不同角度提供专利技术概况（谷歌和百度专利除外）
内容分析	不具备	支持同族专利分析、专利引证分析、专利文本聚类等	部分支持专利预警、专利对比、技术风险分析

3.3　专利法律信息挖掘

随着全球知识产权保护和维权意识的增强，企业间的专利侵权诉讼案件逐渐增多，且专利赔偿额也日益攀升，给企业的技术创新和生产经营管理带来了巨大的压力。2011年4月15日，苹果公司在美国针对三星集团提起诉讼，称三星集团侵犯了苹果的专利权，向三星集团索赔25亿美元，并要求停止销售其平板产品。2011年4月21日，三星集团也在韩国、日本和德国起诉苹果公司，称苹果侵犯了三星集团的专利权。双方就此展开了专利诉讼拉锯战，直到2018年6月26日，两家手机制造商才就专利诉讼达成和解，双方耗费数亿、耗时数年的专利世纪之战最终以三星集团向苹果公司赔偿10亿美元而宣告结束。2015年百度与搜狗的专利大战被称为我国"互联网专利第一案"，这场专利战涉及专利 17 项，索赔金额高达 2.6 亿人民币。2017 年苹果公司和高通公司的专利战涉及 6 个司法管辖区、诉讼数量超过 50 起、27 件专利被提起无效宣告请求。专利诉讼在全球范围内兴起，这意味着企业在技术创新过程中必须提高专利保护意识、专利侵权防范意识和专利诉讼维权意识。

3.3.1　专利法律信息的内涵及特征

（1）专利法律信息的内涵

专利法律信息是指专利所有权信息，包括专利法律状态信息、专利保护范围信息、专利权条款信息、专利有效期信息，专利权许可信息等。专利文献的专利法律状态、权利要求书、专利审查信息、专利申请日、专利授权人等记载了专利法律信息。

专利文献是集技术、法律、经济、战略信息为一体的综合信息源，其中包含着丰富的专利法律信息。专利文献既是技术文本，也是法律文本。从广义上来看，专利文献中包含的一切信息都属于专利法律信息。而狭义的专利法律信息又称专利权信息，是指在权利要求书、专利公报、专利登记簿及著录项目等专利文献中记载的与权利保护范围和权利有效性有关的信息。其中，权利要求书用于清楚、简要地表述请求保护的范围，是专利的核心法律信息，也是对专利实施法律保护的依据。专利法律信息构成了专利技术的法律内容信息，包含于专利文献权利要求书和专利文献扉页以及依据专利文献编制的各类检索工具、数据库之中[6]。权利要求书是有关专利保护范围的信息，是判断是否侵权的重要依据；说明书扉页包含了各类专利法律特征信息，比如专利权人信息、优先权信息和日期信息等，专利公报及专利登记簿等专利文献中记载了与权利保护和权利有效性有关的信息，数据库中包含各类经过处理的、结构化的专利法律信息。

专利文献是法律文件，公开专利技术的权利归属，明确记载专利技术的保护范围及专利权人的姓名、地址、申请日期等各项法律信息[7]，能及时地反映专利的有效性、地域性，如专利申请、专利授权、申请驳回、申请视撤、专利权恢复、专利无效与失效等法律状态信息[8]，是了解专利权内容、范围和有效性等法律状态的有效信息源。

（2）专利法律信息的类型

专利文献中的法律信息是表示专利权的各种标志，这些标志包括技术信息（如发明名称、摘要、权利要求书、说明书全文、附图、关键词、专利分类号、范畴分类、检索范围、引文等），时间信息（如申请日、公开日、公告日、优先权日等），空间信息（地址、邮政编码、国家代码、优先权国家、地区代码、国省代码等），权利信息（如专利权人、法律状态、权利要求书、申请号、公开号、公告号、专利号、优先权号、申请日、授权日等），人员信息（如申请人、发明人、专利权人、专利代理人、审查员等），专利族信息（同族专利数量、同族专利号、同族专利国家或地区等）等[1,9-10]，从中可以提炼、挖掘、分析出相关的专利法律信息。

专利文献中的专利信息一般分为外部（或外表）信息和内部（内容）信息两个维度，专利法律信息包含在专利信息的两个维度之中。外部信息主要是包括于专利文献首页，即扉页中的著录信息；内部信息主要是包括于专利文摘、权利要求项和技术说明书三个部分中的专利信息[5]。具体来说，表示外部或外表信息的专利文献特征项主要有文献号、专利号、文献类别、国家代码、申请号、申请日期、优先申请号、优先申请日期、优先申请国家、公布或出版日期、展出日期（未审批）、展出日期（未批准）、公开说明书出版日期、审查未批说明书出版日期、批准专利说明书出版日期、申请人、发明人、受让人、律师或代理人等。表示内容或内部信息的专利文献特征项主要有国际专利分类号、本国专利分类号、国际十进制分类号、发明名称、关键词、文摘、引用文献、专利权项、技术说明书、附图等[11]。

专利法律信息一般可分为法律状态信息、权利要求信息、专利诉讼信息和其他法律信息四种。法律状态信息中最基本的法律状态可分为公开、有效、失效三种。法律状态信息不仅包括公开、授权、失效、放弃、视撤、转让、许可、变更、继承、终止、恢复等方面的相关信息，还包括与专利审查、复审、异议和无效等审批确权程序有关的信息。专利法律状态信息将专利从申请至失效这一生命周期过程中的关键时点信息进行了记录。专利权利要求书是半结构化文本，包括独立权利要求和从属权利要求，权利要求数、独立权利要求和从属权利要求的内容与结构都是重要的权利要求信息。专利诉讼信息以专利侵权诉讼信息为主，包括原告、被告、相关专利、解决方法、诉讼地区、法院等信息。其他法律信息则将同族专利信息、专利权人信息、发明人信息等囊括在内。

（3）专利法律信息的内容

专利具有时间性、地域性、权利独占性等显著特点，这构成了专利法律信息的基本内容[12]。通常来说，专利具有公开（或申请）、授权和失效三种基本法律状态[13]。其中公开（或申请）包括专利申请、驳回、撤回、视为撤回以及实质审查、复审、著录项变更等专利法律信息，授权包括专利授权、专利权转让、许可、强制许可、转移、恢复等专利法律信息，失效包括专利权的视为放弃（未及时缴纳年费）、撤销、终止（专利保护期届满）、无效宣告等专利法律信息[14-15]。这些法律信息体现在专利文献的著录项目以及专利审查部门在专利审查过程中产生的各种专利文件中，为专利制度实施法律保护提供了可靠的法律依据。

（4）专利法律信息的作用

专利文献既是技术文本，也是法律文本，技术说明书和权利要求书是其核心部分。专利说明书扉页和权利要求书是专利法律信息中最重要、最有效的信息来源。专利说明书扉页揭示了专利的基本法律状态信息，而权利要求书清楚、简要地表述了专利技术请求保护的范围，经审查授权后可以作为判断是否侵权的法律依据，也是确定产品生产国，或准备输出和引进时不致造成侵权的法律依据[16]，同时也可以为专利申请审查、专利纠纷处理、专利技术引进等提供法律依据[1,9,15]。

专利是企业技术创新成果的重要载体和主要保护形式，始终贯穿于企业技术创新的全过程。专利法律信息作为专利信息的重要组成部分，在专利保护、专利申请、专利查新、专利质量判定、专利价值评估、专利侵权纠纷解决以及专利技术研发、专利技术引进、专利产品销售等方面发挥着重要的作用[1]。如在国际经济贸易、技术贸易中，不论是购买新产品，引进新设备、新工艺，还是出口新产品、新技术、新设备，当事人必须要信息灵、情报准。凡生产经营项目中涉及专利，就必须非常清楚地了解专利的法律状态。进口时，要通过专利文献了解对方转让的技术是否是专利、专利何时期满、是否失效、有没有专利法律纠纷等，避免吃亏上当；出口时，要通过专利文献调查出口的技术、产品或设备在该国是否申请专利，如果在该国已申请专利且在保护期内，则不可出口，否则会造成侵权，带来经济损失。

3.3.2　专利法律信息挖掘及其作用

（1）专利法律信息挖掘的内涵

专利挖掘有两种理解：一是指从创新成果中提炼出具有专利申请和保护价值的技术创新点和方案，是发现更多专利可能的方法；二是指在专利信息检索的基础上，利用定量统计、定性分析、文本挖掘、数据挖掘、专利地图、社会网络分析等方法从中提炼、演绎和挖掘出有用的专利情报信息的过程[8]，是专利竞争情报服务的一部分。前者将专利挖掘看成是一种专利生产方法，后者将专利挖掘理解为专利信息利用的过程，即专利信息挖掘。

专利法律信息挖掘就是利用一定的方法和工具从海量专利信息中挖掘出隐藏的、关联的、先前未知的且有潜在价值的专利法律信息内容，通过减少信息的不确定性，优化管理决策流程，帮助决策者在掌握更多信息的基础上制定正确决策的过程。专利法律信息挖掘方法包括定量分析方法、定性分析方法、拟定量分析方法、社会网络分析方法、专利地图、文本挖掘、数据挖掘等，每种方法结合具体的专利法律信息可发挥出专利信息挖掘的巨大功效。

（2）专利法律信息挖掘的作用

从微观层面来看，专利法律信息挖掘可用于识别专利是否有效，在哪些国家有效，是否发生转让、许可、诉讼以及同族分布等。从中观层面来看，可用于判断企业的专利申请趋势、专利布局策略、专利诉讼战略和专利法律价值等。从宏观层面来看，可用于了解行业的核心专利技术、领先企业、竞争态势等。

一般而言，专利法律信息挖掘可用于：①专利价值评估。专利法律信息是影响专利价值的重要因素之一，通过法律价值指标对法律信息进行挖掘可以确定其价值。专利法律价值指标[17-18]包括专利有效期、专利维持时间、权利要求数量以及宽度、同族专利数、专利异议次数、专利诉讼情况等；②专利侵权判断。专利侵权分为防止侵权和被动侵权，专利侵权判断需要利用法律状态挖掘确定专利权是否有效以及利用专利权利要求挖掘来进行专利相似度检测[10]。

具体来看，专利法律信息挖掘在促进企业技术创新方面具有十分重要的作用，专利法律信息挖掘可以为企业技术创新保驾护航，通过挖掘失效专利信息，可以降低技术创新的成本；通过专利侵权信息检索，可以发现可能存在的侵权和涉讼风险；通过专利权利要求相似度文本挖掘，有助于企业专利申请中的"三性"判断，可以更好地保护企业技术创新成果。一方面，专利法律信息挖掘能够揭示企业的专利保护及维权现状，衡量技术创新发展水平。专利法律信息挖掘能够利用定量分析、定性分析、社会网络分析等方法挖掘企业的申请量、授权量、授权国家、有效率、失效率、失效原因、诉讼等专利情况，全面揭示企业的专利申请策略、专利布局策略、专利保护及维持水平、专利转让、专利合作特点、专利诉讼策略等。另一方面，专利法律信息挖掘能够帮助企业解决技术创新过程中遇到的问题，降低企业技术创新中的专利侵权风险，并正确应对专利侵权诉讼[19-21]。专利侵权风险主要是指在新技术研发、新产品设计、大规模生产、上市销售、出口贸易等活动中可能会侵犯他人的专利权而给企业带来损失，涉及的企业行为有转让、技术研发、生产、上市销售、产品出口等[22]。专利法律信息挖掘包括专利性分析、专利权利要求文本挖掘、专利主动侵权检索等，能够帮助企业发现可能的侵权行为，在技术创新过程中注意规避专利侵权设计，销售及出口前探明专利保护现状以免落入专利陷阱，避免遭受专利侵权诉讼和不公平的对待。专利侵权应诉包括不侵权抗辩、公知技术抗辩、无效宣告请求、先用权抗辩和提出反诉以达到和解目的等。专利法律信息挖掘能够掌握被侵权专利的法律状态、专利性状况，诉讼原告的以往诉讼策略及专利水平等，在此基础上可以帮助被诉讼主体选择合适的方法应对专利侵权诉讼，化被动为主动，积极参与专利诉讼的解决。

3.3.3　专利法律信息挖掘数据源

专利法律信息挖掘需要从不同的专利信息源中搜集、检索和获取相关的信息、数据。专利文献是专利法律信息、数据的原始载体，可分为纸质专利信息源和数字专利信息源，其中数字专利信息可从各国家官方专利网站、各类专利数据库和搜索引擎中获取。

（1）纸质专利信息源

专利文献狭义上是指受理局在审批专利过程中按照法定程序公开的正式出版物，一般包括专利公报、专利申请文件、专利说明书、专利索引、专利分类表、专利文摘等有关专利和专利权人的已出版或未出版的资料，通常是指专利说明书，其具有新颖性、可靠性、详尽性和规范性等特点，且包含着丰富的专利法律信息，是获取专利法律信息最重要的原始信息源。

（2）数字专利信息源

数字专利信息源是对纸质专利信息源进行数字化加工处理后的专利信息和专利数据衍生品，主要包括官方专利网站、商业专利数据库和专利搜索引擎三大类。

①官方专利网站。代表性的官方专利网站如美国专利商标局网站、欧洲专利局网站和中国国家知识产权局网站等，都可提供基本的专利信息、法律状态信息、同族专利信息等查询、下载和分析功能。

②商业专利数据库。商业专利数据库与官方专利网站相比，专利著录、标引及揭示更广更深，提供的专利查询、分析等功能更加全面，更适于专利法律信息挖掘与分析。代表性的商业专利数据库如德温特 DII、Innography、智慧芽、PATSNAP 等，都能提供丰富的法律状态信息。

③专利搜索引擎。用于互联网专利信息查询的搜索引擎主要有两类：一类是综合性搜索引擎，如 Google、Bing、百度等；另一类是专业性的专利搜索引擎，如 Google Patents、百度专利、SooPAT 等。

3.4　专利经济信息挖掘

专利信息是一种综合性情报源，集技术、经济、法律和战略信息于一体。在知识经济时代，新技术研发、新产品开发和市场竞争与专利信息密切相关，专利信息已成为技术创新、产品开发和市场竞争过程中不可或缺的经济情报源。

3.4.1　专利经济信息的内涵及作用

（1）专利经济信息的内涵

①专利信息。专利经济信息是专利信息的重要组成部分。专利信息有广义和狭义之分，广义的专利信息是指专利活动及其相关活动中所产生的一切信息综合体；狭义的专利信息是指所有可以从专利局所出版的文件中获得的技术信息、经济信息、法律信息、战略信息及其他有关权利人的任何信息[9]。专利信息是在专利文献的基础上，经过标引、加工、统计、整合和分析等信息化处理方法，通过信息传播形成的各种专利相关信息[9]。

学者 Trippe 认为，能够判断企业创新能力、研发能力，并将为采取相应专利战略提供依据的信息都称为专利信息[23]。厉宁等[24]将广义的专利信息分为"静态"专利信息与"动态"专利信息。"静态"专利信息主要指不易随着时间产生变动的专利信息，如专利文献信息、条例、公约等；"动态"专利信息主要指一段时间内与专利相关的活动、贸易、诉讼、谈判等信息。许多学者认为狭义的专利信息是一种包含着多种信息源的复合信息，如著录信息、技术信息、法律信息、经济信息等及其组合。张大巍[25]认为，记载了技术解决方案的信息属于技术信息；限定了权利保护范围与时间期限的信息属于法律信息；呈现出市场占有率、与贸易利益有关的信息属于经济信息，它们共同存在于专利信息之中。

②专利经济信息。专利经济信息是指蕴含在专利信息和专利文献之中，能体现专利经济价值的一切信息，是关于专利权质押担保、专利许可、专利权转让、专利权评估等经济活动的信息[9]。如果经济信息是"反映经济活动实况和特征的各类情报、信息、资料、指令等的统称[26]"，那么专利经济信息是指蕴含在专利文献和专利信息中，可以反映专利价值和企业经济活动状况、特征的各类综合信息、资料、情报等的集合。专利文献和专利信息中包含着大量与经济活动密切相关的信息，如技术贸易、专利权转让、同族专利等信息，反映了专利主体在专利活动和市场竞争中的利益趋向。通过这些经济信息，可以掌握行业发展状况、考察潜在市场、分析竞争对手，为制定企业专利战略和发展战略提供支持；还可以监视竞争对手发展动向，掌握竞争

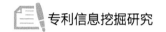

对手的研发与经济实力以及经营发展策略等。

（2）专利经济信息的作用

专利权是一种工业产权、财产权、市场垄断权，拥有专利就等同于享有产品市场和经济利益。专利经济信息无论是对国家经济和产业发展，还是对企业的技术创新和经营管理都具有巨大的促进作用。专利信息的经济价值主要体现在四个方面：一是根据专利申请趋势，可以从宏观上对专利文献和专利信息开展定量和定性分析，从而对企业所处的竞争环境进行评估；二是根据专利申请量和授权量，可以了解竞争对手的技术水平、经济实力、技术经济动向和经营战略；三是根据专利申请动态和趋势以及其他相关信息，如同族专利信息，可以了解市场潜在需求，展示正在开拓的新市场，为技术产品开发导航引路[13,27-28]；四是通过解读专利许可、专利质押、专利运营、专利转让或受让等信息揭示申请人或专利权人的经济状况、市场布局及占有率等[29]。

通过专利经济信息对比分析，能避免重复研发、重复投入，并有效吸纳他人成果，激发研发团队创新思维，规避技术陷阱，提高新产品技术水平，提升产品市场占有率，从而促进企业经济效益[30]。在企业生产经营和管理决策过程中，客观地挖掘、分析和运用专利经济信息，可达到监测国内外某技术领域的专利数量及其发展动态，分析某技术领域现状、识别关键技术，反映技术发展变化周期，监测主要竞争对手的技术竞争力，发现潜在竞争对手以及潜在技术，分析、制定竞争策略等目的，如企业并购、专利联盟[31]。

3.4.2　专利经济信息挖掘及意义

专利经济信息挖掘是指运用数据挖掘技术和方法，从海量的专利信息中识别出反映专利经济价值和企业生产经营状况信息的过程。

专利经济信息与企业技术创新、生产经营管理活动密不可分，专利经济信息挖掘对企业技术创新和生产经营管理具有重要的作用。

（1）了解企业环境

在日趋激烈的技术和市场竞争中，企业如何占据有利地位、获得竞争优势具有十分重要的战略意义。通过专利申请趋势分析，可以从整体上了解当前行业领域内的前沿专利技术，在激烈的市场竞争中把握主动权，明确自身所处的位置和状态[32]。在市场开拓中，有效利用专利经济信息，一方面可以帮助企业利用自身的技术和产品优势迅速占领市场；另一方面也可以事先了解竞争对手的技术和产品特征，避免专利侵权和经济损失。

（2）了解竞争对手

通过专利经济信息挖掘可以了解到竞争对手及其经济实力等[33]。首先，通过专利经济信息挖掘可以确定竞争对手；其次，通过专利经济信息挖掘可以了解竞争对手的技术现状和研发重点，从而推测出其技术研发动向和经营战略；最后，通过专利经济信息挖掘可以发现专利权人合作网络和同族专利分布情况，通过专利权人合作网络和同族专利布局了解企业的专利技术布局及市场占有情况[34]。

（3）辅助市场开拓

通过专利经济信息挖掘可以明确市场需求与目标市场，为企业技术开发做出方向性指导[35]。通过专利经济信息挖掘掌握专利技术和专利产品状态，不仅可以帮助企业在技术引进中获得谈判的主动性，还能够为企业确定技术研发方向和经营方针，并节约技术研发费用。一方面，企业可以通过专利经济信息挖掘预测专利技术空白点，研发出更先进的专利技术产品，开拓并占领新市场，获取经济利益；另一方面，企业可以通过制定相应的研发策略少"走弯路"，避免在技术创新、产品研发和生产经营中侵权，从而避免不必要的经济损失。

此外，还可以通过利用失效专利信息挖掘减少研发成本，获得专利经济信息挖掘带来的附加经济价值。如我国水处理研发技术"高聚合铝铁凝剂"就是通过合理利用专利信息和专利经济信息挖掘，发现该项专利技术的真实价值，并通过合理的专利转让，为企业创造价值 4000 多万元，节约成本 1800 万元[36]。

3.4.3　专利经济信息源及获取

专利经济信息源是指获得专利经济信息的一切载体和来源，专利经济信息挖掘就是从专利信息源中发现潜在的、有价值的专利信息，促进企业技术创新和生产经营管理，并产生经济效益。

专利经济信息潜藏于专利文献、专利数据库和互联网中，主要来源于官方专利网站、商业专利数据库和专利搜索引擎。官方专利网站一般为国家或地区知识产权中心网站，如世界知识产权组织网站、中华人民共和国国家知识产权局网站、美国专利商标局网站、欧洲专利局网站等。商业专利数据库通常为第三方专利信息检索和分析平台，如佰腾、智慧芽、德温特、Innography 等。专利搜索引擎包括提供专利信息检索的综合性搜索引擎（如 Google、百度等）和专业性专利搜索引擎（如 Google 专利、百度专利、SooPAT 等）。

3.5　专利战略信息挖掘

3.5.1　专利战略信息的内涵与作用

（1）专利战略信息的内涵

专利战略信息是有关专利战略的一切信息的总和，而学者们对专利战略并未形成统一的认识。专利战略信息是对专利信息中所蕴含的法律、技术和经济信息进行分类、整理、统计而形成的专利信息。专利战略信息具有战略性特征，用于指导技术、经济和市场竞争，以实现企业利益最大化[37]。

专利战略信息反映了企业的专利战略和市场战略。专利战略就是为了获得与保持市场竞争优势，运用专利制度提供的专利保护手段和专利信息，谋求获取最佳经济效益的总体性谋划[38]。专利战略也指在专利情报收集和分析的基础上，为获取和维持企业的技术竞争优势，而制定技术研究开发决策、专利申请、专利实施、专利引进或转让等专利相关工作的总体性谋划[39]。

专利战略以专利制度为依据，以专利保护、专利技术开发、专利技术实施、专利许可证贸易、专利信息挖掘分析和专利管理等专利活动为主要对象，以技术市场为舞台，以获得市场优势、占领市场和获得最大经济利益为目的，涉及政治、经济、法律、技术、生产、经营、贸易、信息、知识产权等各个方面[40]。专利战略与专利法律、技术、经济信息紧密结合，是专利技术、法律和经济信息的综合应用，用于指导企业技术创新和市场竞争，以谋求最大利益。

（2）专利战略信息的类型

专利战略信息为专利战略制定、选择和实施服务，而专利战略的制定、选择和实施与企业的技术实力、经济实力和市场竞争地位密切相关[41]。企业的技术、经济实力不同，采用的专利战略也不同。根据竞争意图，专利战略通常可以分为三种：进攻型专利战略、防御型专利战略和混合型专利战略[42]。

进攻型专利战略通常是具有较强经济实力、技术上处于领先优势的企业采用的战略[43]，进攻型专利战略包括专利转让战略、专利许可战略、专利标准化战略及专利诉讼战略等。防御型专利战略是那些经济实力较弱、技术上不具有竞争优势的企业采用的战略[44]，防御型专利战略主要包括专利收买战略、专利共享战略和专利无效战略等。在专利战略上，纯粹进攻和纯粹防守的企业不多，大多是混合型专利战略，以专利购买战略、专利许可战略和专利无效战略为主，以自主实施和许可他人实施的专利产业化为辅。

还有学者根据专利战略的运用过程将专利战略分为专利开发战略、专利申请战略、专利贸易战略和专利诉讼战略等[45]。

（3）专利战略信息的构成要素

专利战略信息是技术、法律和经济信息的综合体，从构成要素来看，专利战略信息可以分为专利技术战略信息、专利经济战略信息和专利法律战略信息三个层面。

①专利技术战略信息。专利保护的对象是人们在从事科学技术活动过程中所取得的智力成果，所以专利信息中包含着重要的技术信息。专利和技术是企业的核心竞争力，而专利技术战略是企业总体战略的核心[46]。专利技术战略的内容主要包括识别、选择并获取核心技术，确定竞争对手以及技术跟踪等。

②专利法律战略信息。专利信息从某种程度上可以说是一种法律信息。有学者把专利法律战略分为回避法律，服从法律，依法预先处置，利用法律创造价值以及依法进行长远规划，落实法律战略五种[47]。就法律战略层面而言，相关技术的法律信息，如专利保护状况、专利授权状况、是否有效和失效等，对企业制定专利战略和发展战略具有重要的指导意义。

③专利经济战略信息。专利经济信息包括专利的技术价值、法律价值、资产价值、市场价值和经济价值等与企业生产经营管理活动相关的信息，专利经济信息反映了发明创造潜在的市场范围和技术市场。专利经济战略的内容主要包括确定专利技术市场、挖掘市场战略布局以及分析竞争对手市场占有情况等。

（4）专利战略信息的作用

从宏观层面来看，专利战略信息为国家制定科学技术政策和经济发展政策提供重要的法律保障；从微观层面而言，专利战略信息为企业制定技术研究和发展计划提供可靠的信息依据。专利文献中蕴含着丰富的技术、经济和法律情报，而专利战略信息又是在经济、技术和法律信息的基础上综合起来的信息集合体。有效利用专利战略信息，可以了解本行业的技术发展动态和竞争态势，促进企业技术进步、产品开发和市场开拓，不断提高企业产品的市场竞争能力，为企业跻身国际市场、参与国际竞争提供保障。同时也可以对专利技术的开发、引进、实施、许可及申请等起指导作用，有利于企业专利活动与整体战略整合、协调，避免专利活动的盲目性[48]。

专利信息不仅揭示了某一专利技术的内容及法律状态，同时也反映了企业争夺产品或技术的专利权及占领市场、战胜对手方面的意图和策略。专利信息一般分为专利技术信息、专利经济信息、专利法律信息和专利战略信息，而战略信息是在对前三种信息进行检索、统计、分析、整合的基础上而产生的具有战略性特征的技术信息、法律信息或经济信息[49]。仔细研究专利的数量和内容、专利被引量、专利实施率、专利许可证贸易状况及专利产品的市场占有率等因素，可以揭示竞争对手的专利战略和发展战略，并及时把握其专利战略、产品战略、市场战略乃至国际战略。

3.5.2　专利战略信息挖掘及意义

（1）专利信息挖掘的内涵

专利信息挖掘是指在技术研发、创新设计、产品开发、技术贸易等技术创新活动中对所产生的专利成果，从技术、经济、法律和战略四个层面进行分析、分类、整理和筛选，从而确定和获得具有价值的专利信息[50]。专利信息挖掘的目的是利用文本挖掘和数据挖掘技术与方法把专利文献、专利数据库和互联网中潜在的、有价值的专利信息挖掘出来加以利用。

专利信息挖掘基于专利信息检索、挖掘分析工具从专利数据库和互联网中揭示隐藏的技术信息、法律信息、经济信息和战略信息，从技术主题、法律状态、经济价值和专利内容角度进行深层次分析，有利于企业掌握行业的整体技术发展趋势和技术创新细节，为企业进行技术创新和生产经营管理提供服务。

（2）专利战略信息挖掘

专利战略信息挖掘是指专利工作人员对专利信息源中零星、分散的专利信息进行综合与处理，从而发现隐含在专利信息源中有价值的、具有战略性特征的信息。专利战略信息挖掘可以从法律、经济、技术三个层面入手，专利战略信息挖掘的内容主要包括专利技术发展趋势、技术研究热点、技术竞争力、专利诉讼、专利引证、核心专利权人、同族专利和法律状态等。专利战略信息挖掘有助于企业了解技术发展趋势、技术研发状况、竞争对手的市场占有情况、专利法律状态、专利诉讼情况等，对于企业确定技术研发方向，制定市场战略、专利战略和发展战略等具有重要意义。

3.5.3　专利战略信息获取

专利战略信息挖掘的第一步是收集并整理待挖掘的专利信息和专利数据，并根据专利战略信息挖掘的目的从原始的专利文献和专利数据库中选取与专利战略信息挖掘任务密切相关的数据源。

除传统的纸质专利文献信息源外，世界各国家的专利信息还广泛存在于光盘、官方专利网站、商业专利数据库和互联网中。随着计算机技术和互联网的快速发展与普及，许多国家、地区和国际性知识产权组织纷纷建立了免费专利数据库，利用互联网向公众提供专利信息查询和分析服务，为专利战略信息检索、挖掘分析和研究利用提供了方便。目前权威且重要的专利战略信息源主要有中国国家知识产权局专利网站、世界知识产权组织网站、欧洲专利局网站、美国专利商标局网站等。与此同时，一些数据库公司利用专利文献和专利信息生产出了完善的商业专利数据库，如德温特、Innography、佰

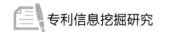

腾、智慧芽等，具有强大的专利战略信息检索、挖掘和分析功能。

3.6 其他专利信息挖掘

专利文献中还蕴含着其他丰富的、特殊的专利信息，对于企业技术创新和生产经营管理都具有十分重要的作用。

3.6.1 高价值专利信息挖掘

2008 年，我国提出"知识产权强国战略"，部署核心技术专利以支撑核心产业技术创新和可持续性发展。据世界知识产权组织《世界知识产权指标2019》的数据显示：2018 年，中国国家知识产权局受理的专利申请数量最多，达到创纪录的约 154 万件，占全球专利申请总量的 46.4%，相当于排名第 2至第 11 位的专利主管局受理量之和[51]。虽然我国在全球专利申请量竞争中领跑，但相较于美、日、韩等专利大国而言，我国在专利质量和价值方面仍存在短板，商业化效益低，核心竞争力转化率低[52]，"大而不强，多而不优"的矛盾依然突出，因此提升专利质量和价值已成为我国企业技术创新中的焦点[53]。

在企业国际化竞争日益激烈的背景下，专利已成为企业赢得国际竞争主动权的利器。诺基亚的黯然退场，Android 与苹果系统旷日持久的专利之战，无不说明高价值专利对于企业生存发展至关重要。高价值专利既是企业向竞争对手发起攻击的"矛"，也是用于打造技术屏障、维护核心竞争力的"盾"，必要时刻还能作为商业谈判的重要筹码[3]。通过高价值专利信息挖掘，可以获悉企业现有技术分布和市场动态，掌握其战略布局，这无论是对企业制定自身专利战略、维持核心竞争力，还是突破竞争对手的技术封锁，以及另辟蹊径重获市场主动权都具有十分重要的意义。

（1）高价值专利

2002 年以来，随着全球专利纠纷和专利诉讼日益增多，一些专家学者，如朱清平和晏燕等开始关注专利质量问题[54-55]。2007 年，朱丹等提出了"高价值专利”的概念[56]。2014 年，江苏省制定了“高价值专利”发展战略[57]。2016 年，国家知识产权局倡导推进高价值专利培育工作，国家知识产权局局长申长雨在《全国知识产权局局长会议上的工作报告》中指出，促进创造科技含量高、市场效益好的高价值专利[58]。2017 年 6 月 9 日，国家知识产权局提出“实施专利质量提升工程，加快建设知识产权强国”[59]。“高价值专利”开始引起全社会的高度关注。

专利价值包括技术价值、经济价值、法律价值、市场价值、战略价值等多个维度[60-61]。只有在这些维度上具有突出影响力的专利才是高价值专利。高价值专利是具有高技术价值、高经济价值、高法律价值、市场价值和战略价值的专利集合，高价值专利也被称为核心专利，一般是指那些重点规划与布局、获得市场认可、能产生高收益高回报的专利或专利组合。

高价值专利通常具备以下四个基本特征[60]：一是“高”，即技术的研发创新难度高；二是“稳”，即专利的权利稳定；三是“好”，即专利产品的市场前景好；四是“强”，即专利的技术竞争力强。”“专利真有用，市场才追捧。[62]

高水平创新是企业发展的灵魂和生命力，国家知识产权局知识产权运用促进司司长雷筱云认为，“高价值专利培育是知识产权运营的源头活水”。

（2）高价值专利信息

与高价值专利有关的一切信息都称为高价值专利信息，其中最重要的是体现专利价值的多维特征和判断指标。高价值专利信息也是专利信息的重要组成部分，日益受到社会各界的高度关注。高价值专利通常隐藏在海量的专利丛林之中，具有多维特征，需要借助高价值专利的识别和判断指标来揭示其价值，筛选出真正的高价值专利。

（3）高价值专利信息挖掘

20 世纪 80 年代，文献计量学方法被运用于专利价值评估。2012 年，孙涛涛等认为基于被引次数的专利价值评估最为有效[63]。宋爽认为专利保护时间与专利价值大小具有相关性[64]。此外，同行评议也被认为是专利价值判定的常用方法[65]。

高价值专利不是显而易见的，需要借助一定的指标、方法和工具进行深入挖掘分析。目前国内外常用被引次数、同族专利数、专利保护期限、是否涉诉和权利要求书等作为衡量专利价值大小的指标。美国的 Innography 专利信息检索与分析平台还提供了用于高价值专利、核心专利挖掘的"专利强度"综合指标。

高价值专利信息挖掘的典型案例是中国专利奖的设立，设立该奖的目的是发现和挖掘高价值专利。该奖项是由国家知识产权局颁发的唯一一个专门对授予专利权的发明创造给予奖励的政府部门奖，并且得到了世界知识产权组织（WIPO）的认可，荣获中国专利奖的专利无疑是我国高价值专利的代表。中国专利奖设有中国专利金奖、中国专利银奖、中国专利优秀奖，中国外观设计金奖、中国外观设计银奖、中国外观设计优秀奖，重在强化知识产权创造、保护、运用，推动经济高质量发展，鼓励和表彰为技术（设计）创新及经济社会发展做出突出贡献的专利权人和发明人（设计人）。自 1989 年设立至今已成功举办 21 届，通过严格的评审标准和评审程序，累计评选出 5000 余项创新度高、运用效益好、保护能力强的高价值专利。

3.6.2 失效专利信息挖掘

随着专利申请量的不断攀升，每年都有大量的专利因各种原因成为失效专利。2016 年，我国有 47.1 万件失效专利，占当年新授权专利的 1/5[66]。截至 2017 年，在全球 5000 多万件授权专利中，只有 1.24% 受我国专利法保护[67]。如果对这些失效专利进行挖掘和分析，对于企业技术创新和生产经营管理收益巨大。

失效专利是一项非常重要的公知专利信息资源，失效专利虽然在法律层面已经失效，但其技术价值和商业价值并没有失效，有效利用失效专利信息可节省企业研发成本[68]。失效专利信息挖掘无论是在技术创新、技术开发还是技术引进等领域都具有重要的意义和价值[69]。

（1）失效专利

专利"失效"是指在法律上持有者丧失了对该项技术的专有权，公众可以自由地使用该专利及其相关信息。对于一项专利所暗示的法律性、技术性、市场性和战略性而言，除法律性外的其他部分并不一定失效，如技术性、市场性[70]。因此，失效专利所代表的只是一类使用成本极低的专利，而不是无效专利。失效专利即由于各种原因而丧失专利权的专利，也有学者认为，"失效专利只是被放弃了的过期专利"[71]。

专利通常由于保护期限届满、被专利权人放弃（主动撤回、未交专利维持费、专利权人去世而无受益人）、未向我国提出申请、官方判定不符合要求（专利无效）、未获授权等原因而失效，成为失效专利[72-73]。

（2）失效专利信息

与失效专利有关的一切信息称为失效专利信息，失效专利信息反映的是专利的地域性、时效性和权利属性特征，重点体现在专利法律状态上。失效专利信息是专利信息的重要组成部分，失效专利信息也是专利技术信息、法律信息、经济信息和战略信息的综合体现。失效专利信息也隐藏在海量的专利信息源之中，需要借助失效专利信息的特征、判断标准和判断指标进行识别与筛选。

（3）失效专利信息挖掘

失效专利信息挖掘就是在浩如烟海的失效专利文献、数据、信息中，获取所需要的专利信息，进而从中挖掘出仍具有技术、经济和战略价值的专利信息。如果说失效专利信息是一座宝山，那么专利信息挖掘就是一把铁锹、一张滤网，对还具有专利技术、经济和战略价值的专利信息进行识别、挖掘和综合研究并加以利用。

通过失效专利信息挖掘，可以识别出对企业具有技术、经济和战略价值的专利，使企业高起点、低成本、无风险地进行技术研发，从而提高竞争优势[74]。

失效专利信息挖掘主要是利用各种判断标准识别失效专利的价值。失效专利的价值一般有三种状态：第一种是可以直接将其转化为生产力的可用专利；第二种是具有前瞻性，但是由于生产技术和环境的局限无法发挥其价值，只能在几年或十几年后，随着技术的提高而展现出价值或只能作为一个开发思路和跳板，在二次开发后才能发挥效用的超前专利；第三种是随着科技的快速涌现而落伍的专利，价值不高[75]。失效专利信息挖掘中，常用的价值判断指标有同族专利、专利类型、专利引用、有效专利份额、专利诉讼率等[76]。其中同族专利、专利类型、专利引用指标等是专利信息挖掘最常用、最有效、最实用的指标，为了快速筛选失效专利并判断其价值，在实际应用过程中一般选择三个指标的交集专利。

本章参考文献

［1］肖沪卫，瞿丽曼，路炜．专利战术情报方法与应用［M］．上海：上海科学技术文献出版社，2015．

［2］李建蓉．专利信息与利用［M］．北京：知识产权出版社，2006．

［3］TSENG YH, LIN CJ, LIN YI. Text Mining Techniques for Patent Analysis［J］. Information Processing & Management, 2007, 43（5）：1216 – 1247.

［4］潘君镇，刘剑锋，陈雅莉．浅谈如何进行专利挖掘［J］．中国发明与专利，2016（12）：51 – 53．

［5］刘鑫，余翔，刘珊．标准必要专利数据库评析［J］．情报杂志，2014，33（10）：109 – 115．

［6］李培林．企业知识产权战略理论与实践探索［M］．北京：知识产权出版社，2010．

［7］文庭孝．专利信息计量学［M］．北京：科学出版社，2017．

［8］邱洪华．中国体育产业科技成果转化的推进路径：基于有效专利挖掘的视角［J］．中国体育科技，2017，53（4）：138 – 145．

［9］文庭孝，李俊．专利法律信息挖掘研究进展［J］．图书馆，2018（4）：18 – 27．

［10］肖沪卫．专利地图方法与应用［M］．上海：上海交通大学出版社，2011：5，8，14，17，44，75．

［11］王曰芬，岑咏华，王雪芬．可视化技术在专利信息挖掘与分析中的应用研究［J］．数字图书馆论坛，2007（2）：33 – 39．

［12］杨铁军．专利信息利用技能［M］．北京：知识产权出版社，2011：287 – 333．

［13］霍中详．公知公用技术信息的挖掘［M］．北京：知识产权出版社，2014：6．

［14］牟萍．专利情报检索与分析［M］．北京：知识产权出版社，2012：158 – 159．

［15］李建蓉．专利信息与利用［M］．北京：知识产权出版社，2006：9，335，364．

［16］董新蕊，朱振宇．专利分析运用实务［M］．北京：国防工业出版社，2016：109 – 113．

［17］李清海，刘洋，吴泗宗，等．专利价值评价指标概述及层次分析［J］．科学学研究，2007，25（2）：281 – 287．

［18］TORRISI S, GAMBARDELLA A, GIURI P, et al. Used, Blocking and Sleeping Patents：Empirical Evidence from a Large – scale Inventor Survey［J］. Research Policy, 2016, 45（7）：1374 – 1385.

［19］徐迎，张薇．专利与技术创新的关系研究［J］．图书情报工作，2013（19）：70，77 – 82．

［20］吴超鹏，唐茚．知识产权保护执法力度、技术创新与企业绩效：来自中国上市公司的证据［J］．经济研究，2016，51（11）：125－139.

［21］张韵君．基于专利战略的企业技术创新模式研究［J］．经济问题，2015（5）：84－89.

［22］时良艳．从 GE 与 Vestas 专利诉讼谈国内风电企业专利风险管理［J］．风能，2018（4）：27－30.

［23］TRIPPE AJ. Patinformatics：Identifying Haystacks from Space［J］. Searcher, 2002, 10（9）：28.

［24］厉宁，邹志仁．专利信息的利用研究［J］．中国图书馆学报，2001（1）：38－43.

［25］张大巍．专利信息服务体系及服务模式研究［D］．天津：天津大学，2015.

［26］YUN JK, KWON JC. Government R&D Technology Commercialization Policy Case Study：Focusing on Technical Information Distribution［J］. Journal of Distribution Science, 2016（17）：53－69.

［27］刘芳．专利信息对企业发展的重要作用［J］．科技情报开发与经济，2011（5）：132－133.

［28］王敏．论专利信息在经济建设中的作用［J］．云南科技管理，2003（2）：32－33.

［29］甘绍宁．专利信息分析管理与应用［M］．北京：知识产权出版社，2015.

［30］周洁．专利信息利用对我国企业发展的作用研究［J］．江苏科技信息，2015（24）：11－13.

［31］漆苏．企业对专利信息的运用研究［D］．武汉：华中科技大学，2008.

［32］MITROSHIN ，IVAN. Patent Services System in Sci－tech Libraries［J］. Nauchnye I Tekhnicheskie Biblioteki Scientific and Technical Libraries, 2018（1）：16－29.

［33］瞿丽曼，杨薇炯，肖沪卫．专利情报在竞争力分析中的应用研究［J］．情报杂志，2004（9）：97.

［34］刘焕成．专利信息在分析竞争对手中的作用［J］．现代情报，2006（2）：118－119.

［35］MICHEL J, BETTELS B. Patent Citation Analysis：A Closer Look at the Basic Input Data from Patent Search Reports［J］. Scientometrics, 2002, 51（1）：185－201.

［36］陈文福．专利信息（文献）在企业经营活动中的作用［J］．情报探索，2010（4）：69－73.

［37］PARK H, YOON J, KIM K. Identification and Evaluation of Corporations for Merger and Acquisition Strategies Using Patent Information and Text Mining［J］. Scientometrics, 2013, 97（3）：883－909.

［38］冯晓青．企业专利战略基本问题之探讨［J］．河南社会科学，2007（3）：91－95.

［39］侯延香. 基于 SWOT 分析法的企业专利战略制定［J］. 情报科学，2007（1）：146－151.

［40］赵宁. 我国企业专利战略的 SWOT 信息分析及应对策略［J］. 现代情报，2008（4）：199－201.

［41］吴雅丽. 刍议企业的专利发展战略［J］. 中国新技术新产品，2010（17）：207－207.

［42］冯晓青. 企业专利战略及其运用［J］. 渝州大学学报：社会科学版，2001（3）：29－35.

［43］宋亚非. 跨国企业知识产权管理战略分析及其启示［J］. 财经问题研究，2008（7）：95－102.

［44］刘凤朝，潘雄峰，王元地. 企业专利战略理论研究［J］. 商业研究，2005（13）：16－19.

［45］陈湘玲. 论企业专利战略研究［J］. 情报科学，2000（1）：35－38.

［46］PARK S, JANG DONG SIK. Establishment of Strategy for Management of Technology Using Data Mining Technique［J］. Journal of Korean Institute of Intelligent Systems，2015，25（2）：126－132.

［47］KIM J, JUN S. Graphical Causal Inference and Copula Regression Model for Apple Keywords by Text Mining［J］. Advanced Engineering Informatics，2015，29（4）：918－929.

［48］黄风华. 浅析企业专利战略［J］. 现代情报，2004（1）：186－187，190.

［49］何铁宝. 企业专利信息分析与专利战略工作［J］. 企业科技与发展，2009（20）：16－17.

［50］刘晓英，文庭孝，孙玥莹. 专利技术信息挖掘及实证研究：以我国的行李箱专利为例［J］. 图书馆，2018（4）：37－43.

［51］央视新闻：《世界知识产权指标》报告：2019 年中国专利申请量全球第一［EB/OL］.（2020－09－20）［2020－12－07］. https：//baijiahao. baidu. com/s？id＝1685410617948219803& wfr＝spider&for＝pc.

［52］环球网：中国发明专利拥有量优势明显核心技术仍存短板［EB/OL］.（2020－09－20）［2020－12－07］. https：//baijiahao. baidu. com/s？id＝1605647733135756127& wfr＝spider&for＝pc.

［53］于智勇. 高价值专利是产业转型升级的引擎［N］. 中国知识产权报，2017－09－01（1）.

［54］朱清平. 专利权与专利质量［J］. 发明与革新，2002（7）：7.

［55］晏燕. 未雨绸缪：应高度关注专利质量［N］. 科技日报，2004－01－29（3）.

［56］朱丹，曾德明，彭盾. 术标准联盟组建中专利许可交易的逆向选择［J］. 系统工程，2007（8）：84－88.

［57］杜颖梅，黄红健. 江苏将推出高价值专利培育计划［N］. 江苏经济报，2014－01－18（A01）.

［58］申长雨．深化改革，创新发展，奋力开创知识产权强国建设新局面［EB/OL］．
［2020 - 09 - 20］．http：//www. cnipa. gov. cn/jldzz/scy/szyzyjh/1049344. htm.

［59］国家知识产权局．实施专利质量提升工程，加快建设知识产权强国［EB/OL］．
（2017 - 06 - 09）［2020 - 12 - 07］．http：//www. gov. cn/xinwen/2017 - 06 -09/content _
5201134. htm.

［60］马天旗，赵星．高价值专利内涵及受制因素探究［J］．中国发明与专利，2018，
15（3）：24 - 28.

［61］何炼红．多维度看待高价值专利［N］．中国知识产权报，2017 - 06 - 02（1）.

［62］苗文新．高价值专利再多些［N］．人民日报，2017 - 06 - 05（20）.

［63］孙涛涛，唐小利，李越．核心专利的识别方法及其实证研究［C］//中国医学
科学院医学信息研究所．第十七届中国竞争情报年会论文集，2011：208 - 214.

［64］宋爽．中国专利维持时间影响因素研究：基于专利质量的考量［J］．图书馆情
报工作，2013，57（7）：96 - 100.

［65］韩志华．核心专利判别的综合指标体系研究［J］．中国外资，2010（2）：
193 - 196.

［66］袁慧，马建霞．失效专利的主题挖掘与应用分析：以 2007—2016 年镜头失效专
利为例［J］．情报理论与实践，2017，40（12）：128 - 133，74.

［67］KISIK SONG，KARP SOO KIM，SUNGJOO LEE. Discovering New Technology Oppor-
tunities Based on Patents：Text - mining and F - term Analysis［J］．Technovation，2017，60
（61）：1 - 14.

［68］符颖．论失效专利的开发与利用策略［J］．研究与发展管理，2005（3）：
96 - 100.

［69］屈鹏，张均胜，曾文，等．国内外专利挖掘研究（2005—2014）综述［J］．图
书情报工作，2014，58（20）：131 - 137.

［70］张兆鹏，李祥松．失效专利在企业技术创新中的应用［J］．科技广场，2015
（5）：250 - 253.

［71］舒婷婷，杨于佳．失效专利利用风险的规避问题研究［J］．法制博览：中旬刊，
2013（10）：268.

［72］曹源．论专利当然许可［J］．私法，2017，27（1）：128 - 259.

［73］李卓，宋艳华，高晶，等．知识产权信息服务平台中的专利地图及制作方法
［J］．科学技术创新，2018（26）：67 - 68.

［74］翟东升．专利知识挖掘关键技术研究［M］．北京：知识产权出版社，2013.

［75］EUN JIN HAN，SO YOUNG SOHN. Patent Valuation Based on Text Mining and Sur-
vival Analysis［J］．Technol Transf，2015（40）：821 - 839.

［76］龙微月，文庭孝．专利经济信息挖掘研究进展［J］．高校图书馆工作，2019，
39（2）：19 - 23，47.

第4章　专利信息挖掘方法与模式

"工欲善其事，必先利其器。"方法和工具是专利信息和数据挖掘的"器"，选择科学可靠的方法，利用合理有效的工具，是开展专利信息挖掘的前提和基础。

4.1　专利信息挖掘方法

4.1.1　专利信息挖掘方法概述

（1）专利信息挖掘方法的产生与发展

专利信息挖掘方法源于专利计量、统计与分析方法，专利计量、统计与分析方法的发展大概经历了三个发展阶段[1]：

①概念形成阶段。Seidel 于 1949 年最早系统地提出了"专利引文分析"的概念，认为专利引文是后续专利基于相似的科学观点而对先前专利的引证。Seidel 还提出了高被引专利技术相对重要性的设想[2]。一些专利分析方法更侧重于对专利信息内部的深层次挖掘以使分析结果更客观、更准确。如 Byungun 和 Yongtae Park 提出了一种把专利文本挖掘技术和联合分析、形态分析相结合的专利分析方法，利用专利信息发现新的、潜在的技术机会[3]。

②学术研究阶段。20 世纪 90 年代后随着信息技术、网络技术与专利数据库的不断发展和完善，专利计量、统计与分析方法开始应用于企业战略与竞争分析[4]，各种方法和指标体系也开始不断建立和完善。国外许多知识产权咨询机构都提出了不同的专利计量、统计与分析指标，如美国摩根研究与分

析协会（Mogen Research & Analysis Association）、美国知识产权咨询公司（CHI Research）、汤森路透（Thomson Reuters）等。

③工具实现阶段。随着计算机技术的普及，信息技术和网络技术的快速发展，专利计量、统计与分析逐渐从手工处理过渡到了以计算机为工具的时代。面对庞大复杂的专利信息和专利数据，各种专利计量、统计与分析方法往往需要依赖于工具才能实现，分析工具直接影响到专利信息计量与分析的效率及准确性。为了给专利计量与专利分析提供极大的便利，促进专利计量与专利分析方法研究和应用的拓展，并促使专利分析方法向自动化、数字化、网络化、可视化和智能化方向发展，出现了各种各样的专利计量、统计与分析工具。这些专利计量、统计与分析工具大体分为三大类：第一类是通用的专利计量、统计与分析工具，如 Excel、SPSS、SAS 等；第二类是专利数据库自带的计量、统计与分析工具，如 TDA（Thomson Data Analyze）、Innography、Delphion、SooPAT、Patentics、智慧芽、佰腾等；第三类是专用的专利计量、统计与专利分析工具，如 Aureka、CiteSpace、PIAS、PatentEX 等。

（2）专利信息挖掘方法的类型

1）专利信息挖掘方法分类

依据不同的标准，专利信息挖掘方法可以有多种不同的分类[5-8]。如按方法性质区分，可以将专利信息挖掘方法分为专利定量分析、专利定性分析和专利拟定量分析方法；按使用数据来源不同，可以将专利信息挖掘分为国内和国际专利信息挖掘方法；按专利信息挖掘对象不同，可以将专利信息挖掘方法分为专利技术信息、专利经济信息、专利法律信息和专利战略信息挖掘方法；按专利信息挖掘内容差异，可以将专利信息挖掘方法分为专利数量统计方法、专利质量评价方法（如专利类型、同族专利、专利被引、专利时限、专利转化、专利强度分析等）和专利价值评估方法（如专利研制成本、专利交易成本、专利费用等成本分析法，市场分析法和收益额预测、分成率确定、经济寿命评估、折现率确定等收益分析法）；按专利信息挖掘层次，可将专利信息挖掘方法分为点、线、面和立体专利信息挖掘分析方法；按专利信息挖掘的深浅程度，可将专利信息挖掘方法分为一维、二维以及综合专利信息挖掘分析方法；按专利信息挖掘的目的和应用不同，可将专利信息挖掘方法分为针对不同研究目的或受众的专利信息挖掘方法、面向技术预见的专利信息挖掘方法、面向企业战略布局的专利信息挖掘方法、技术引进中的专利信息挖掘方法、专利价值挖掘方法；按应用层面区分可将专利信息挖掘方法分为数据挖掘分析方法、技术挖掘分析方法、战略挖掘分析方法和应用挖掘分析方法。

2）专利信息挖掘方法体系

①基于方法性质的专利信息挖掘方法体系。专利信息挖掘方法根据性质可分为定性挖掘分析、定量挖掘分析和拟定量挖掘分析方法三类。定性挖掘分析方法是将专利文献信息的内部特征（如说明书、权利要求书的内容等）运用文本挖掘、数据挖掘等手段进行归纳整理，然后对专业技术进行解读和分析的方法，如技术功效矩阵分析、核心专利分析、权利要求分析、专利法律状态分析、专利性分析、专利侵权分析、技术发展路线分析、同族专利分析等。定量挖掘分析方法是利用数理统计、科学计量、文献计量等方法对专利文献及其相关信息进行加工整理和统计分析。专利定量挖掘分析方法一般是利用各类专利计量、统计和分析指标（数量指标、量变指标、量化指标、质量指标、价值指标等）对专利文献信息的不同对象和角度（时间、地域、专利主体、IPC分类号、技术主题等要素及其组合）进行挖掘分析。定量挖掘分析主要是通过专利文献上固有的著录项目来识别相关文献，对有关专利指标进行计量、统计和挖掘分析，如专利申请量/率和授权量/率等的统计分析，布拉德福定律，技术生命周期分析，时间序列分析，分类号、关键词等技术主题的聚类分析，专利时间、地域、专利主体、分类号等分布分析，技术实施统计分析，技术构成分析等。专利拟定量挖掘分析方法是将专利定量挖掘分析与定性挖掘分析相结合的挖掘分析方法。专利拟定量挖掘分析通常由数理统计入手，然后进行全面、系统的技术分类和比较研究，再进行有针对性的量化分析，如专利文本挖掘、专利价值评估、专利引文分析和共现分析等[9-12]。

②基于专利维度的专利信息挖掘方法体系。专利文献和专利信息具有多维度特征，根据专利维度可将专利信息挖掘方法分为一维、二维以及综合挖掘分析方法。一维挖掘分析方法是指将获得的专利文献和专利信息适当整理，并从中提取想要的维度信息，如发明内容、发明时间、发明人、技术覆盖范

围等，然后将提取后的一维信息按照一定方式排序，从而得到有序化的、具有统计意义的情报，如专利申请的时间序列分析、技术生命周期分析、专利申请的空间分布分析、专利申请的 IPC 分类分析、专利权人和专利发明人分析等。二维挖掘分析方法是将上述信息加以组合，得到相互联系的关于技术发展状况或者关于技术创新能力的情报，主要是对专利时间、地域、主题、主体、引文等专利一维信息进行二维交叉组合，如专利授权人的时间序列分析、专利授权人的 IPC 分类分析、技术功效矩阵分析、专利引用的时间序列分析等。综合挖掘分析方法需要对专利数据进行深层次的挖掘分析，不仅需要了解专利文献的外部特征，对外部特征进行组合、配对分析，而且需要对专利文献内容进行深层次的分析，了解专利技术的背景、特征和发展，以及与其他相关技术的区别和联系等，如利用专利比较技术优势、利用专利预测技术成熟度、专利文本挖掘、专利数据挖掘、专利投资组合[13]。如图 4 - 1 所示。

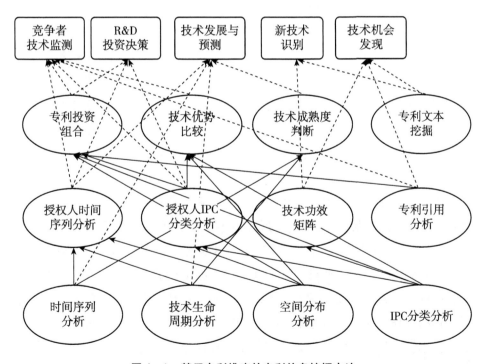

图 4 - 1　基于专利维度的专利信息挖掘方法

③基于应用层面的专利信息挖掘方法体系。根据专利信息挖掘的深入程度可将专利信息挖掘方法分为数据挖掘分析方法、技术挖掘分析方法、战略挖掘分析方法和应用挖掘分析方法四个层面。专利数据挖掘分析方法可分为专利数据趋势、数据构成、数据排序和关联分析，专利数据聚类分析，专利引文数据分析，专利数据模型分析（如时间序列分析模型、布拉德福定律）等；专利技术挖掘分析方法可分为技术功效矩阵分析，重点专利分析，技术路线图分析、权利要求书分析、规避设计分析等；专利战略挖掘分析方法可分为专利技术跟踪策略分析、专利挖掘策略分析、专利研发合作策略分析、专利保护策略分析、专利布局策略分析、专利诉讼策略分析、专利运用策略分析等；专利应用挖掘分析方法可分为技术引进专利分析、产品出口专利分析、竞争对手专利分析、专利预警及应对专利分析等。专利信息挖掘分析目的决定了专利信息挖掘分析的内容，而专利信息挖掘分析的内容又决定了专利信息挖掘需要分析的深入程度。如只需要分析某行业的专利申请趋势，则应当以数据层面的挖掘分析为主；如需要对某一即将出口的产品进行专利侵权风险分析，则应当以技术层面的权利要求挖掘分析为主；如想要分析某一竞争对手的专利挖掘策略时，则应当在技术层面分析的基础上进行策略上的宏观挖掘分析等。分析内容决定了需要挖掘分析的深入程度，有些分析内容不仅需要数据层面的挖掘分析，还需技术层面、战略层面乃至系统应用层面的挖掘分析。如对竞争对手的挖掘分析，既需要统计其专利申请趋势的数据，又需要对其关注的重点技术、技术的研发动向等技术层面进行挖掘分析，还需要分析其专利布局策略、专利诉讼策略、专利运用策略等[14]。

④基于挖掘层次的专利信息挖掘方法体系。专利信息挖掘分析方法可分为四个层次，每个层次都有不同的专利情报计量分析方法[15-16]。

A. "点"情报挖掘分析。"点"情报挖掘分析主要是对专利文献的外部特征进行的统计分析，即对专利文献上固有的单个著录项，按有关指标分别进行统计分析，以取得某国家、地区、行业、领域、组织、机构、个人等不同主体的专利投入、产出情况的初步情报。"点"情报挖掘分析是对专利信息的初步挖掘。具体挖掘分析方法有：简单统计分析，按照专利申请人、专利申请量、专利授权量、同族专利量等指标分别进行统计分析，通过相关指标的统计，可反映不同主体在某一时间范围内的专利投入产出情况，初步了解其专利质量的高低；关键词统计分析，通过提取专利项、摘要和标题中的技术关键词，并对其频数进行统计，通过关键词出现频率的高低，可反映某一技术领域研究热点的转移情况，还可对出现频率较高的关键词进行逻辑组配，对技术概念进行再理解。

　　B. "线"情报挖掘分析。"线"情报挖掘分析，是指将获得的"点"情报按照一定方式排序，从而得到有序化的"线"情报，即通过对专利初步统计中的专利数量、专利权人、专利申请日等进行组配统计，或按时间、空间、分类等进行再排序的过程。其中包括专利申请的时间序列分析，以时间为横轴，以专利申请量（或授权量、同族专利数量等）为纵轴，统计分析专利随时间变化的趋势，得到有关发明先后的线情报。通过对各主要国家或企业专利申请数量随时间变化的分析比较，可反映各国家或企业技术创新行为变化的快慢和趋势及技术开发能力的强弱，从而指导 R&D 研究和识别技术领域的演变。具体的分析方法有：生命周期分析，通过统计一段时间内某项技术相关专利的申请数量和专利申请人数量的变化，可以绘制技术生命周期图。一般来说，技术的发展可能经历起步期、发展期、成熟期、下降期、复苏期等几个阶段。通常，在技术起步初期，专利数和专利申请人数均较少；随着技术的发展和人们对技术理解的深入，专利数量大幅上升，申请人数量也迅速增加，技术进入发展期；技术进入成熟期以后，专利数量将持续增长，但申请人数量则相对保持稳定，而且专利申请多为改进型专利；之后，经过市场和技术的淘汰，专利申请数量和申请人数量都将有所下降，申请的专利多为在已知技术上的小幅度改进，进展不大，技术进入下降期；如果之后专利申请量和申请人数量又有大幅增加，则说明技术进入复苏期，企业又找到了新的技术空白点，向新的技术方向发展。专利的技术生命周期图还可反映行业的变化情况。若技术生命周期图呈现低—高—平—低的变化趋势，则预示夕阳工业，即使产品目前畅销，但技术性能正在更新换代或被淘汰；若其呈现零—高—飙升的变化趋势，则预示新型朝阳产业；若其呈现平—低—低—高—再高的变化趋势，则预示产业结构调整，产品处于转折点。专利申请的空间分布分析，以不同的空间分析对象（如国家、地区、行业、企业等）为横轴，以专利申请量（或授权量）为纵轴，统计分析专利随空间变化的趋势。空间分布分析一般用于识别竞争对手，分析其技术策略等。如将某一专利的同族专利按地理分布进行分析，可以判断其专利的质量和商业价值，了解某公司技术输出的重点领域；还可为技术引进提供依据，或为产品出口避开对方的保护区提供情报。专利申请的 IPC 分类分析，是指将专利技术按 IPC 号进行排序，即以 IPC 分类体系为横轴，以专利申请量（或授权量）为纵轴，统计分析不同技术领域专利申请情况的"线"情报，从而获知该领域的技术构成情况，以及该领域内各竞争主体所关注的技术点等。如对某一技术领域的专利申请量进行统计，可以得到某项技术在不同主题间的分布，分析该技术领域的重点技术及技术发展趋势等情况。对不同技术类别的各公司专利数进行统计，则可以了解各公司活跃的领域，即开发的重点领域。

C. "面"情报挖掘分析。"面"情报是将"点""线"情报加以组合，则可得到各种相互联系的有关技术发展状况的"面"情报，即综合时间、空间、分类等方面的不同因素，深入挖掘专利文献中的技术情报及各技术间的关系。具体挖掘分析方法有：ⓐ技术矩阵分析，将技术内容通过矩阵的形式表现出来，通常行和列选择不同的技术信息因素构成，以分析其间的关系变化，研究技术开发的程度。在进行矩阵分析之前，应对各专利文献进行解读，以专利说明书、权利要求书等反映的专利技术内容或专利的"质"来识别专利，并按各技术信息因素来归并有关专利，使其有序化。如将各专利文献所要达到的功效作为横向栏目，将专利文献中所采用的技术手段作为纵向栏目，则可构成功效矩阵。将专利文献中各技术手段进行细分，分别填入相应的空格内，计算每个空格的专利数量，即可分辨出专利空白、密集、稀疏区；进行技术矩阵分析最重要的一点是可以通过空格中专利数量的对比来寻找技术空白点。所谓技术空白点，即空格中专利数量为零的区域。之所以出现这些空白点，可能是由于对该空白点的研发难度较大，需投入较多的人力和物力；也有可能是他人尚未注意到的新领域；更有可能是利用现有技术难以突破的技术难点。ⓑ专利聚类分析，通过对专利文献簇的凝聚和分解，我们可以分析同一专利簇中各技术信息因素之间的相关关系，从而挖掘其间的隐藏关系，获取其中的关联特点；或分析不同专利簇之间的区别联系，从而了解技术发展的态势，寻找技术空白点。通过研究专利群的形成、结构、变化以及与其他专利群的关系，能直接或间接地对某一技术或某一企业的现状及今后的发展趋势做出正确的评价和分析。ⓒ专利引用分析是一种重要的专利管理方法。

通过专利引用分析，可以对企业决策和技术研发、运用提供一种客观的评价方法，并根据竞争者的专利情况，分析自身在市场中的地位，不仅能找出自身的竞争优势，而且能避免潜在的专利地雷。如通过将每篇专利的引证情况作连线式的链接，可以得到专利引用图。通过图中专利引用的线索，我们可以找到最早被引证的专利文献。该文献很可能是一篇基础专利文献，包含重要的技术信息。此外，根据专利引用图的线索，我们还可以得到专利的承继性和发展历程，以帮助科研人员把握科技创新脉络，了解前沿技术，避免选题重复和人、财、物的浪费，推动科技进步。另外，分析引证率也可以为我们提供重要的信息。专利引用分析的一个基本点在于：如果一个在先专利多次被在后申请的专利大量引用，表明该项被引用的在先专利在该领域较为先进或较为基础，从而评估专利的技术影响力。因此，引证率较高的专利技术很可能涉及的是该领域内的核心技术。通常情况下，拥有高被引次数专利的机构也比其竞争者或同行在技术上更领先，处于产业的强势地位。ⓓ份额分析，是指对各"线"情报按各数据集分别统计其分类份额，从而了解某段时间内，各类别中指标构成的比例关系。如将某领域中主要专利权人的专利份额进行统计，即以某领域中主要的专利权人为横坐标，以其专利申请量占本领域专利总申请量的比值为纵坐标，绘制专利份额统计的柱状图，从而反映该领域专利申请的集中程度。集中程度越高，则表明该领域专利申请的战略意义越大。该指标还可与同族专利授权率相联系，反映专利的战略价值。若申请人或专利权人适当集中，且同族专利授权率较高，则说明一些主要申请人对此领域投入研究比较多，海外市场比较大，也可以说这些申请人或专利权人在这方面涉及的利益比较大，因此往往专利战略价值大些。

　　D. "立体"情报挖掘分析。"立体"情报是将上述"面"情报加以组合，则可得到发明活动与其他各因素间联系的全面情报，也称多次元或多维分析，即用透视的观点或角度进行专利情报的分析，把隐藏的所有的要素都详细地表露出来，最终得出技术开发及专利竞争情况的分析结果。"立体"情报挖掘分析需对专利情报进行深层次的挖掘，不仅需了解专利文献的外部特征，对外部特征进行组配分析，而且需要对专利文献进行深层次的了解，了解专利技术的特征、发展，以及与其相关技术的区别和联系等。具体挖掘分析方法有专利组合分析、技术监测方法。专利组合分析是通过建立能够衡量专利潜在价值的一系列定性和定量指标，客观、科学地对专利技术领域进行技术分析和技术组合，从而辅助组织监测竞争对手的相对专利地位和认识技术领域本身的相对发展优势，为企业战略性的 R&D 投资提供有价值的决策信息。如专利与市场一体化的组合分析，即由相对技术份额、相对市场份额和市场吸引力组成三维坐标系。相对技术份额指某技术领域内某公司的专利申请数与该领域内专利申请数最多的标杆公司的专利数之比，可衡量该公司在某一技术领域中的专利相对位置。相对市场份额指某技术领域内某公司相对于该市场中市场份额最高的公司的相对市场位置。市场吸引力即应用该技术的产品的市场增长率。通过这三个指标的组合分析，我们可以得到某技术在市场和技术中的共同特点，尤其是那些技术与市场处于明显不同区域的组合情况。若在高增长的市场环境中，出现高的技术地位与低的市场份额的组合，则该企业的 R&D 支出可能应该削减，因为该领域不能为投资者赢得未来；与此相反，企业缺乏市场地位有可能是因为该产品的市场中存在较强的竞争，这就要求企业加大对市场的投入，R&D 投入也应该继续保持或按比例增长。通过专利与市场的一体化组合为技术与市场战略更好地结合提供了一种有效的工具。

4.1.2 专利信息定性挖掘方法

专利信息定性挖掘方法是指通过对专利文献内在特征，即对专利技术内容进行分类比较、归纳、演绎、分析、综合，以及抽象与概括等，以达到把握某一技术发展状况的目的。专利信息定性挖掘主要是根据专利文献提供的技术主题、专利国别、专利发明人、专利受让人、专利分类号、专利申请日、专利授权日和专利引证文献等技术内容进行挖掘分析，挖掘专利的技术内涵，判断专利的重要性，区别出基本专利和派生专利。常见的专利信息定性挖掘方法有专利技术定性描述、专利文献对比、专利技术功效矩阵分析、技术角度分析法、技术路线图分析法、鱼骨技术分析法、专利法律状态分析法、同族专利分析法、权利要求构件分析法等[16]。

（1）专利技术功效矩阵分析法

专利技术功效矩阵分析是指通过专利文献所反映的技术主题内容和技术

方案的主要技术功能之间的特征研究，揭示它们之间的相互关系，常用技术功效矩阵图的形式表示。一般是先对研究对象的技术内容进行分类，再按照技术功能分类，然后用一个二维表将技术分类与功能分类联系起来，表中单元格展示相应的专利文献，最后对二维表中的信息进行归纳和推理以及分析综合。这种方法可以用来研究现有技术发展重点以及尚未开发的技术空白点。

技术功效矩阵图用于分析专利技术（包括方法、设备和操作原理）及其功效间的对应关系，通过专利数量来有效衡量为提升技术功效而投入的技术力量，从而更明确为提升某一技术功效所必需的技术投入，再结合自身技术潜力，对发展计划实施的难易程度进行估计。此外，运用技术功效矩阵分析方法有利于找出技术领域内的瓶颈问题，有助于对类似技术主题和优先解决的技术障碍等问题进行合理决策。如图 4 - 2 所示。

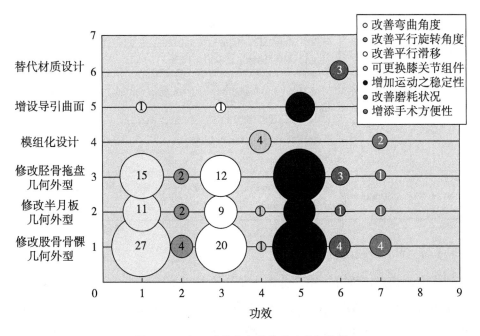

图 4 - 2　人工膝关节专利技术功效矩阵图

（2）技术角度分析法

技术角度分析法是专利技术功效矩阵分析方法的延伸。在专利信息定性分析中，分析人员常常会将采集到的专利文献集合按材料（Material）、特性

（Personality）、动力（Energy）、结构（Structure）、时间（Time）5 个方面进行加工、整理和分类，构造 MPEST 技术角度图，从技术分类入手，将研究对象进行分群来揭示被研究的技术领域的专利特征。有些分析软件也将技术分析角度分为处理（Treatment）、效果（Effect）、材料（Material）、加工（Process）、产品（Product）、结构（Structure）6 个方面，并对每个方面都进行一定的延伸，构造 TEMPPS 技术角度图，以得到各技术之间的差异，如表 4－1 所示。

表 4－1　技术角度分类示意表

技术分析角度		概念的延伸
T	处理（Treatment）	温度（Temperature）、速率（Velocity）、时间（Time）、频率（Frequency）和压力（Pressure）等
E	效果（Effect）	目标（Purpose）、履行（Performance）和功效（Efficiency）等
M	材料（Material）	材料（Material）、成分（Component）、混合物或化合物（Compound）和附加物（Addition）等
P	加工（Process）	制造方法（Manufacturing）、系统（System）和程序（Procedure）等
P	产品（Product）	产品（Product）、部件（Parts）、结果（Result）和产量（Outputs）等
S	结构（Structure）	结构（Structure）、形状（Form）、图样或装置（Device）、组分（Compound）和电路（Circuit）等

（3）技术路线图分析法

在专利信息定性分析中，分析人员也会按照时间先后，将分析结果中与技术内容特别相关的一组专利文献的简要内容用图示的方式直接展示出来。根据研究目的不同可设计不同的技术路线图，如根据引文数据设计的技术路线图和根据竞争对手专利数据设计的技术路线图。

（4）鱼骨技术分析法

鱼骨技术分析即因果分析，根据其"因果"图的形状，将其称为鱼骨技术分析。通过对主要专利、次要专利、潜在技术的不断分析，可用于解决具有许多技术解决手段的复杂问题，从中找出解决这一复杂问题的核心技术；并允许为问题确定潜在的技术手段，找到技术开发的空白点。

(5) 专利法律状态分析法

专利法律状态是指在某一特定时间，某项专利申请或授权专利在某一国家的权利维持、权利范围、权利类型、权利归属等状态，这些状态将直接影响专利权的存在与否以及专利权权利范围的大小。此外，专利法律状态还包含了专利权的归属、专利权是否有效、获得许可证等专利产生、发展和变化过程中出现的其他法律信息。

(6) 专利侵权分析法

专利侵权分析法包括防止侵权分析和被动侵权分析。防止侵权分析是指为了避免发生专利纠纷而主动对某一新技术、新产品进行专利检索，找出可能受到其侵害的专利并做出判断，或者是为了避免自己的专利权受他人侵犯而对自己已获专利地区的其他企业类似产品或技术情况进行监控。被动侵权分析则是指被别人指控侵权时，为了对该专利进行撤销、无效或利用公知技术抗辩，需要进行检索，对收集到的专利文献和其他文献资料等内容进行研究，在搞清楚专利技术侵权的基础上采取相应措施。

(7) 同族专利分析法

通过检索某一专利的同族专利，可以得到这些专利申请的地理分布，从而判断其商业价值，了解某公司技术输出的重点领域，也可以为技术引进提供依据，为产品出口避开对方的保护区提供情报。

(8) 权利要求构件分析法

在某些技术密集工业领域，一项新产品上市往往会受到上百件专利的保护，因此严格规范与区分现有专利技术的权利要求、定位自己的专利空间，对新产品研发尤为重要。权利要求定位的主要作用，首先是在新技术研发过程中，不断分析现有专利（特别是新近公开的专利）的权利要求点，从中寻找权利空白，不断调整技术研发方向，为自身新技术专利申请规划权利空间，以保证顺利获得专利并得到最大经济利益；其次是在侵权判断中的应用，新产品上市后，无论是被诉侵权还是诉他人侵权，都可以由专利、技术和法律专业人员通过对双方技术要点、权利要求点进行比对，判断是否"在被控侵权的产品或方法中，包括了独立权利要求中的每一个技术特征"，由此分辨侵权可能。如图4－3所示。

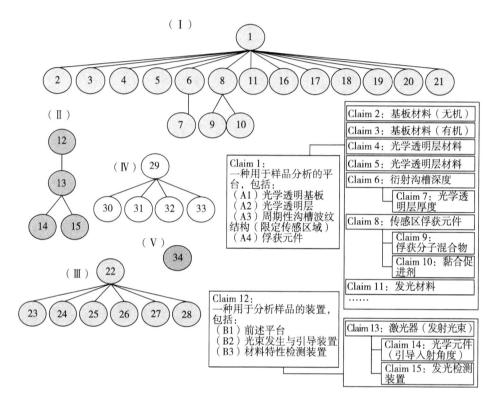

图4－3　专利 US6707561 权利要求构成要件及其关系（局部）

4.1.3　专利信息定量挖掘方法

专利信息定量挖掘方法是建立在数学、统计学、运筹学、计量学和计算机等学科的基础之上，通过数学模型和图表等方式，从不同角度研究专利文献中所记载的技术、法律和经济等信息。专利信息定量挖掘方法主要是对专利文献的有关外部特征信息进行数量统计分析。这些外部特征信息有：专利申请或公布日期、专利分类、申请人、发明人、申请人所在国家、专利引文等，它们能够从不同角度体现专利信息的本质。专利定量分析方法按对象和角度一般分为两个层次：一是以专利文献的件数为单位，从专利分类、专利申请人、专利权人、时间、地域等角度进行分析；二是以专利文献信息（如 IPC 专利分类、专利申请人、专利权人、时间、地域、技术主题等）为单位，从专利主体、时间、地域、技术领域等角度及其组合进行分析。所用的定量挖掘分析指标主要有三类：一是数据指标，包括专利数量（如专利申请量、授权量、无效专利量和专利实施量等，可以反映国家、地区、行业、领域、组织、机构、个人等不同层面、不同主体在某一时间范围内的专利产出情况）、同族专利数量、关键词频统计（专利名称、摘要、权利要求书甚至全文中的技术关键词）、专利被引次数。二是量变指标，包括时间序列（专利技术按时间的分布，即将统计结果按时间序列进行整理，如专利申请量、授权量、同族专利量等随时间的变化趋势）、技术生命周期（通过统计一段时间内某项技术相关专利的申请数量和专利申请人数量的变化，可以绘制技术生命周期。一般来说，技术的发展可能经历起步期、发展期、成熟期、下降期和复苏期等几个阶段）、专利增长率（专利数量增长随着时间变化的百分率）、专利空间分布（专利申请量或授权量随国家、地区、行业、领域、企业等空间要素变化的趋势）。三是量比指标，包括专利相对强度、专利垄断指标、专利授权率、专利存活率、专利实施率、专利转移率、引证率、当前影响指数、科学关联度、专利效率等[18]。

专利信息定量挖掘方法主要有专利技术生命周期法、统计频次排序法、布拉德福定律应用法、时间序列分析法和趋势回归分析法等[19]。

（1）专利技术生命周期法

人们通过专利申请数量或获得专利权的数量与时间序列关系、专利申请企业数与时间序列关系等分析研究，发现专利技术在理论上遵循技术引入期、技术发展期、技术成熟期和技术淘汰期 4 个阶段的周期性变化。计算方法有专利数量测算法与图示法、TCT 计算法。专利数量测算法与图示法主要用于研究相关技术领域的技术生命周期，而 TCT 计算法主要用来计算单件专利的技术生命周期。

①专利数量测算法。该方法通过计算技术生长率（ν）、技术成熟系数（α）、技术衰老系数（β）和新技术特征系数（N）的值来测算专利技术生命周期。

技术生长率（ν）：指某技术领域当年发明专利申请或授权量占过去5年该技术领域发明专利申请或授权总量的比率。$ν = a/A$，其中 a 为该技术领域当年发明专利申请量或授权量；A 为追溯过去5年的该技术领域的发明专利申请量或授权累积量。如果连续几年技术生长率持续增长，则说明该技术处于生长阶段。

技术成熟系数（α）：指某技术领域发明专利申请或授权量占该技术领域发明专利和实用新型专利申请或授权总量的比率。$α = a/(a + b)$，其中，a 为该技术领域当年发明专利申请量或授权量；b 为该技术领域当年实用新型专利申请量或授权量。如果技术成熟系数逐年变小，说明该技术处于成熟期。

技术衰老系数（β）：是指某技术领域发明和实用新型专利申请或授权量占该技术领域发明、实用新型和外观设计专利申请或授权总量的比率。$β = (a + b)/(a + b + c)$，c 为该技术领域当年外观设计专利申请量或授权量。如技术衰老系数逐年变小，说明该技术处于衰老期。

新技术特征系数（N）：由技术生长率和技术成熟系数推算而来，在某一技术领域如果 N 值越大，说明新技术的特征越强。

$$N = \sqrt{ν^2 + a^2}$$

②TCT 计算法。TCT 计算方法是用专利在其申请文件扉页中的所有引证文献的平均技术年龄表示技术生命周期。TCT 测量的是最新专利和早期专利之间的时间差。早期专利代表现有技术，因此，TCT 其实就是现有技术和最新技术之间的发展周期。如果一个企业比它的竞争对手在相同的技术领域拥有较短的技术生命周期，那么它就拥有寻求技术革新的优势。此外，通过测算国家的平均技术生命周期还可以比较不同国家的技术创新速度。

在专利信息挖掘分析中，有时也将技术生命周期指标与专利增长率指标一起使用来判断企业的强势技术领域。研究表明：如果一个企业增加它的专利申请，而且这些专利技术有较短的技术生命周期，说明该企业的技术处于技术领域的前沿，可以看成是该技术领域的领头羊。

（2）统计频次排序法

统计频次排序法主要使用文献计量学和科学计量学中的频次—排序分布模型对专利特征信息进行统计和排序。专利统计频次排序法的对象主要有专利分类号、申请人、发明人、申请人所在国家或专利申请的国别、专利申请或授权的地区分布、专利种类比率、专利主题和专利引文等特征数据项。

（3）布拉德福定律应用法

利用布拉德福定律对专利文献按国际专利分类号进行区域划分，可以较为科学、准确地确定某技术领域中专利文献的核心分类，为寻找技术领域中的核心技术提供理论依据。1948 年，英国文献学家布拉德福（S. C. Bradford）在研究文献分布特征时提出了布拉德福定律（亦称文献分散定律）：对某一主题而言，如果将科学期刊按刊载相关论文数量的递减顺序排列，则可以划分出对该主题最有贡献的核心区，以及含有与该区域论文数量相等的几个区域，那么每个区域中的科学期刊数量呈 $1:n:n^2\cdots$ 分布。布拉德福的研究结果表明，科学论文在科技期刊中的分布是不均匀的，少数期刊中"拥挤"着大量高质量的论文，大量的期刊中"稀释"着少量的论文。也就是说，文献的分布存在着高度集中与分散的现象，而文献的这种不均匀分布现象同样存在于专利文献中。

（4）时间序列分析法和趋势回归分析法

时间序列分析和趋势回归分析等定量专利信息分析方法都是基于对历史数据变化规律的分析来有效地找出数据变化规律与时间的关系，揭示事物发展的轨迹，并对事物的未来发展状况进行预测。时间序列分析法就是在均匀时间间隔中对研究对象的同一变量进行统计分析的方法，目的在于掌握这些统计数据依时间变化的规律。时间序列分析法常用于专利信息定量分析，作为研究对象的变量有专利申请量或授权量、专利分类、申请人、发明人、专利被引次数和申请人所在国家或地区等。如通过专利申请量或授权量随时间的变化分析，研究该技术领域的发展现状；通过对专利申请人、专利申请数量与时间的对应关系研究，揭示某技术领域在一定时间跨度内参与技术竞争的竞争者数量，从而揭示相关技术领域的技术生命周期。在时间序列分析的基础上，进一步展开线性回归趋势分析，可以预测该技术领域未来的发展趋势。

4.1.4　专利信息拟定量挖掘方法

专利信息拟定量挖掘方法是将专利定性挖掘和定量挖掘相结合的专利信

息挖掘方法，也称为专利信息综合挖掘方法。专利信息拟定量挖掘通常由数理统计入手，然后进行全面、系统的技术分类和比较研究，再进行有针对性的量化分析，最后进行高度科学抽象的定性描述，使整个挖掘分析过程由宏观到微观，逐步深入进行。常见的专利信息拟定量挖掘方法有专利引证分析法、专利数据挖掘法、专利共现分析法和专利地图方法等[20-23]。专利信息拟定量挖掘方法都是以关联分析为基础的。

（1）专利引证分析法

专利引文是指利用各种数学和统计学方法以及比较、归纳、抽象、概括等逻辑方法，对专利文献的引用或被引用现象进行分析，以揭示专利文献之间、专利文献与科学论文之间相互关联的数量特征和内在规律的一种文献计量和科学计量研究方法。专利引证分析的原理：一件专利被引证次数越多，越有可能代表着该技术领域的发展趋势，该专利具有更大的应用价值。美国工业研究院的 Anthony Brietzman 和 Patrick Thomas 认为[20]：隐藏在专利引证分析背后的理念，是被后来的诸多专利所引用的专利趋向，包含许多其后发明者所依据的重要思想，这使得它们更有价值。Fleming Julia 等学者也指出[21]，专利引证分析是基于这一前提：前向和后向专利引证的数量状态都是专利价值的指示器；尤其是前向引证的数量有更大的研究价值。前向引证是对由另一项专利赋予的价值的一种参照。前向引证和后向引证是相对于研究对象而言的，前向引证是指研究对象被在后申请的专利所引用，而后向引证是指研究对象引用的在先专利。

研究专利引用信息可以识别孤立的专利（这些专利很少被其他专利申请所引用）和活跃的专利。活跃的专利被大量的其他专利引证，表明它们是有较大影响力的专利，或是具有更高的质量。利用专利引文数据构建专利引文指标，可以用来推算技术关联程度。此外，通过引文分析，了解专利之间的关系，有助于了解围绕着变化的技术领域形成的网状专利保护轨迹，并显现出技术交叉点的专利趋势，从而寻找新技术空白点。专利引文分析被广泛应用于技术创新、专利定价和技术与学科评估、竞争环境中的主要竞争对手研究、了解技术发展历史、预测技术发展趋势等专利分析领域。专利引文分析的方法有用前向和后向专利引证构建引用清单、专利被引用数据排序研究

（单件专利被引次数排序、专利被引次数与时间的关系、专利权人引证分析）、专利引证与专利权人关系研究（可以揭示专利权人技术变化的方向，使主要竞争对手的专利战略直观化）、专利引证率分析、引用时差分析等。前向引证是对一项专利（被引用的专利）所赋予的价值的一种参照，被引用的次数越多，表明该项专利价值越大。研究前向引证旨在了解哪些专利引证了该公司的专利及可能造成的侵权。后向引证清单可以了解该项专利引用的全部专利文献，即现有专利技术现状。通过对前向和后向引证的综合研究，可以有效地寻找没有直接关联的平行专利（在专利信息分析中，由于专利申请自提出后到被公开需要一定的时间，这就造成在此期间内，有些专利申请虽然在技术主题上具有相似性，但相互之间却没有直接的引用关系，这些专利被称为平行专利。例如，中国发明专利要在专利申请日后满18个月才能被公开），从而提高专利信息分析的质量和专利检索的查全率。引证时差分析是利用引证数据来测算现有技术和最新技术之间的发展周期，可以用于捕获企业正在进行技术革新的情报，推算出企业专利创新的速度。通过专利引文分析，还可以使企业了解相关专利的技术层次以及组合技术之间的关联，国家或地区之间的技术关联、特定技术领域的技术关联度等。通过分析专利文献之间的相互引证关系，有利于企业了解一项专利技术的发展过程和围绕这一技术的相关申请，以及这一技术领域中参与竞争的主要技术持有人等。

专利引证分析法有三个类型：①专利引证关系分析。一般而言，专利公开时间越早，被引证概率就越高，但客观上仍可将被引证量高的专利视为本领域内的核心专利。对于核心专利，不仅其技术内容值得重视，其所属国别（地区）的研究也可反映出该领域关键性技术的重要研发阵地与技术市场。同时，由于专利引证率是衡量专利质量的重要指标，拥有核心专利的专利权人的研发实力与对本技术领域的整体带动作用也不可小觑。②专利引证时间进程分析，也称为专利技术发展路线图，是将某项技术的核心专利按照引证关系进行排列，用以追踪专利引证线索。以核心专利为源头，按时间进程分析其引证关系，可了解该技术的发展进程。如图4-4所示。③核心专利引证关系技术族谱分析。分析核心专利的后续引证专利，按照技术主题的相似程度将后续引证专利进行分类，有助于了解某技术领域内各组成技术的起源及相关研发进展，并分析未来技术发展方向。如图4-5所示。

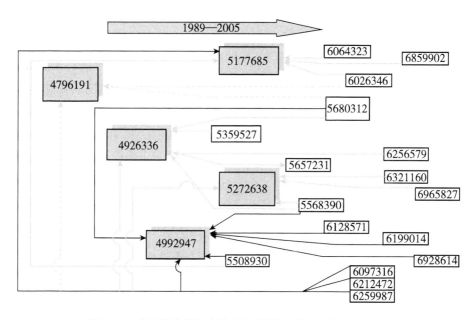

图4-4 某电子产品技术核心专利引证时间进程图（局部）

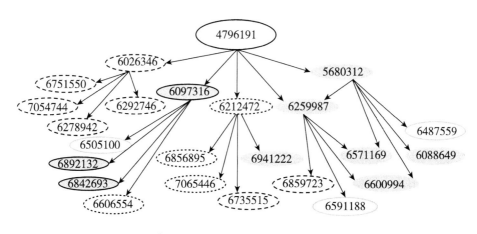

图4-5 专利 US4796191 引证关系技术族谱（局部）

（2）专利数据挖掘法

数据挖掘是从大量数据中挖掘隐含的、先前未知的、对决策有潜在价值的知识和规则。这些知识和规则蕴含了数据库中一组对象之间的特定关系，揭示的有用信息可为科学研究、经营决策、市场策划、经济预测、工业控制提供依据。专利数据挖掘可以帮助专利分析人员对海量专利文献内容进行深度分析，从而提高专利分析效率。专利数据挖掘方法主要有关联分析（Association Analysis）、聚类分析（Cluster Analysis）、专利强度分析（Patent Strength Analysis）和内容分析（Content Analysis）等。通常若两项或多项变量的取值之间存在某种规律性，那么其中一项变量的属性值就可以依据其他变量的属性值进行预测，这称为关联分析。关联分析通常反映事件之间的关联程度，其实质就是寻找在同一个事件中出现的不同数据项的相关性，从而找出数据库中隐藏的关联网，获得一个数据项和其他数据项之间依赖或关联的知识，从而指导决策和战略制定。关联分析是常见的数据挖掘分析方法，主要采用结构化的表现形式对一系列对象、参数、特点之间的相关关系进行分析。在专利数据挖掘分析中，关联分析通过寻找同一专利集合中不同数据项的相关性，找出其间的隐藏关系，获取其中的依赖或关联特点。例如，领域内组成技术间的关系分析、专利权人之间的合作关系分析等。聚类是指利用客观计量方法，按事物某些属性的相近程度对数据库中的记录分组，把相似的个体记录放在一个聚集里，从而把要分析的数据分成不同的群组，这些有意义但不同的群组也可以称为子集或类别，这个过程称为聚类或聚集。聚类分析又称为数值分类学，是以大量对象的统计数据为基础，把具有相似性的一些数据组合为类群的方法总称。常见的聚类分析方法有逐步聚类、系统聚类、图示聚类、模糊聚类等。聚类分析首先要将事件分类，进而反映类与类之间的关联程度。关联分析和聚类分析的结果常用可视化图形方式显示，需要借助专门的专利分析软件和工具，如 VantagePoint、Aureka、Focust。

（3）专利共现分析法

专利共现分析是将专利文献中的共现信息定量化的分析方法[24]，以揭示专利信息在内容上的关联程度。共现分析方法的研究对象较广，包括专利文献中的词汇（如关键词、主题记号）、分类号、引文、专利申请人、专利权人和专利发明人等。根据共现分析的对象不同，一般可将共现分析分为共引分析、共词分析、共类分析[25]。共现分析在发展过程中衍生出 3 个派系[26]：①以 Small 为代表的以文献为分析单位所做的文献共引分析研究；②以 White 为代表的以作者为分析单位所做的作者共引分析研究；③以 Kostoff 为代表的利用知识发现和数据可视化技术所做的综合集成分析。

共引又称同引，指 2 篇文献同时被后来的 1 篇或多篇文献引用，同时把共同引用这 2 篇文献的文献数量称为共引强度[27]。共引分析是引文分析中最具影响力的分析方法之一，利用共引分析可以得出分析对象之间由引文关系形成的关联关系，对这些信息用学科专业知识加以解释和分析判断，可以揭示研究对象的规律、预测其发展趋势。2 篇文献被后来文献同时引用的次数越多，表明这 2 篇文献的关联程度越大，即说明这 2 篇文献在内容上相似性较大，按照聚类分析的思路，这 2 篇文献可以被聚为 1 类。

共词分析是文献计量学常用的研究方法，是通过分析在同一个文本中的词汇对（单词或名词短语对）共同出现的情况，以发现科学领域的学科结构的定量分析方法。采用文献所列的关键词或从文本中选择的关键词，通过描述关键词与关键词之间的关联与结合，揭示某一领域研究内容的内在相关性和学科领域的微观结构。该方法常用于展示学科的发展动态和发展趋势，还可用于科技预测，发现新的学科增长点和突破口[28]。

对共类分析研究较早的是德国学者 Sybille Hinze，1993 年他便通过对书目的共类与共词分析研究新兴学科的发展[29]。此外，其他领域也相继出现了共类分析的研究[30-31]。每篇专利至少有 1 个国际专利分类号（IPC 号），一般还会有多个专利分类号，这表明该专利涉及的技术内容包含多个领域，所以通过对专利分类号进行共现分析，可以发现现有研究中具有密切关联的领域。所以专利共类可定义为：2 个或 2 个以上的分类号在多篇专利文献中共同出现的次数。共类反映了这些分类号所代表的领域间的技术关联程度[32]。

（4）专利地图方法

专利地图方法是对专利信息加以收集、整理、加工、分析，然后以视觉直观的方式构建图形、表格、曲线等来揭示专利信息的内涵、联系、规律与本质的分析方法。根据不同的用途，选用不同的指标和数据，可制作不同的专利地图，为企业经营决策和制定专利战略提供参考。通常，专利地图可分为专利管理地图、专利技术地图和专利权地图等。专利管理地图主要分析研究专利的发展趋势、竞争对手的状况、竞争技术的领域等方面的内容。专利技术地图侧重于对技术分类架构、功能分类架构、技术与功效矩阵、技术发展脉络等方面的分析研究。专利权利地图则对权利要求要素及其关系、权利保护范围矩阵等方面的内容进行分析研究[33]。

4.2　专利信息挖掘模式

专利信息广泛分布于专利文献、专利数据库和互联网中，是世界知识财富中最精华的部分，是知识经济时代最重要的战略资源，是科学技术情报中最重要、最活跃的因素，也是世界上最重要的竞争性智力资源。

专利、专利信息和专利文献的特殊性表明，专利信息利用中存在着各种障碍，故专利信息挖掘与分析变得十分必要。专利信息挖掘有助于从概念和内容角度对专利文献、数据库和互联网中包含的技术特征（术语、关键词等）和权利要求等进行深层次的分析，以测度不同专利文献之间的相似性，发现各种技术特征间的关系、演变和发展趋势等，有助于企业从微观的角度把握技术创新细节，辅助企业技术创新决策，还可以从中体现出专利技术的经济特征和专利主体的战略意图。因此，专利信息挖掘可以起到梳理技术创新成果、提升专利申请质量、提前规避专利风险、发掘未来竞争优势等作用[34]。

由于专利信息是一个庞大的信息集合，集技术、法律、经济、战略和著录信息于一体，包含多个维度、多个层面、多个来源、多种类型的信息，因此，需要从不同维度、不同层面、不同视角进行专利信息挖掘，以揭示其中隐藏的、潜在的、有价值的专利信息，为企业技术创新和生产经营管理服务。

4.2.1　专利检索挖掘模式

专利检索是专利信息挖掘和分析的前提和基础。专利检索即专利信息查找，是指在专利信息源中查找信息或文献的过程，具体包括专利性检索、专题检索、技术引进专利检索、研发立项专利检索、申请人检索、发明人检索、防止侵权检索、被动侵权检索（无效专利检索）、专利有效性检索、专利地域效力检索、同族专利检索（专利号、申请号、优先权）、专利引文检索、失效专利检索、专利诉讼案例检索、专利语义检索、外观设计检索等[35]。

专利检索利用专利著录信息，通过专利文献标引，提供多种检索途径和检索入口，可以揭示专利申请（专利）号、申请日、公开（公告）号、公开

（公告）日、专利名称、专利摘要、主分类号、分类号、申请（专利权）人、发明（设计）人、主权项、地址、专利代理机构、专利代理人、优先权、国省代码等专利信息，达到专利信息挖掘的目的[35]。因此，专利检索是对已经加工存储的专利信息进行挖掘和分析。

专利检索是一项复杂的工作，涉及检索员、检索软件和专利数据库，通常需要借助一定的专利检索工具和专利检索系统来进行。其实质是将用户头脑中的信息需求转化为具体的检索行为，即专利检索人员通过检索系统或检索平台把用户需求表达成检索要素（即专利数据库能够识别的检索语言，包括制定检索策略和构造检索式），并把该检索语言输入所述的专利数据库，从中获取相匹配的专利文献或专利信息[36]，如图4-6所示。专利检索得到的结果是专利数据库的信息集合与用户需求集合的交集。

普遍专利检索日益成熟，目前正向语义检索、跨语言检索、概念检索、专利分类、链接技术、跨库检索、图像检索、自动翻译、专利搜索引擎等方面发展，其中跨语言检索、跨库检索、智能检索、检索过程和结果可视化等是专利检索的重要发展趋势[35-37]。专利检索的进展与突破为专利信息的深入挖掘提供了有利条件。

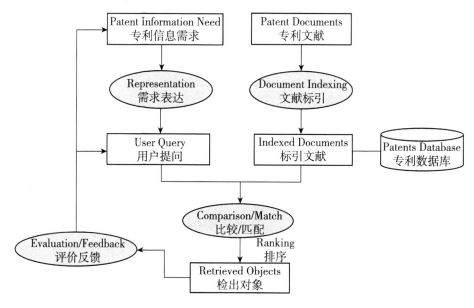

图4-6　专利检索挖掘模式

4.2.2　专利地图挖掘模式

专利地图是 20 世纪 60 年代为打破欧美等国技术壁垒、保护日本企业利益，由日本特许厅首先研发的专利信息分析工具，随后其在欧美等国得到广泛应用。

专利地图（Patent Map）是指将专利文献和专利信息的统计结果整理成各种图表，即将专利信息"地图化"。专利地图作为一种搜集、整理和揭示专利信息的工具，可视化程度高，一般分为专利管理地图、专利技术地图和专利权利地图三类。专利管理地图主要包括历年专利动向图、各国专利占有比例图、专利排行榜、主要竞争公司分析图、公司专利平均年龄图、公司发明阵容比较图、公司定位综合分析表、公司专利件数分布图、公司专利件数消长图、发明人专利件数分布图等，主要揭示技术发展趋势、企业竞争实力和企业发展动向等信息。专利技术地图包括 IPC（国际分类）分析图、技术生命周期图、专利技术功效矩阵图、专利技术分布图、专利技术领域累计图、专利多种观点解析图、挖洞技术显微图等，主要显示技术演变、扩散状况、研发策略、回避设计、技术挖洞等信息。专利权利地图主要包括专利权利范围构成要件图、专利权利范围要点图、专利家族图、重要专利引用族谱图等，重点剖析专利技术研发空间和市场空间[38]。各类专利地图在专利信息挖掘过程中发挥的作用不同，若将不同类型的专利地图结合起来，可对专利文献中包含的经济、技术、法律和战略等专利信息进行全面挖掘和剖析。

专利地图的本质是对专利信息进行可视化（图表）揭示和展示。专利地图可以有效地揭示市场、竞合、技术、研发、投资、政策和战略等综合专利信息，可以帮助企业制定专利战略、了解国内外技术动态、发现和开发空白技术、了解专利技术发展趋势、研究核心技术和关键技术点、掌握竞争公司和发明人等[39]。专利地图制作需要借助各种专利地图软件来实现，专利地图软件一般采用文本挖掘技术对专利信息或专利文献进行分析，根据特定专利特征信息进行自动聚类，形成各种可视化图表[40]。专利地图挖掘过程一般包括确定研究主题、专利数据采集、专利数据处理、专利地图绘制和专利地图解读等环节，如图 4 - 7 所示。

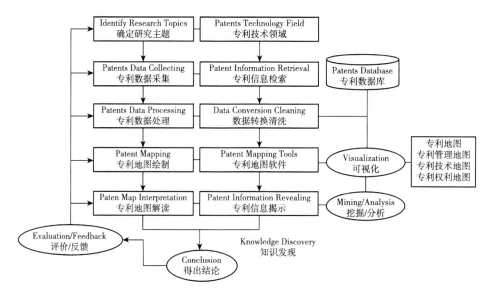

图 4 - 7   专利地图挖掘过程

4.2.3   专利文本挖掘模式

文本挖掘是一个新兴的研究领域，1995 年 Feldman 等人将数据挖掘技术运用于非结构化数据上，并首次提出了文本挖掘的概念[41]。

文本挖掘，也称为文本数据挖掘或文本知识发现，是指为了发现知识，从大规模文本库中抽取隐含的、以前未知的、潜在有用的模式的过程。文本挖掘过程通常包括结构化文本输入、发现结构数据模式以及评价和解释输出结果。文本挖掘的典型任务包括实体关系提取、文本分类、文本聚类、倾向性分析和文档摘要。文本挖掘由自然语言处理和内容分析两类技术组成，自然语言处理包括自动索引和信息提取技术，内容分析技术包括聚类算法、自组织映射、多维尺度分析、主成分分析、共词分析和路径探测网络等[41]。目前文本挖掘研究主要围绕文本挖掘模型、文本特征抽取与文本表示模型、模式发现（如关联规则抽取、文本分类、文本聚类）等方面展开[42]，并且文本挖掘技术已被应用于专利分析方面[43-46]。

1997 年，Brian Lent 等人最早将文本挖掘技术应用于专利分析[47]。Yoon B 等利用文本挖掘技术与网络分析方法对专利网络进行可视化分析，以发现新的、潜在的技术机会[48]。Sungjoo L 等综合利用文本挖掘、网络分析、引文分析和指标分析等专利分析方法或技术来挖掘企业战略性信息，为企业寻找商机和市场定位提供情报支持[49]。

美国加州理工学院的 Alan L Porter 教授领导的技术机会分析（Technology opportunity Analysis，TOA）研究小组从 20 世纪 90 年代初开始致力于专利信息挖掘与分析研究，首先将数据挖掘和文本挖掘技术引入专利分析，将聚类、分类以及关联规则等挖掘算法应用于海量专利文献的特征分析，希望找出其中隐含的规律，发现技术机会，最终形成了技术挖掘（Tech Mining）研究领域[50-52]。Porter 还提出了利用专利文本分析识别专利技术的流程，主要包括确定待挖掘专利数据集、专利文本知识表示、专利技术挖掘应用场景、技术挖掘结果评估与修订[53-55]。与此同时，Porter 又将技术挖掘资源扩展到网络专利信息资源，以专利公共数据库中的信息为主要挖掘对象，从而发现竞争对手的活动轨迹，应对各种威胁[56]。

专利文献包含申请号、申请人、分类号等结构化信息和摘要、技术背景和权力要求等非结构化文本信息。人工阅读和分析这些文本信息十分耗时费力，而文本挖掘技术可以批量处理大量文本数据，从中提取有用的信息，发现潜在的知识或模式，因此专利分析成为文本挖掘技术的重要应用领域[57]。专利文本挖掘涉及专利文本分类[58]、专利文本聚类[59]、专利技术主题识别[60]、技术发展趋势分析[61]和寻找合作伙伴[62]等方面。关于结构化专利信息的提取研究已趋成熟，而对于非结构化专利信息的提取与挖掘还在探索之中[63]。因此，非结构化专利信息挖掘是专利地图研究的难点，目前国内外在专利文本信息提取、文本矢量降维和文本聚类算法等方面取得了一定进展。

专利文本挖掘一般包括文本源采集、文本分析、特征抽取、挖掘分析和结果展示等步骤，如图 4-8 所示。

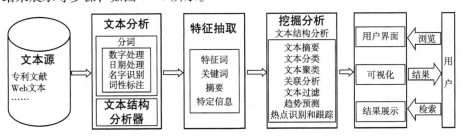

图 4-8 专利文本挖掘流程

4.2.4　专利数据挖掘模式

专利文献和专利信息已经累积成大数据，需要借助数据挖掘和大数据分析思维。

数据挖掘是采用数学、统计、人工智能和机器学习等领域的科学方法，从大量的、不完全的、有噪声的、模糊的和随机的数据中，提取或发现隐含的、预先未知的且具有潜在应用价值的模式和知识，并应用于预测以指导决策的过程[42,46]。自 20 世纪 80 年代以来，为了解决"数据丰富，知识贫乏"的困境，数据库知识发现（Knowledge Discovery in Database，KDD）和数据挖掘技术获得了巨大成功并得到持续发展。数据挖掘包括数据分类（Classification）、估计（Estimation）、预测（Prediction）、相关性分组或关联规则（Affinity grouping or association rules）、聚类（Clustering）以及复杂数据类型挖掘（Text、Web、图形图像、视频、音频等）等。经典算法有 K - means 算法、SVM 算法、Apriori 算法、EM 算法、pagerank 算法、Adaboost 算法、神经网络、KNN 算法、Naive Bayes 算法、决策树、Cart 算法等[64]。

国内外利用数据挖掘技术和数据可视化手段，开展了一系列有关专利数据挖掘自动化、智能化的研究。如 Lucy Akers 等人开发了一种新的数据挖掘工具用于挖掘专利信息中隐藏的知识[65]。Meng - Jung Shih 等人运用数据挖掘技术研究专利变化趋势，分析企业竞争情报[66]。马芳和王效岳采用聚类算法和关联规则对专利信息进行数据挖掘以发现用户感兴趣的知识，并使之转化为有效的竞争情报[67]。马芳构建了基于神经网络的数据系统，并将其应用于专利自动分类[68]。翟东升构建了基于本体的专利知识库、面向主题的专利分析系统和中文专利侵权检索模型，用于专利信息深度挖掘和应用[46]。

专利聚类分析是专利数据挖掘的重要方法，它将聚类分析方法应用于专利数据和信息分析，通过分析不同专利之间的相似度和关联程度，将相似性大、关联紧密的专利文献聚集在一起作为一个技术主题。专利聚类的处理流程主要分为 3 个步骤，首先是相似度计算，然后是专利聚类，最后是可视化。分析的对象可以是和专利相关的各种数据，主要包括文本信息（标题、摘要、权利要求书、说明书等）、引证信息以及分类号，发明人，技术功效，共引共现等信息，其中专利文本聚类和专利引证聚类是最主要的专利数据聚类分析手段[69-70]。专利数据挖掘一般分为四个步骤进行：数据获取与处理、数据挖掘处理、数据可视化、知识发现，如图4-9所示。

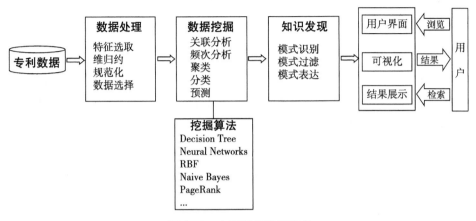

图4-9 专利数据挖掘模式

4.2.5 专利分析挖掘模式

专利分析把专利数据采集、专利数据清洗、专利数据仓库、数据挖掘、文本挖掘、引用网络分析、信息可视化及智能信息检索等技术引入专利分析，形成了专利信息挖掘这一综合性交叉研究领域。其主要方法是将聚类、分类、关联规则、网络等挖掘算法用于海量专利文献的分析，希望找出其中隐含的技术发展规律，如通过对特定主题专利文献的挖掘分析，洞察该技术领域可能形成的技术热点、前沿、技术机会、可能的技术演进路径、潜在的技术标准、新产品新技术特征、竞争对手的技术资源状况、整体的技术发展趋势等信息，从而辅助企业技术战略的制定，优化技术创新过程[46]。

专利分析也称专利信息分析、专利统计分析、专利计量分析，是指对来自专利文献中大量或个别的专利信息进行加工及组合，并利用统计方法或数据处理手段使这些信息具有总览全局及预测的功能，并通过专利分析使它们由普通的信息上升为企业经济活动中有价值的情报[69]。专利分析主要是从专利文献中抽取大量的专利信息，利用定性和定量方法及专利图表挖掘隐藏在专利文献背后的情报，揭示技术、对手、市场、研发、人才、伙伴等专利信息，帮助企业了解对手、了解市场、指导研发、找到专利人才、找到合作伙伴、得到公知公用技术、制定专利战略等。

专利分析的目的在于通过对大量杂乱、孤立的专利信息进行分析，研究专利信息之间的关联，挖掘深藏在大量专利信息中的客观事实真相，并转化为有价值的专利竞争情报[71]。其本质是专利信息挖掘和分析。专利分析过程包括数据采集、数据处理、定性分析或定量分析、图表展示、得出结论等步骤，如图 4 – 10 所示。

专利分析需要借助专利分析方法和专利分析工具来实现。专利分析中常用的方法有定性分析方法、定量分析方法和拟定量分析方法三类。专利分析工具是专利分析的技术手段，也是专利信息挖掘的基础。专利分析工具根据其功能和特征可大致分为专利统计分析工具、专利引证分析工具、专利聚类分析工具和专利地图分析工具四大类[72]。自动化、智能化、网络化和可视化成为专利分析发展的基本趋势。

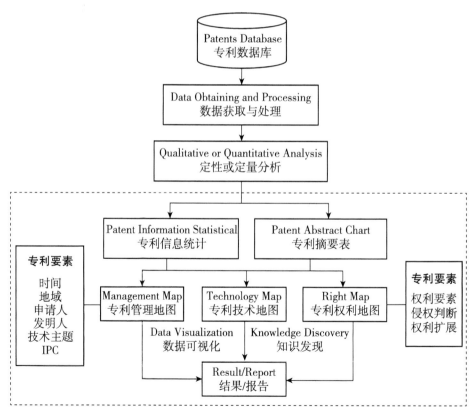

图 4 – 10　专利分析挖掘模式

4.2.6 专利信息一体挖掘模式

各种专利信息挖掘模式并不是相互独立的，而是相互联系的，具有一定的交叉和共性，专利信息挖掘的对象都是专利文献、专利数据库和互联网上包含的专利技术、法律、经济和战略信息，本质上都是潜在、有用专利信息的挖掘，目的是关联挖掘、知识发现。因此，可以将专利检索挖掘、专利地图挖掘、专利文本挖掘、专利数据挖掘和专利分析挖掘模式整合在一个专利信息挖掘框架内，只是各自的侧重点不同，如图 4 - 11 所示。

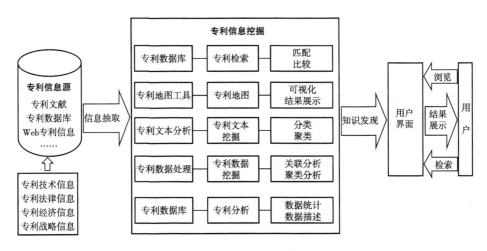

图 4 - 11　专利信息挖掘一体化模式

4.3　专利信息挖掘框架

4.3.1　专利信息挖掘总体框架

专利信息挖掘的目的是从海量的专利数据中发现潜在的、有价值的信息，为技术创新、生产经营和管理决策服务。企业是技术创新、生产经营管理和市场竞争的主体，因此，面向企业技术创新的专利信息挖掘成为专利信息服务的重点。

专利信息挖掘是一个完整的过程，包括专利信息源选择、专利信息获取、专利信息提取、专利信息分析、专利信息利用和专利信息用户等，每个环节和步骤都有特定的分工和任务。专利信息挖掘总是从专利信息源选择开始，专利信息源于专利文献以及对专利文献进行各种加工处理后形成的专利数据库、专利网站和专利搜索引擎。不同的专利信息源提供的专利信息丰富程度、覆盖范围、内容深度、获取方式、数据格式等都各不相同，需要掌握专门的专利信息检索技能才能从中高效地获取或挖掘出所需的专利数据。专利文献是一种结构化文本，通过 INID 码在专利文献的特定位置提供了与专利技术、法律、经济和战略信息有关的各类著录信息，需要通过特定的方法和工具从中提取专利著录信息，通过统计分析（时间、地域、人员、权利、号码、同族、引文等）和聚类分析（专利权人、专利发明人、IPC 分类号、关键词、引文等），从专利著录信息中提取、挖掘和分析反映专利技术、法律、经济和战略信息的专利情报。专利信息挖掘是为了利用，专利信息挖掘可以为政府、企业、科研机构、高校和发明者个人等专利信息用户从事技术创新、专利申请、技术贸易、专利诉讼、产品开发、市场竞争、专利布局、专利运营、专利战略制定、竞争对手分析等专利活动提供专利信息服务。

专利信息挖掘的整个流程可以分为基础层、数据层和应用层三个层次，基础层主要是通过专利数据库和专利数据平台解决专利信息、数据获取问题，数据层主要是通过专利信息挖掘方法和工具完成专利数据的处理和分析问题，应用层主要是将专利数据处理和分析的结果应用于实际，为专利信息用户解决管理决策和战略制定中的问题，如图 4 - 12 所示。

由于专利文献首先是技术文本和法律文本，服务于技术创新和专利技术保护，因此专利技术信息和专利法律信息是专利信息中的基础和核心信息，专利经济信息和专利战略信息由其衍生而来。专利经济信息和专利战略信息潜藏在专利技术信息和专利法律信息之中，对专利技术信息和专利法律信息进行深入挖掘和组合分析是获得专利经济信息与专利战略信息的重要途径。本研究在专利信息挖掘总体框架的基础上，重点探讨专利技术信息挖掘框架和专利法律信息挖掘框架。

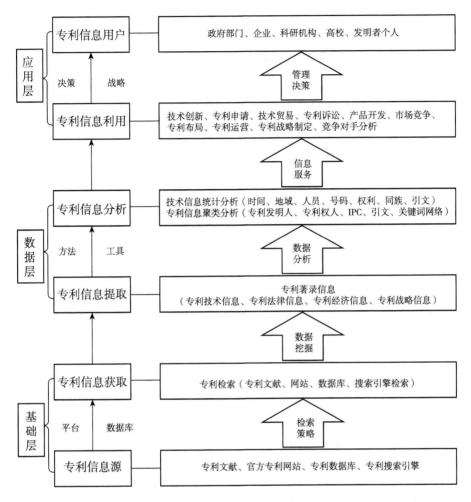

图 4-12　面向企业技术创新的专利信息挖掘总体框架

4.3.2　专利技术信息挖掘框架

（1）企业技术创新中的专利技术信息需求

企业在技术创新过程中，迫切需要专利技术信息、法律信息、经济信息和战略信息支持，核心是专利技术信息，以便制定技术研发策略、专利布局策略和市场占有策略，为企业管理和生产经营服务。

企业技术创新过程一般由四个阶段构成：①项目产生到创意确定阶段；

②基础调研到产品试验阶段；③产品上市到市场拓展阶段；④产品维护到服务升级阶段。企业技术创新过程中的各个阶段既有区别又相互联系，四个阶段的技术创新活动循序渐进，在交叉反馈和螺旋上升中得以推动、深入和发展。在技术创新过程中的不同阶段，企业对专利技术信息的需求存在差异，如表4-2所示。

表4-2　企业技术创新流程各阶段的专利技术信息需求

企业技术创新流程	专利技术信息需求
项目产生—创意确定	技术领域分布、技术时空分布、技术成熟度、技术趋势预测、技术发展历程、基础技术、核心技术、技术冷热点和技术空白
基础调研—产品试验	技术领域分布变化、技术发明人、技术发明团体、重点竞争对手、竞争对手技术范围
产品上市—市场拓展	技术领域分布变化、技术地区分布态势、重点竞争对手
产品维护—服务升级	技术趋势预测、竞争对手技术范围变化

（2）面向企业技术创新的专利技术信息挖掘框架

从企业技术创新流程出发，由于企业在技术创新的各阶段对专利技术信息的需求不同，因此需要选择相应的专利技术信息源、挖掘方法和挖掘工具，从而帮助企业高效、精确地进行专利信息挖掘与分析，节省技术创新研发经费和时间投入，如表4-3所示。

表4-3　面向企业技术创新的专利技术信息挖掘框架

企业技术创新流程	专利技术信息需求	专利技术信息挖掘方法
项目产生—创意确定	技术领域分布、技术时空分布	专利技术信息检索、技术构成分析
	技术成熟度	技术生命周期
	技术冷热点和技术空白	技术构成分析、技术冷热点分析、技术主题聚类
	基础技术、核心技术	专利引文分析
	技术发展历程、技术趋势预测	专利引文分析、技术路线分析

企业技术创新流程	专利技术信息需求	专利技术信息挖掘方法
基础调研—产品试验	技术领域分布变化	专利技术信息检索、技术构成分析
	技术发明人、技术发明团体	技术主体分析
	重点竞争对手、竞争对手技术范围	技术主体分析、技术构成分析、技术冷热点分析、技术主题聚类
产品上市—市场拓展	技术领域分布变化、技术地区分布态势	专利技术信息检索、技术构成分析
	重点竞争对手	技术主体分析
产品维护—服务升级	技术趋势预测	技术路线分析
	竞争对手技术范围变化	技术主体分析、技术构成分析、技术冷热点分析、技术主题聚类

4.3.3　专利法律信息挖掘框架

根据企业技术创新中的专利法律信息需求，本研究构建了专利法律信息挖掘的基本框架，分别从两种不同视角解决企业技术创新中的专利法律信息需求：一是基于企业技术创新水平的专利法律信息挖掘，重点揭示企业专利保护和维权现状，反映企业技术创新水平；二是基于企业技术创新链的专利法律信息挖掘，解决企业技术创新链各环节的专利法律信息需求问题，帮助企业预防专利侵权风险，并有效应对专利诉讼。处于不同技术创新水平和技术创新不同阶段的企业对专利法律信息的需求存在差异，需要区别对待，并有针对性地开展专利法律信息挖掘和分析服务；也需要在专利法律信息挖掘过程中选择相应的专利法律信息源、挖掘方法和挖掘工具，如图 4 - 13 所示。

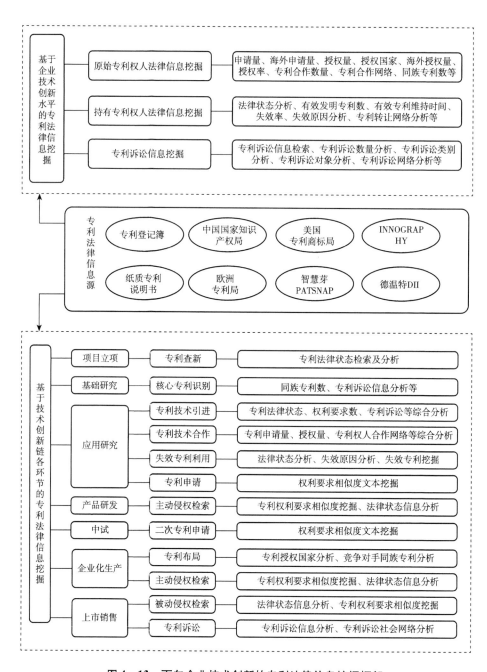

图4-13 面向企业技术创新的专利法律信息挖掘框架

本章参考文献

［1］马天旗．专利分析方法、图表解读与情报挖掘［M］．北京：知识产权出版社，2015：1－2．

［2］SEIDEL A H. Citation System for Patent Office［J］. Journal of the Patent Office Society, 1949（31）：554.

［3］BYUNGUN Y, YONGTAE P. Development of New Technology Forecasting Algorithm：Hybrid Approach for Morphology Analysis and Conjoint Anlysis of Patent Information［J］. IEEE Transactions on Engineering Mangement, 2007, 54（3）：588－599.

［4］张燕舞，兰小筠．企业战略与竞争分析方法之一：专利分析法［J］．情报科学，2003（8）：808－810．

［5］方曙，张娴，肖国华．专利情报分析方法及其应用研究［J］．图书情报知识，2007（4）：64－69．

［6］马天旗．专利分析方法、图表解读与情报挖掘［M］．北京：知识产权出版社，2015：2－5．

［7］李建蓉．专利信息与利用［M］．北京：知识产权出版社，2006：359－360．

［8］刘伍堂．专利资产评估［M］．北京：知识产权出版社，2011：61－115．

［9］牟萍．专利情报检索与分析［M］．北京：知识产权出版社，2012：136－186．

［10］马天旗．专利分析方法、图表解读与情报挖掘［M］．北京：知识产权出版社，2015：2．

［11］肖沪卫．专利地图方法与应用［M］．上海：上海交通大学出版社，2011：7－11．

［12］王兴旺，孙济庆．国内外专利地图技术应用比较研究［J］．情报杂志，2007（8）：113－116．

［13］蔡爽，黄鲁成．专利分析方法评述及层次分析［J］．科学学研究，2009（2）：421－427．

［14］马天旗．专利分析方法、图表解读与情报挖掘［M］．北京：知识产权出版社，2015：4－5．

［15］肖沪卫．Internet 专利竞争情报开发研究［J］．情报杂志，2003（10）：52－54．

［16］郭婕婷，肖国华．专利分析方法研究［J］．情报杂志，2008（1）：12－15．

［17］肖沪卫．专利地图方法与应用［M］．上海：上海交通大学出版社，2011：7－11．

［18］杨铁军．专利信息利用导引［M］．北京：知识产权出版社，2011：259－275．

［19］BRIETZMAN A, THOMAS P. Using Patent Citation Analysis to Target/value Merger and Acquisitions Candidates［J］. Research Technology Management, 2002（45）：28－36.

［20］JULIA F. Valuing Patents：Assessing the Merit of Patent Citation Analysis［D］. Virginia：Uniersity of Virginia, 2003.

［21］陈燕，黄迎燕，方建国，等．专利信息采集与分析［M］．北京：清华大学出版社，2006：59－99．

［22］杨铁军．专利信息利用导引［M］．北京：知识产权出版社，2011：275－292．

［23］KOSTOF R N. Database Tomography：Multidisciplinary Research Thrusts from Coword Analysis［C］. Proceedings：Portland International Conference on Management of Engineering and Technology，1991．

［24］高利丹，肖国华，张娴．共现分析在专利地图中的应用研究［J］．现代情报，2009（7）：36－40．

［25］王曰芬，宋爽，苗露．共现分析在知识服务中的应用研究［J］．现代图书情报技术，2006（4）：29－34．

［26］庞景安．科学计量研究方法论［M］．北京：科学技术文献出版社，2002．

［27］康宇航．一种基于共现分析的科技跟踪方法研究［D］．大连：大连理工大学，2008．

［28］HINZE S. Bibliographical Cartography of an Emerging Interdisciplinary Discipline：the Case of Bioelectronics［J］. Scientomeotics，1994，29（3）：353－376．

［29］SPASSER M A. Mapping the Terrain of Pharmacy：Co－classification Analysis of the International Pharmaceutical Abstracts Database［J］. Scientometrics，1997，39（1）：77－97．

［30］SCHUMMER J. Multidisciplinarity，Interdisciplinarity，and Patterns of Research Collaboration in Nanoscience and Nanotechnology［J］. Scientometrics，2004，59（3）：425－465．

［31］吴新银，刘平．专利地图研究初探［J］．研究与发展管理，2003（5）：88－92．

［32］方曙．基于专利信息分析的技术创新能力研究［D］．西安：西安交通大学，2007：26－37．

［33］董新蕊，朱振宇．专利分析运用实务［M］．北京：国防工业出版社，2016．

［34］肖沪卫，瞿丽曼，路炜．专利战术情报方法与应用［M］．上海：上海科学技术文献出版社，2015．

［35］赵蕴华，张静，李志荣，等．服务于科技创新的专利分析实践与案例［M］．北京：科学技术文献出版社，2015．

［36］陈旭，彭智勇，刘斌．专利检索与分析研究综述［J］．武汉大学学报：工学版，2014（3）：420－426．

［37］沙振江，张蓉，刘桂锋．国内专利地图研究进展与展望［J］．情报理论与实践，2014（8）：139－144．

［38］岑咏华，王曰芬，王晓蓉．面向企业技术创新决策的专利数据挖掘研究综述：上［J］．情报理论与实践，2010（1）：125－129．

［39］刘桂峰，王秀红．Aureka 专利分析工具的文献计量分析［J］．现代情报，2011（7）：106－110．

［40］FELDMAN R，IDO DAGAN. Knowledge Discovery in Textual Databases（KDT）［C］. Proceedings of the First International Conference on Knowledge Discovery and Data

Mining. Montreal, Canada, 1995: 112 – 117.

［41］陈炘, 米黑尔·罗科. 纳米科技创新与知识图谱: 世界纳米科技专利与文献分析［M］. 吴树仙, 王琛, 译. 北京: 科学出版社, 2013.

［42］谌志群, 张国煊. 文本挖掘与中文文本挖掘模型研究［J］. 情报科学, 2007, 25 (7): 1046 – 1050.

［43］GABRIEL PUI CHEONG FUNG, JEFFREY XU YU, WAI LAM. Stock Prediction: Integrating Text Mining Approach Using Real – Time News［C］. Proceedings of 2003 IEEE International Conference on Computational Intelligence for Financial Engineering. Hong Kong, China, 2003, 395 – 402.

［44］AARON M C, WILLIAM R H. A Survey of Current Work in Biomedical Text Mining［J］. Briefings in Bioinformatics, 2005, 6 (1): 57 – 71.

［45］翟东升. 专利知识挖掘关键技术研究［M］. 北京: 知识产权出版社, 2013.

［46］LENT B, AGRAWAL R, SRIKANT R. Discovering Trends in Text Databases［C］. Proceedings of the Third International Conference on Knowledge Discovery and Data Mining. Newport Beach, California, 1997: 227 – 230.

［47］BYUNGUN Y, YONGTAE PARK. A Text – mining – based Patent Network: Analytical tool for High – technology Trend［J］. Journal of High Technology Management Research, 2004, 15 (1): 37 – 50.

［48］SUNGJOO L, et al. Business Planning Based on Technological Capabilities: Patent Analysis for Technology – driven Roadmap Ping［J］. Technological Forecasting and Social Change, 2009, 76 (6): 769 – 786.

［49］PORTER A L, CUNNINGHAM S W. Tech Mining: Exploiting New Technologies for Competitive Advantage［J］. Technology Analysis& Strategic Management, 2005, 17 (2): 247 – 247.

［50］ALAN L P, SCOTT W. Cunningham. Tech mining: Exploiting New Technologies for Competitive Advantage［M］. John Wiley & Sons, 2014.

［51］ALAN L P. Tech Mining［J］. Competitive Intelligence Magazine, 2005, 8 (1): 124 – 166.

［52］ALAN L P. How "Tech Mining" Can Enhance R&D Management［J］. Research Technology Management, 2007 (4): 128 – 131.

［53］胡正银, 方曙. 专利文本技术挖掘研究进展综述［J］. 现代图书情报技术, 2014 (6): 62 – 70.

［54］许海云, 王振蒙, 胡正银, 等. 利用专利文本分析识别技术主题的关键技术研究综述［J］. 情报理论与实践, 2016 (11): 131 – 137.

［55］ALAN L P, DAVID J S, PAUL R F. Mining the Internet Competitive Technical Intelligence［J］. Competitive Intelligence Magazine, 2007 (10): 280 – 293.

［56］胡阿沛, 张静, 雷孝平. 基于文本挖掘的专利技术主题分析研究综述［J］. 情

报杂志，2013（12）：88－93.

［57］郭炜强，文军，文贵华．基于贝叶斯模型的专利分类［J］．计算机工程与设计，2005，26（8）：1986－1987.

［58］王曰芬，徐丹丹，李飞．专利信息内容挖掘及其试验研究［J］．现代图书情报技术，2008（12）：59－65.

［59］王凌燕，方曙，季陪陪．利用专利文献识别新兴技术主题的技术框架研究［J］．图书情报工作，2011（18）：74－78.

［60］BYUNGUN Y，YONGTAE P．A Text－mining－based Patent Network：Analytical tool for High－technology Trend［J］．Journal of High Technology Management Research，2004，15（1）：37－50.

［61］JEONGHWAN J，CHANG YONG LEE，YONGTAE P．How to Use Patent Information to Search Potential Technology Partners in Open Innovation［J］．Journal of Intellectual Property Rights，2011，26（5）：385－393.

［62］李红，杨向飞．专利地图在R&D机会发现领域的应用综述［J］．科技进步与对策，2015（16）：155－160.

［63］JIAWEI HAN，MICHELINE K．数据挖掘：概念与技术［M］．范明，孟小峰，译．2版．北京：机械工业出版社，2007.

［64］YANG Y Y，AKERS L，KLOSE，et al．Text Mining and Visualization Tools－Impressions of Emerging Capabilities［J］．World Patent Information，2008，30（4）：280－293.

［65］MENG－J S，DUEN REN LIU，MING LI HSU．Discoverying Competitive Intelligence by Mining Changes in Paten Trends［J］．Expert System with Applications，2010，11（37）：2882－2890.

［66］马芳，王效岳．基于数据挖掘技术的专利信息分析［J］．情报科学，2008（11）：212－220.

［67］马芳．基于神经网络的文本挖掘在专利自动分类中的研究与应用［D］．山东：山东理工大学，2009.

［68］文庭孝．专利信息计量学［M］．北京：科学出版社，2017.

［69］徐丹丹．专利文本聚类分析及可视化研究［D］．南京：南京理工大学，2009.

［70］董新蕊，朱振宇．专利分析运用实务［M］．北京：国防工业出版社，2016.

［71］张静，等．国内外专利分析工具功能比较研究［J］．情报理论与实践，2008（1）：141－145.

第5章 专利信息挖掘系统开发

在面向企业技术创新的专利信息挖掘和分析过程中，工具是必不可少的。有效利用专利信息挖掘与分析系统开展专利信息挖掘与分析工作可以收到事半功倍的效果。

5.1 现有的专利信息挖掘工具

专利信息挖掘与分析工具的主要作用就在于对准确的数据信息进行科学的分析，同时为报告撰写提供可视化的分析结果展示。它为专利信息挖掘和分析提供了技术保障，影响着专利信息挖掘和分析的效率及准确性。

随着现代信息技术特别是计算机和网络技术的发展和普及，专利信息挖掘开始由手工分析向电子化、数字化、网络化、自动化、智能化和可视化方向发展，出现了多种专利信息挖掘辅助工具。专利信息挖掘工具主要有专利信息检索工具和专利信息分析工具以及在专利信息分析工具的基础上衍生出来的专利地图和可视化分析工具。

5.1.1 专利信息检索工具

专利信息检索工具主要是指各类获取专利信息的来源，目前世界各国的专利信息检索工具都已十分完善。专利信息检索工具主要包括纸质专利信息检索工具（通常称为二次专利文献，如专利公报、文摘和索引等）和电子专利信息检索工具（如综合性专利信息检索与服务平台和专利搜索引擎等）两大类。按照电子专利信息检索工具的提供商划分，综合性专利信息检索与服务平台又可分为公共性（官方免费）和商业性（商用收费）两大类，综合性专利信息检索与服务平台一般以专利信息数据库为基础，具有专利检索、专利分析与专利挖掘等多种功能。按获取专利信息的来源划分，电子专利信息检索工具可分为数据库型和因特网型（或搜索引擎型）两大类。

（1）纸质专利信息检索工具

1）专利公报

专利公报有广义和狭义两种解释。广义专利公报是指专利公报、实用新型公报、外观设计公报，或指工业产权公报，是各国工业产权局根据各自工业产权法、公约及条约的要求，报道有关工业产权申请的审批状况及相关法律法规信息的定期出版物。狭义专利公报仅指报道有关专利申请的审批状况及相关法律法规信息的定期出版物[1]。

专利公报通常用著录项目、著录项目与文摘、著录项目与权利要求的形式报道新的发明创造，因而专利公报有题录型、文摘型、权利要求型三种类型。专利公报的出版周期有周刊、半月刊和月刊三种形式，目前以周刊最多。专利公报的内容主要包括三个部分：专利申请审查和授权情况、各类相关信息和专利公报辅助索引（包括号码索引、分类索引、人名索引和对照索引等）。

专利公报具有连续出版、报道及时、法律信息准确而丰富等特点，是一种可靠的工业产权信息源。因而，专利公报既可以用于了解有关工业产权申请和授权的最新情况，也可用于进行专利文献的追溯检索，还可掌握各项法律事务变更信息以及各国工业产权保护方面的发展动态。

2）专利索引

专利索引是各工业产权局以专利文献的著录项目为条目组织编排后形成的检索工具，也可以作为专利公报和专利文摘的辅助检索工具。专利索引按出版周期分有专利年度索引、专利季度索引、专利月索引等，按索引编制条目分有号码索引、分类索引、人名索引和对照索引等，如著名的《德温特世界专利索引》。

3）专利文摘

专利文摘通常是题录型专利公报的补充性二次出版物，作为报道最新专利申请或授权专利的技术文摘之用，多与题录型专利公报同步出版。专利文摘多按专利分类编排，常被称为专利分类文摘。专利文摘与文摘型专利公报的区别在于，专利文摘不报道有关专利申请审批过程及专利授权情况的各类法律信息，如《日本专利文摘》。

世界各国知识产权局及相关机构都出版专利公报、专利文摘和专利索引等纸质专利信息检索工具。

（2）电子专利信息检索工具

1）公共性专利信息检索工具

公共性（官方免费）专利信息检索工具主要是由各国（地区）专利局通过因特网和互联网站提供的公共专利信息检索数据库、检索系统和检索平台。

①国内公共性专利信息检索工具

我国的公共性（官方免费）专利信息检索工具从地域上来划分，包括中国大陆、中国香港、中国台湾和中国澳门公共专利信息检索工具。而中国大陆的公共专利信息检索工具根据提供单位不同又分为国家知识产权局及其下属事业单位和地方政府知识产权局提供的公共专利信息检索工具[2-12]。

·国家知识产权局网站专利资源

中华人民共和国国家知识产权局网站是政府性官方网站，提供简体中文、繁体中文和英文 3 种版本，除了提供专利信息检索和查询服务，还包括政务信息、服务信息、最新资讯、专利相关网上事务、专题栏目信息和相关子网站链接。其中，中文版提供的专利信息检索和查询服务信息，包括中国专利检索、集成电路布图设计检索、国外及我国港澳台地区专利检索、专利数据库检索、法律状态查询、收费信息查询、代理机构查询、专利证书发文信息查询、通知书发文信息查询、退信信息查询、事务性公告查询、年费计算系统等。可检索的专利信息资源主要包括中国专利数据库、中国专利法律状态数据库以及最近 12 周的中国专利公报。中国专利数据库也称为 SIPO 系统，收录了 1985 年 9 月 10 日以来的所有中国专利信息，具有很高的权威性。通过国家知识产权局官方网站可进入该数据库，网址为：http：//www. sipo. gov. cn/sipo2008。中国专利法律状态数据库涵盖了 1985 年至今公告的所有中国专利法律状态信息，包括实质审查请求的生效，专利权的无效宣告，专利权的终止，权利的恢复，专利权的转移，专利实施许可合同的备案，专利权的质押、保全及解除，著录事项变更，通知事项等。

· 中国专利数据库检索系统

中国专利数据库检索系统（又称为中国专利文献检索系统，即 CPRS 系统，也被称为 CNPAT 系统）是由中国专利信息中心向社会公众提供的免费专利信息检索系统，主要提供 1985 年 9 月 10 日以来所有公开或公告的中国专利的中、英文专利数据信息资源，免费提供说明书摘要、主权利要求等著录项目浏览。数据库可检索的专利信息内容包括发明、实用新型和外观设计 3 种专利的著录项目、摘要、主权利要求、法律状态信息，以及发明和实用新型专利说明书全文信息，专利说明书全文需付费下载。可从专利信息中心网站进入数据库检索系统，网址为：http：//www. cnpat. com. cn/index. aspx。

· 国家重点产业专利信息服务平台

2009 年年初，国务院陆续出台钢铁、汽车、船舶、石化、纺织、轻工、有色金属、装备制造、电子信息、物流业十大重点产业的调整和振兴计划。为配合国务院十大重点产业调整和振兴规划的实施，发挥专利信息对经济社会发展和企业创新活动的支撑作用，由国家知识产权局牵头，在国资委行业协会办公室协调和"十大振兴行业"协会的积极参与下，建设了重点产业专利信息服务平台，为十大重点产业发展提供公益性的专利信息服务。重点产业专利信息服务平台全面收录了中国、美国、日本、英国、德国、法国、瑞士、韩国、俄罗斯（包括苏联）、澳大利亚、印度、巴西及世界知识产权组织、欧洲专利局和非洲知识产权组织等 90 多个国家和机构的专利文献信息，几乎涵盖了十大重点产业所涉及的全部专利文献。网址为：http：//www. chinaip. com. cn。

· 中外专利数据库服务平台

中外专利数据服务平台是由国家知识产权局主管、知识产权出版社主办的中国知识产权网（CNIPR），向社会公众提供部分免费的专利信息检索和查询服务。中外专利数据库服务平台不仅收录中国的专利数据，还收录"六国两组织"（六国指美国、日本、英国、德国、法国和瑞士，两组织指世界知识产权组织和欧洲专利局）的专利数据。其中中国专利数据实现按周更新，"六国两组织"专利数据更新也比较及时。此外，还收录了部分失效专利数据资源。网址为：http：//search. cnipr. com。登录时，可直接以客人（guest）身份免费登录，也可以注册登录。注册时分为普通用户和高级用户，普通用户拥有基本的使用权限，高级用户拥有更多的使用权限。该平台具有检索功能、机器翻译功能、专利分析和预警功能以及个性服务功能，主要提供专利数据的检索和分析。

·上海知识产权（专利信息）公共服务平台

上海知识产权（专利信息）公共服务平台（简称"上海专利信息平台"）是上海市知识产权服务的重要组成部分，也是上海市政府为促进知识产权保护、推进企业科技创新、实现知识产权优质高效服务，于2009年6月9日建成开通的重点工程。该平台面向广大中小企业和社会公众免费提供专利信息应用服务，通过建立知识产权信息基础数据库群和专利专题数据库群，开发高效的知识产权检索工具，既为不同应用层次的用户提供知识产权信息服务，也促进了上海市知识产权服务行业的发展。平台知识产权信息资源有：专利文献（专利检索数据库收录范围包括近80个国家、国际组织和地区的专利文摘数据）、集成电路布图设计、知识产权案例、专利交易信息、培训信息。网址为：http：//www.shanghaiip.cn。

·各级地方专利数据库

为了鼓励地方知识产权局利用国家知识产权局提供的基础数据库进行数据加工和开发，国家知识产权局于2010年年底对全国47个省市地方知识产权局进行全部领域专利数据库初建和专利数据更新。各地方专利数据库分为三种类型：全部领域专利数据库、国家级专题专利数据库和普通专题专利数据库。全部领域专利数据库的专利数据包括PCT最低文献量要求的专利数据和中国专利数据，其中PCT最低文献量要求的专利数据包括美国、日本、英国、德国、法国、瑞士、韩国、俄罗斯（包括苏联）、欧洲专利局和世界知识产权组织的专利数据，专利著录信息包括著录项目、摘要和摘要附图；中国专利数据著录信息包括著录项目、摘要数据、说明书全文、专利授权信息。国家级专题专利数据库包括与国家重点发展的某个领域或行业有关的中国、美国、日本、德国、英国、法国、瑞士、俄罗斯（包括苏联）、韩国、欧洲专利局和世界知识产权组织的专利数据。国家级专题专利数据库由国家知识产权局统一规划和建设，组织实施，应用于全国专利信息服务平台。2010年，国家知识产权局已建成多个国家级专题专利数据库，包括：光电子（武汉光谷）、农业（陕西杨陵）、数据机床及重型锻压设备（山东济南）、环保（天津）、稀土（内蒙古包头）、集成电路（上海）、纺织服装（浙江杭州）、速冻肉食品（河南）、石化（甘肃兰州）、IT 专题（四川）、天然药物（云南）、轨道交通（湖南株洲）、蓝藻治理和海洋（山东）、农业机械装备业（山东潍坊）、陶瓷（江西景德镇）以及食品酒业（山东烟台）。全国 47 个省市地方知识产权局或信息中心网站都提供全领域数据库和检索系统入口。

· 港澳台地区专利信息检索平台

中国台湾地区实行单独的专利保护制度，其专利信息也由该地区的专利信息检索系统提供。可获取中国台湾地区专利信息的检索系统和服务平台有"台湾专利资料公报资料检索服务系统"（网址：http：//www. patent. org. tw）、TWPAT 网站（网址：http：//www. twpat. com）和中国台湾地区"智慧财产局"专利资讯检索系统（网址：http：//www. apipa. org. tw）。其中"台湾专利资料公报资料检索服务系统"用户可不申请而直接使用，TWPAT 网站需要经过申请和论证才能得到试用资格，中国台湾地区"智慧财产局"专利资讯检索系统无法链接到检索界面。

香港知识产权署网站（网址：http：//www. ipd. gov. hk）提供简体中文、繁体中文和英文 3 种界面，但只有部分内容支持简体中文，对于专利和注册外观设计检索数据库，仍需要用繁体中文进行操作和阅读。利用香港知识产权署的网上专利检索系统可进行香港专利和注册外观设计的检索，并可查看知识产权公报。在香港专利数据库中可查阅 1997 年 6 月 27 日后公布的专利说明书。

②国外公共性专利信息检索工具

国外的公共性专利信息检索工具主要是六国两组织的知识产权局网站所提供的专利信息检索系统。

· 美国专利商标局网站

美国专利商标局网站（网址：http：//www. uspto. gov）收录了许多美国专利信息，不仅包含专利检索、专利公报、专利分类，还包括专利法律状态等，这些专利信息收录在网站的不同数据库中。经常使用的专利信息检索数

据库有：专利授权数据库（PATFT：Issued Patents）、专利申请公布数据库
（APPFT：Patent Applications）、专利分类检索数据库（Searching by Patent
Classification）、专利权转移数据库（Patent Assignment Database）、专利申请信
息查询数据库（PAIR：Patent Application Information Retrieval）、专利律师和代
理人检索数据库（Patent Attorney and Agent Search）、公布的序列表数据库
（Published Sequence Listing）、专利维持费信息数据库（Expired Patents）、有
效期延长的专利数据库（Patent Terms Extended）、撤回专利数据库（With-
drawn Patents）、图像档案库（Image File Wrapper）、专利公报数据库（Official
Gazette）。

·日本特许厅网站

日本特许厅（网站：http：//www. jpo. gov. jp）将自1885年以来公布的所
有日本专利、实用新型和外观设计专利电子文献收录在网站上的工业产权数
字图书馆（Industrial Property Digital Library，IPDL）中。IPDL包含若干不同
的数据库，其收录范围、检索界面、检索功能各不相同。IPDL设有英文和日
文两种版面，且提供的数据库和数据收录范围有差异。英文版IPDL提供5个
与专利相关的检索数据库，即发明与实用新型公报数据库、发明与实用新型
号码对照数据库、日本专利英文文摘数据库（PAJ）、FI/F – term检索数据库、
外观设计公报数据库。日文版IPDL主要包括公报文本检索数据库、外国公报
数据库、外观设计公报数据库、法律状态信息检索数据库、复审检索数据库、
审查文件信息检索数据库等。

·英国知识产权局网站

英国知识产权局网站（网址：http：//www. ipo. gov. uk）可提供专利和外
观设计专利检索。英国知识产权局网站提供的专利信息检索服务项目有专利
号检索、专利文献服务、使用欧洲专利局的espacenet、补充保护证书的号码
查询、拥有专利权许可（LOR）的专利查询、效力缺失的专利查询。

·德国专利商标局网站

德国专利商标局（DPMA）网站（网址：http：//www. dpma. de）可以查
阅德国专利商标局公布的德国专利、商标和外观设计公报以及专利和实用新
型文献，也可免费检索专利、商标和外观设计文献信息，并可以在线完成各

种工业产权的申请和事务办理。德国专利商标局的专利、实用新型和外观设计文献和信息由不同的子网站提供。提供商标和外观设计文献和信息的子网站为 DPMAregister；提供电子专利文献的子网站为 DEPATISnet；提供专利和实用新型专利公报信息的子网站为 DPMAPublication。

· 法国工业产权局网站

法国工业产权局（INPI）网站（网址：http：//www. inpi. fr）提供 1791 年以来的专利、1858 年以来的（专利）登记和 1910 年以来的外观设计文献。网站提供的免费专利信息数据库有专利数据库、专利法律状态数据库、外观设计数据库、判例数据库、专利电子公报库、外观设计电子公报库。

· 瑞士联邦知识产权局网站

瑞士联邦知识产权局（网址：http：//www. ige. ch）提供丰富的网上专利信息资源，Swissreg 是瑞士知识产权局提供的在线免费专利数据检索系统，包含专利和外观设计的注册数据以及受保护的地理地形图。

· 欧洲专利局网站

欧洲专利局（European Patent Office，简称 EPO。网址：http：//www. epo. org）是欧洲的专利授权机构，通过旗下的多个网站提供丰富的专利信息，不仅包括欧洲专利局、其他国家及组织出版的专利文献（包括专利说明书、专利公报及专利分类资料），还包括审查过程中的文件、修正的专利文献及 INPADOC 提供的数据等。常用的有 espacenet 专利数据库（包括 World-wide、EP 和 WIPO 3 个数据库）、Register Plus and WebRegMT（登记簿副本和 WebRegMT）、European Pulication Sever（欧洲公布服务器）、European Patent Bulletin（欧洲专利公报）。

· 世界知识产权组织网站

世界知识产权组织（WIPO）的网站（网址：http：//www. wipo. int）提供的知识产权数字图书馆，收录了自 1978 年以来公开的国际专利申请，可进行全文检索，通过该网站可以免费检索 PCT 专利申请的相关信息。通过官方网站的 Patentscope© Search Service 系统，世界知识产权组织为用户免费提供检索 PCT 国际专利申请和收藏的国家/地区专利检索服务，以及文本格式的说明书下载。

2）商业性专利信息检索工具

商业性专利信息检索工具是由商业机构提供的收费专利数据库，商业性专利信息检索工具一般数据全面，功能强大。国内主要有东方灵盾专利数据库、汉之光华专利数据库等，国外主要有德温特创新索引数据库（Derwent Innovations Index，DII）、Innography、Innovation、Delphion 等，此外，还有 Orbit 专利数据库和 Dialog 专利数据库等，不仅具有强大的专利信息检索功能，还可获取专利全文和定题专利信息服务。商业性专利信息检索工具除了提供专利信息检索之外，还有强大的专利分析功能和专利地图制作功能[13-17]。

①Derwent Innovations Index

德温特创新索引数据库（DII）是由 Derwent（全球最权威的专利情报和科技情报机构之一）和 ISI（Institute for Scientific Information）共同推出的基于 Web 的专利信息检索数据库，将 Derwent 最著名的 Derwent World Patent Index（德温特世界专利索引，DWPI）和 Derwent Patent Citation Index（德温特专利引文索引，DPCI）进行整合，每周更新，提供全球专利信息。DII 收录了全球 40 多个专利机构的 1000 多万个基本（发明）专利，2000 多万个其他专利，数据可回溯到 1963 年。每周增加来自 40 多个专利机构的 25000 多个专利。德温特还推出了一系列其他专业数据库，分为 Chemical Section，Electrical&Electronic Section，Engneering Section 三部分，为研究人员提供世界范围内的化学、电子电气以及工程技术领域内综合全面的发明信息。DII 数据库包括普通检索、被引专利检索、化合物检索和高级检索，另外还可以查看检索历史和标记结果列表。DII 还能够对普通检索结果、被引用专利检索结果、高级检索结果进行分析并提供个性化服务。

②Innography

Innography 是 2007 年推出的知识产权领域的可视化检索与分析平台。Innography 提供全球 78 个国家和地区的专利检索、美国专利诉讼和商标检索。其中美国诉讼信息包含 PACER（美国联邦法院电子备案系统）在内的全部专利诉讼和其他地区专利诉讼。另外，还提供来自 D&B（邓白氏）以及美国证券交易委员会规整的专利权人数据，便于公司查询。Innography 提供了多种检索工具和分析功能，使得专利检索结果更加全面和准确，分析手段多样化。

③Innovation

Thomson Innovation 是由来自全球领先的专业信息机构供应商汤森路透集团旗下的汤森科技信息集团提供的一个集专利、科技文献和商业新闻于一体的检索分析平台。它整合了重要的专利、科技文献和商业信息，并辅以强大灵活的检索功能，帮助用户快速得到所需要的信息。同时，系统提供强大的工作文件夹管理功能，用户可以利用此功能根据企业自身需要，分别对竞争对手的专利、技术领域专利和企业自身的专利进行分类，建立符合企业特定需要的专利和科技文献数据库，方便公司领导、研发人员、专利工程师和律师等有效地工作协同。此外，Thomson Innovation 还拥有独一无二的分析工具，如 ThemeScape 专利地图、专利引证权聚类等，帮助用户从纷繁复杂的数据中快速提取出有价值的信息，辅助用户决策。

Thomson Innovation 包含全球最全面的专利信息：来自各主要国家专利机构及汤森路透集团独有的数据资源。用户可快速访问来自美国、欧洲专利组织、世界知识产权组织、英国、法国、德国、日本、韩国以及中国的专利申请和授权专利全文；专利审查历史档案；INPADOC 专利信息和德温特世界专利索引数据库。

④Delphion

Delphion 是一个功能强大的在线专利数据库，其前身是 IBM Intellectual Property Network 免费数据库，2011 年经整合开发后，改名为 Delphion，成为商业专利数据库，现为汤森路透集团旗下的一款主力产品。Delphion 收录了美国专利商标局、欧洲专利局、世界知识产权组织中的国际局、德国专利商标局等主要专利授权机构的专利文献全文（PDF 格式）、日本专利申请英文摘要，并且可以链接到在线的 INPADOC（包括专利法律状态、同族专利等信息）和 DWPI 数据库。此外，还收录了大量的非专利文献。

⑤东方灵盾专利数据库

东方灵盾专利数据库由北京东方灵盾科技有限公司创立，是东方灵盾专利信息平台的一部分，包括世界专利文献数据仓库、世界传统药物专利数据库系统。其中，世界专利文献数据仓库收录了自 1845 年以来世界上 85 个国家、地区及 5 个知识组织 5000 多万条专利题录文摘信息，以及一些重要国家的专利全文数据、法律状态数据，并加工整理了世界多国专利引证信息、同族专利信息、重点行业词表、公司代码等信息，并保持每月更新。东方灵盾通过制定统一的数据加工标准，对不同格式的原始数据进行转化、去重、筛选、修补、分类、关键信息提供等加工，最大限度地保证了专利数据的全面性和准确性，同时提高了专利信息的可检索性和情报价值。

⑥汉之光华专利数据库

汉之光华专利数据库由上海汉光知识产权数据科技有限公司建立，包括世界专利文摘数据库和专利专题数据库。其中，世界专利文摘数据库全面整合了世界专利文摘数据，并于 2007 年开始放开了公益性的六国两组织数据免费公共检索。2009 年，汉之光华又购买和整合了世界上其他一些重要国家和地区的专利文摘数据。汉之光华专利数据库具有专利文摘自动下载、专利数据智能转化及预分析、机器学习、分类等专利数据挖掘功能。

3）搜索引擎型专利信息检索工具

网上用于专利及相关信息检索的搜索引擎很多，主要分为四大类[18]：①综合搜索引擎，如 Google（谷歌）、Bing、百度等；②专利搜索引擎，如 Google Patents、百度专利、SooPAT 等；③学术搜索引擎，如 Google Schoolar、Scirus、深度搜、期刊界等；④图书搜索引擎，如 Google Books、百度图书等。

与综合性搜索引擎相比，专利搜索引擎主要局限于专利文献检索，一般根据专利文献的结构提供不同的检索入口，可对全文、权利要求、说明书进行检索，可利用分类号、公开日期进行检索，一般都有适宜阅读的题录概览和全文浏览，且提供文献下载服务。

Google Patents 是 Google 公司的系列产品之一，是 Google 公司为公众提供专利搜索的工具，已经成为目前互联网上重要的美国专利文献全文搜索系统。Google Patents 仅限于美国专利文献，其数据来源于美国专利商标局，但同时 Google 还利用自有资源对数据进行保存和再加工，从而使专利信息搜索更为方便快捷。网址：http：//www. google. com/patents。

百度专利是百度公司与国家知识产权局的下属单位中国专利信息中心合作推出的专利文献搜索工具，其数据来源于中国专利信息中心提供的所有备案专利文献信息。因此，百度专利搜索仅限于中国专利文献，包括发明、实用新型和外观设计全部专利文献。网址：http：//zhuanli. baidu. com。

SooPAT 是一个完全免费的专利数据搜索引擎，长期以来一直致力于"专利信息获得的便捷化，努力创造最强大、最专业的专利搜索引擎，为用户实现前所未有的专利搜索体验"。SooPAT 本身并不提供专利数据，而是将所有互联网上免费的专利数据库进行链接、整合，并加以人性化调整，使之符合人们的一般检索习惯。SooPAT 与 Google 进行了高效整合，使用更方便。SooPAT 不用注册即可免费检索专利数据，并提供全文浏览和下载，尤其是对中国专利全文提供了免费打包下载功能。网址：http：//www. soopat. com/home/index. rails。

5.1.2 专利信息分析工具

专利信息分析工具是特指用于专利信息分析的软件、系统或平台。专利信息分析工具的主要作用就在于为专利信息分析提供全面准确可靠的数据，并进行科学的统计分析，同时为专利信息分析报告的撰写提供专利地图或可视化分析结果。

（1）专利信息分析工具的类型

专利信息分析工具根据其提供计量与分析的实现方法主要可以分为统计分析工具、引证分析工具、聚类分析工具和专利地图分析工具 4 大类[19-20]。

1）专利统计分析工具

统计分析是最基础的专利分析方法，因此基本上所有专利分析工具都具备此项功能，但不同的专利分析系统在分析结果的呈现和专利分析的维度这两个方面往往不一样。据调查，专利统计分析结果呈现主要有 4 类：报表类（Reports）、图表类（Charts）、矩阵类（Matrices）、网络类（Networks）。专利统计分析的维度可分为 7 大类，分别是一般统计、专利权人、发明人、IPC 专利分类号、存活期分析、区域分析和引证统计，其中引证统计包含在引证分析和聚类分析中。

2）专利引证分析工具

专利引证分析工具有 7 种：Aureka，Delphion Citation Lin，East Linden Doors，保定大为，知识产权出版社的引证分析工具，Patentguider 2.0 试用版和 HIT_ 恒库。其中，Aureka 主要通过 Hyperbolic Trees 工具描述特定专利的引用和被引的情况；East Linden Doors 通过麦哲伦模块进行引证分析，其包含

3 个分析系统：望远镜（Telescope）、沙漏（Hourglass）和人造卫星（Satellite）。这几种分析工具都能将引证分析结果可视化显示出来，但在分析数据来源、引证结果显示方式、专利信息呈现与统计等方面存在较大的不同。

3）专利聚类分析工具

目前，国内外专利分析工具中能提供聚类分析的工具较少，只有 Aureka，Delphion Text Clusterin 和 Thomson Data Analyzer。其中，Aureka 的聚类分析功能是通过 Vivisimo 和 ThemeScape 这两个工具实现的。

4）专利地图分析工具

专利地图（Patent Map）是指对各种与专利相关的信息，以统计和分析的方法，加以缜密及精细剖析整理而制成的各种可分析解读的图表，具有类似地图的指向功能。专利地图是专利信息分析结果的一种可视化表达，也称技术路线图。

目前市场上流通着大量的专利地图制作软件，就连许多专利检索数据库也附带了专利地图制作功能，如中外专利数据库、东方灵盾专利数据库、汉之光华专利数据库、DII、Innography、Innovation、Delphion 等。Microsoft Excel 具有强大的图表制作功能，可用于一些常见的专利地图制作，如专利统计表和统计图、趋势图、专利分布图等。国外的 Aureka、Delphion Text Clusterin 和 Thomson Data Analyzer，以及国内的中献 PIAS、恒和顿 HIT_ 恒库和连颖 M – Trends 等都可用于制作各类专利地图，具有自定义分析、总体趋势分析、区域分析、申请人分析、IPC 分析、发明人分析、中国专项分析、美国引证分析等多项数据分析和图表展示功能。

（2）国内主要的专利信息分析工具

我国的专利信息分析工具可分为免费专利信息分析工具和商业专利信息分析工具两大类[21-23]。

1）免费专利信息分析工具

免费专利信息分析工具包括通用性专利信息分析工具和由个人或机构开发的免费专利信息分析工具。前者主要有 Microsoft 公司开发的 Excel、Visio、Access 软件，SAS（Statistics Analysis System）软件，SPSS（Statistics Package for the Social Sciences）软件，都具有数据处理、图表制作和可视化展示等功能。

后者主要有 SooPAT、CiteSpace、Patentics、Patsnap（智慧芽）、佰腾（5ipatent）等。SooPAT 具有强大的专利信息分析功能，提供专利申请人、申请量、专利号分布等专利信息分析，并用专利图表可视化展示。CiteSpace 是一款可视化文献分析软件，能够显示一个学科或主题领域在一定时期的发展趋势和动向，并用多种可视化方式展现出来，CiteSpace 能对 Derwent Innovations Index 专利数据进行处理和可视化展示。Patentics 是一个智能化专利搜索和分析系统，具有智能分类、标引、互动和分析等功能。Patsnap（智慧芽）和佰腾（5ipatent）都是网上专利检索与分析系统，其中 Patsnap（智慧芽）提供强大的便于捕捉、存储和分析的工具，能够进行日期分析、发明人分析、申请人分析、专利信息、分类分析、地图分析、引用地图、景观分析等，可制作包括引证图、专利景观图在内的多种图表；佰腾（5ipatent）具有基础分析、高级分析和定制统计分析三类统计分析功能。

2）商业专利信息分析工具

商业专利信息分析工具由商业机构和企业开发，具备较完善的专利信息分析功能，一般需要付费使用。如 PIAS、大为 PatentEX、东方灵盾 Mcan、HIT_ 恒库等专利信息分析工具。

①PIAS 专利信息分析系统。由国家知识产权局下属的知识产权出版社开发，利用数理统计和软件技术设计，能够对专利信息进行二次加工，便于对技术发展趋势、申请人状况、专利保护领域等专利战略要素进行定性和定量分析。

②大为 PatentEX。由河北保定大为计算机软件开发有限公司开发，具有高速下载、高稳定性、高易用性等特点，提供技术生命周期分析、矩阵分析、增长率分析、引证分析、核心专利分析、存活期分析等多项简单统计分析和组织统计分析功能。

③东方灵盾 Mcan。由东方灵盾公司开发，采用 M－CAM 公司的语言分析系统。用户除了可利用传统的关键词和分类检索外，还可利用其独特的语言分析系统查询和分析相关信息。系统分析时强调不同时期专利之间的相关性，从而全面展示所在领域综合发展态势及各项专利的重要性、独立性和相互依赖性。分析结果以图形、数据等方式进行二维展现，清楚、直观。

④HIT_ 恒库。由北京恒和顿创新科技有限公司开发，集专利信息检索、

管理和分析于一体。采用智能化数据挖掘和可视化技术，具有授权信息统计、竞争对手当前技术拥有情况、技术信息统计、专利引证分析、专利价值分析等多项专利分析功能，并自动生成上百种统计图表。

⑤中国专利技术开发公司专利分析系统。将专利信息进行规范化处理后，可对专利数据的原始著录项、自定义标引项及分析要素进行任意组合的统计分析，整理出直观易懂的结果，并以图表的形式展现。系统具有数据导入、数据库扩充、检索和分析等功能，尤其在数据标引方面，预留了多个自定义字段，可根据需求对数据进行多角度分析。

（3）国外的专利信息分析工具

国外的商业专利信息分析工具主要有：TDA（Thomson Data Analyzer）、Aureka、Vantage – Point、STN AnaVist 等。此外，还有一些专利数据库和专利信息检索平台具有强大的专利信息分析功能，如 Innography、Innovation、Delphion 等[24 – 25]。

1）TDA

TDA（Thomson Data Analyzer）是 Derwent Analytics 的第二代产品。由 Vantage – Point 引擎提供支持，具有 Vantage – Point 的所有功能。在此基础上，Derwent Analytics 对数据整理功能进行了优化，允许用户自定义词组和词表。除此之外，它还在软件中预置了多个分析模块。单击不同的分析模块，即可按照模块预定的分析功能自动分析导入的数据，并生成分析报告。Derwent Analytics 还可向其他应用软件输出数据，如 Microsoft Word 和 Excel 等。Derwent Analytics 支持的数据源有 Derwent World Patents Index、ISI Web of Science 以及 Delphion。目前，Derwent Analytics 已经升级为 Thomson Data Analyzer（TDA）。

2）Aureka

Aureka 是 Thomson 公司旗下 Micro Patent 的组件之一，是先进的 IP 公文包管理和分析平台，提供了安全的检索和存储 IP 信息的在线环境，可以为组织流程再造和决策分析提供帮助。其可视化技术非常出色。Aureka 采用 Themescape 绘制文档聚类地图，采用 Hyperbolic Trees 进行引文分析。

Themescape 允许分析者在文档聚类中自主选择附加停用词。聚类生成的主题词和文档被放置在等高线图中。此外，Themescape 还支持以时间片的方式对生成的等高线图进行再组织。利用 Hyperbolic Trees 做引文分析，生成的图形与一般的树结构不同。Aureka 还提供了专利团队协作功能，如直接报文传送功能、注释添加及检索功能、专利提醒服务等。

3）Vantage - Point

Vantage - Point 是一款文本挖掘工具，它提供数据整理、概念分组、列表、直方图、比较矩阵、有结构数据和无结构数据聚类以及文档聚类图等功能。该软件可用于包括专利分析在内的多种文档内容分析领域。正如前面提到的，它为 Derwent Analytics 提供技术支持。当数据成百上千时，Vantage - Point 能发挥出最大功效。数据整理是 Vantage - Point 的一大特色。它采用模糊匹配技术对数据进行识别、删除及合并。该软件可以纠正拼写错误，替换连字符和大写字母，支持专利发明人姓名多种书写方式的统一。Vantage - Point 的概念分组功能独立于数据整理，主要提供同义词替换功能。Vantage - Point 的有结构数据聚类是以 factormap 和 cross - corelation 的形式出现。此外，Vantage - Point 还提供"TopTenLists"功能，允许用户管理叙词表，并支持对 VBScript 的扩展。它添加了 5 个 VB 类以及 50 余个 VB 方法。用户可编辑 VB-Script 脚本，实现一些特殊的定制分析功能。

4）STN AnaVist

STN AnaVist 是 CAS 的最新产品，2005 年 7 月投放市场。它提供针对科学文献和专利文档的多种分析及可视化功能，可为科学研究者提供复杂问题的答案，并对商业决策提供支持。

（4）专利信息分析工具比较

为了了解国内外目前主要的专利信息分析工具的特点和功能，有学者选取了 15 种国内外主要的专利信息分析工具或专利信息分析技术提供商从不同的方面进行了系统比较，分别是 MS EXCEL、Derwent Analytics、Delphion、Aureka、Vantage - Point、Biz Int Smart Charts for Patents、Sci Finder、STN Express with Discover、STN AnaVist、Wisdomain Analysis Module 和 Citation Module、M - CAM Doors、Vivisimo、Omni Viz、RefViz、Invention Machine Knowledgist[26]，如表 5 - 1 所示。

表 5 - 1　15 种国内外主要专利信息分析工具比较

专利工具	数据整理和概念分组	列表或直方图	比较矩阵	有结构数据聚类	无结构数据聚类	文档聚类地图	引文分析	SAO	重要特点
Excel	支持	支持	支持						简单易用，用户群广
Derwent Analytics	支持	支持	支持	支持	支持	支持			优秀的专利分析软件，功能全面
Delphion	支持	支持	支持		支持		支持		支持多个专利数据库，拥有完整的专利数据，提供多种 Thomson 产品的统一入口
Aureka	支持	支持	支持	支持	支持	支持	支持		优秀的专利分析软件，功能全面，精湛的文本聚类功能和可视化技术
Vantage - Point	支持	支持	支持	支持	支持	支持			优秀的专利分析软件，功能全面，支持 VBScript 扩展
Biz Int Smart Charts for Patents		支持							支持多种数据源，多种结果输出格式
Sci Finder	支持	支持	支持						针对化学专利，分类细致，分析深入
STN Express with Discover	支持	支持	支持						对 STN 中大量数据库方便有效的检索，支持 R - group 分析，可以对来自扩展数据库的化学专利信息进行分析

续表

专利工具	数据整理和概念分组	列表或直方图	比较矩阵	有结构数据聚类	无结构数据聚类	文档聚类地图	引文分析	SAO	重要特点
STN AnaVist	支持	支持	支持	支持	支持	支持			针对化学专利，分析深入，优秀的专利分析软件，功能全面
Wisdomain Analysis Module 和 Citation Module	支持	支持	支持		支持		支持		Wisdomain 专利管理方案的重要组件，主要面向商业应用，独特的引文簇类分析
M－CAM Doors	支持						支持		专利风险管理和商机分析软件，独有的类似于DNA基因序列分析的语言分析系统
Vivisimo	支持				支持				优秀的文本聚类技术，独特的聚类算法，开放API
Omni Viz	支持			支持	支持	支持			优秀的聚类技术，支持各类数据源，与现有系统实现无缝结合
RefViz	支持			支持	支持	支持			从全新的视角展示专利数据
Invention Machine Knowledgist	支持	支持						支持	提供"问答式"服务

也有学者选取了 12 种国内外主要的专利信息分析工具进行了系统比较，包括 ClearForest、Goldfire Innovator、Inxight、TEMIS、Quosa、RefViz、STN AnaVist、Vantage – Point、Aureka、M – CAM Doors、Wisdomain、Derwent Analytics，并根据其处理的数据结构的不同分为三类：第一类主要处理非结构化数据；第二类主要处理结构化文本；第三类用于处理混合数据（包括结构化和非结构化）。第一类工具主要用于处理如专利全文、邮件、新闻、期刊论文、网页等非结构化数据，包括 ClearForest、Goldfire Innovator、Inxight、TEMIS。第二类工具主要处理数据库中存储的专利扉页和参考文献信息等结构化数据，包括 Quosa、RefViz、STN AnaVist、Vantage – Point。第三类工具主要处理混合数据，包括 Aureka、M – CAM Doors、Wisdomain 和 Derwent Analytics，都提供本地化专利数据库[27]，如表 5 – 2 所示。

还有学者对国内外主要专利信息分析工具的引证分析功能进行了比较[28-30]，如表 5 – 3 所示。

5.1.3　专利地图工具

随着科学技术的快速发展，专利数量迅猛增长，已累积成为专利大数据。据世界知识产权组织（WIPO）统计，全世界每年有近 1150 万项专利申请，每年大约有 200 万专利文献出版[31]。海量专利数据使传统的专利统计分析方法与工具已力不从心。Blanchard 研究指出，随着软件编程的不断发展，出现大量专利地图工具，并迅速扩展到信息检索、信息情报分析和技术监测等领域[32]。

从广义上来说，专利地图是专利信息分析工具的一种，因此，通常很难将专利信息分析工具和专利地图工具严格区分开来。学界和业界一般都把专利信息工具和专利地图工具混同使用。

（1）专利地图的内涵

虽然目前国内外对专利地图的理解不一，但本质上都是指专利信息的图表化和可视化展示。以下定义具有代表性：

专利地图是一种分析专利情报的方法，通过分析、加工专利情报的手段，利用各种可视化图表的表达形式，反映蕴含在专利数据中的信息，从而使复杂的专利情报易于理解，为专利战略等决策提供专利情报支持[33]。

表5-2　12种国内外主要专利信息分析工具比较

工具名称	类型			性能							潜在用户				输出结果					
	文本挖掘	数据可视化	自建数据库	语义分析	金融风险分析	自然语言处理	统计分析	关键字分析	概念抽取	多语言分析	商业情报	科研人员	情报专家	法律或专利部门	列表直方图饼图	矩阵图	摘要图	分类图	聚类图	引证图
ClearForest	√	√		√		√		√		√				√	√			√	√	
Goldfire Innovator	√	√	√	√					√			√					√	√	√	√
Inxight	√	√		√		√			√	√	√							√		
TEMIS	√	√		√		√		√	√		√	√			√			√	√	√
Quosa	√	√					√	√	√	√		√								√
RefViz	√	√					√			√		√	√						√	√
STN AnaVist	√	√	√				√				√	√	√		√	√	√		√	
Vantage-Point	√	√	√		√					√	√		√		√	√	√		√	
Aureka	√	√	√				√	√	√	√	√		√	√	√			√	√	√
M-CAM Doors	√	√	√	√					√				√	√						√
Wisdomain	√	√	√				√	√	√	√		√	√	√	√					√
Derwent Analytics	√	√	√			√	√	√			√		√		√				√	

表 5－3　专利信息分析工具的引证分析功能比较

工具名称	引证数据来源	引证分析方法					引证结果的呈现		优势	不足
		前向和后向引证分析	专利引证次数的统计排序	专利引证与专利权人关系研究	专利引证率分析	引证时差分析	引证结果可视化显示	专利信息呈现与统计		
Aureka	美国、德国、欧洲、英国、世界知识产权组织	支持	支持	可个性化设置在引文中显示专利权人/申请人	不支持	引证时间线	引证树最多为5级，目标专利可同时显示多个字段，能对不同专利标注颜色	可对检索结果集的后续引证专利进行统计	功能、数据较全，可对文本添加注释	引文分析功能仅适用于美国专利数据，引证树呈直线形，无法直观察看引文链的全貌，软件价格昂贵
Delphion Citation Link	美国专利商标局	支持，并可通过关键目录领域来绘制关联	不支持	可对指定委托人的所有专利高宽专利显示，方便查看二者关系	不支持	引文树中以1年、5年、10年的增量来显示分析	引证关系可显示1、2、3级以及所有引证关系，目标专利只能显示手动选择的1个字段，支持颜色标注	可按年份查看引证关系，可查看专利详细信息	使用方便，提供Delphion多种产品入口	功能简单，统计功能精弱

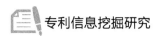

续表

工具名称	引证数据来源	引证分析方法					引证结果的呈现		优势	不足
		前向和后向引证分析	专利引证次数统计的排序	专利引证与专利权人关系研究	专利引证率分析	引证时差分析	引证结果可视化显示	专利信息呈现与统计		
Wisdomain Citatio Analysis Module	美国	支持	支持，提供预先设定好的统计图表	提供 Inter-company Citatation Aanlysis，可更好地理解公司间的竞争技术依赖关系	不支持	不支持	全引用树层次支持可引用次数调整及引用的深层的呈现，可鉴别关键专利，发现许可机会，可呈现技术发展周期	在引用树中呈现、鉴别在先专利，提供多种技术路线图，提供技术相关性排序	独特的引文劳系分析，引用图的可视化搜索，引用预警和技术预警	使用自己的专利数据集，不支持其他数据源导入，引文分析限于美国专利
M-CAM Doors	美国	支持	未知	未知	支持	有引证时间线	多种可视化呈现形式，如罗盘图、麦哲伦视图、望远镜沙漏视图	柱状图显示比率	独有的类似于 DNA 基因序列分析的语言分析系统，对可疑新技术和新专利有预警功能	只注重于专利情报分析，价格高，只能对美国专利数据进行分析
HIT-恒库	美国、欧洲	支持	支持	通过自定义矩阵能实现	可制作施引、受引专利矩阵图	不支持	单条专利的引证分析，可快速建立该专利的前向及后向引证树	引证树	专利数据自动更新，自动翻译多种语言，中文界面，操作简单	功能不全面，引证级较低，实用性有限，外部数据导入只支持 TXT 文件

专利地图可以从静态和动态两个不同的角度进行理解，英文表述分别为
Patent Map 和 Patent Mapping。从静态理解，专利地图仅仅指形象化表示后的
有关专利信息的各种图形表格、分布图等；从动态理解，专利地图是指把专
利信息进行"地图化"的一系列过程，即将专利资料信息，以统计分析的方
法，加以整理组织后制成的各种可分析解读的、形象化的图表。专利地图作
为一种形象化揭示专利信息的有用工具，它更易于理解，功能非常强大，对
技术发展具有重要意义，对企业的生存和发展也具有重大的影响[34]。

专利地图是指一种通过高维聚集海量专利数据，直观、形象地揭示项目
（items）之间的复杂关系、显示技术全景及技术分布格局的分析和可视化工
具[35]。专利地图通过对专利文献中的技术信息、经济信息和法律信息进行挖
掘与剖析，将蕴含在专利数据内的海量信息以图表形式反映出来，具有类似
地图的指向功能[36]。专利地图工具的开发，实现了对专利信息的深层次分
析。一方面，通过对专利的文本挖掘，厘清专利间的内在联系；另一方面，
通过梳理专利前后向引证信息，揭示特定技术领域的发展脉络与趋势，为分
析专利与标准的关系提供方法[37]。

专利地图指将一次、二次、三次等专利资讯，及各种与专利相关之资料
信息，以统计分析之方法，加以缜密及精细之剖析整理制成各种可分析、解
读之图表信息。专利地图简言之，就是将专利资讯"地图化"，即各种统计分
析整理图表，类似于企业进行投资决策时使用决策树图[38-39]。

专利地图（Patent Map）是专利信息图形化处理和专利数据的系统管理方
法。具体地说，是将专利情报的技术内容用关键词等数据化处理后再进行加
工、分析，或者将各种专利著录项用数据形式分类、整理，将其结果以图表
形式一目了然地展现，易于综合地把握多件专利的内容[34,40]。

世界知识产权组织（WIPO）对专利地图的描述为[41]：专利地图也叫技
术路线图（Technology Road Map），是对专利分析全部结果的可视化表达，通
过对目标技术领域相关专利信息进行收集、处理和分析，使复杂多样的专利
情报得到方便有效的理解。可见，专利地图是用以方便地解释多样化的专利
情报分析结果的图表。

专利地图是将专利信息进行图表化归纳，使其具有类似地图指向功能的
形象称呼。它采用可视化的方式，有助于简化并有效地理解各种复杂的专利

信息[39]。通过对专利情报中的著录项（申请人、发明人、专利申请日等）、技术项（技术分类、技术用语等）和权利情报项（申请专利范围、专利有效期、各国的申请状况等），用视觉直观的方式加以表达，从而显示出这些专利信息的深层次情报价值和战略意义[40]。

专利地图是一种系统化整理专利资料的方法，通过对专利资料的分析，将其制作成类似地图的直观化系统化的图表，作为一种搜集、整理和利用专利信息的重要工具，在专利战略中发挥着不可忽视的作用[42]。

专利地图是一种专利情报研究方法和表现形式，它将包括科技情报、经济情报、法律情报在内的各类专利情报进行加工，缜密精细地加以剖析整理，制成各种可分析、解读的视觉直观的图表形式，使其具有类似地图的指向功能。专利地图通过对专利分析指标及其组合的可视化表现反映蕴含在大量专利数据内的错综复杂的信息，指明技术发展方向，分析技术分布态势，为决策提供更直观的情报支持，特别适用于对竞争对手（国家地区、科研机构、公司企业等）专利技术分布情况进行监视，做到知己知彼。专利地图也是指导政府部门、科研机构、高校企业进行专利战略布局的有效分析手段[43]。

随着计算机辅助专利分析技术的发展，专利地图被理解为：专利信息图形化处理和专利数据的系统管理方法。从方法本身来讲，属于数据可视化技术在专利分析领域的应用[44]。

（2）专利地图的类型

专利地图的形式多种多样，包括图表、树状图、类似地理的分布图、网络图等，既有二维的形式，也有三维的形式。

根据专利地图的目的、功能和侧重点不同，国内外研究者一般把专利地图分为三类[45-51]：专利管理地图、专利技术地图、专利权利地图。如表5-4所示。

表5-4　专利地图的类型

专利地图名称	专利管理地图	专利技术地图	专利权利地图
目的	服务于管理层面	服务于技术研发	发现重点专利
功效/作用	为管理人员决策提供依据	为技术人员提供技术发展信息	避免侵权策略和陷阱

专利地图名称	专利管理地图	专利技术地图	专利权利地图
相关图表	历年趋势分析图、区域分析图、专利权人分析图、IPC分布图、技术生命周期图	技术/功效矩阵图、专利技术分布图、专利技术领域累计图、专利多重观点解析图、挖洞技术显微图	专利权利范围构成要件图、专利权利范围要点图、专利家族图、重要专利引用族谱图

①专利管理地图。专利管理地图是针对管理层面分析而得到的，根据专利文献的外部特征项进行统计分析，主要通过对专利著录项目进行统计，对各项数据的变化情况从不同角度进行分析和解释，观察某产业技术领域、国家、公司、发明人和引用率的趋势，以获取有关国家或地区、技术领域、竞争对手等方面的专利信息，为管理人员提供管理决策及所需的专利情报信息。专利管理地图一般包含7项分析领域：专利件数分析、国家别分析、公司别分析、发明人分析、引证率分析、IPC分析、UPC分析，如表5-5所示。

表5-5 专利管理地图的分析领域和分析内容

分析领域	分析内容
专利件数分析	专利趋势分析 技术生命周期分析 历年专利件数比较
国家别分析	所属国专利件数分析 所属国历年专利件数分析
公司别分析	公司研发能力比较 研发能力详细数据分析 引证率分析 引证率详细数据分析 活动表分析 排行榜分析 竞争公司历年专利件数分析
发明人分析	发明人分析 发明人历年专利件数分析

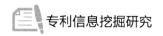

续表

分析领域	分析内容
引证率分析	引证相关数据分析 专利引证次数分析
IPC 分析	IPC 专利分类分析 IPC 专利技术历年活动分析 竞争国家 IPC 专利件数分析 竞争公司 IPC 专利件数分析
UPC 分析	UPC 专利分类分析 UPC 专利技术历年活动分析 竞争国家 UPC 专利件数分析 竞争公司 UPC 专利件数分析

②专利技术地图。专利技术地图主要服务于技术研发。通过对某特定技术领域专利的数量统计分析、技术演进分析、指标分析以及关联分析等，提供该技术的发展方向、技术成熟度等信息，为国家、企业等洞察技术发展趋势，选择技术领域提供重要信息。专利技术地图主要包括：专利技术/功效矩阵图、专利技术分布图、专利技术领域累计图、专利多重观点解析图、专利技术演进图、挖洞技术显微图等，如图 5-1 所示。专利技术演进图是专利技术地图中的一个重要类型，是专利定量与定性分析的综合结果。它能够从宏观上反映特定专利技术领域的发展趋势，发现风险与机遇，发现关键技术与替代技术，发现竞争对手，提供有效的技术决策参考，为科研投入和商业投资提供战略依据。

③专利权利地图。专利权利地图是针对权力层面的分析而得到的，其目的是要了解专利重点保护的技术、相关同族专利及其引证情况，得到法律赋予的专利权信息，从而帮助用户识别可能的技术侵权、制定避免侵权策略、准确地应对法律诉讼等。专利权利地图主要包括：专利权利范围构成要件图、专利权利范围要点图、专利家族图、重要专利引用族谱图，主要剖析研发空间和市场空间。

专利地图按数据处理方式可分为专利统计地图、专利引证地图和专利聚类地图。按专利要素可分为人员动向图、技术动向图、分类号地图、区域地

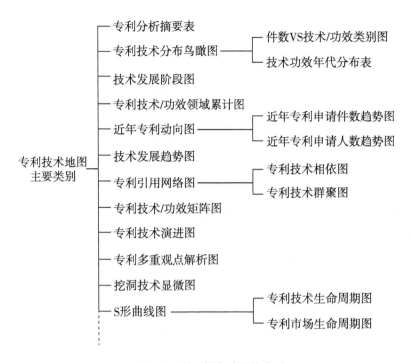

图 5-1　专利技术地图的类型

图、申请人（专利权人）地图、发明人地图等。按形状划分有折线图、条形图、饼图、圆环图、雷达图、气泡图、矩阵表等多种图表。

专利地图也可分为定量分析地图（统计分析地图）和定性分析地图。前者包括数量图、趋势图、关联图、雷达图、比例图、排行图等，后者包括清单图、矩阵图、TEMSET 图、技术发展图、问题与解决方案地图、关键词主题地形图等[41]。

（3）专利地图的作用

专利地图在企业专利战略、企业技术研发、竞争情报、企业并购、技术预见、技术路线图制定等方面具有广泛的应用。专利地图可以为企业指明技术发展方向，总结并分析技术分布态势，特别适用于对竞争对手专利技术分布情况进行监视，使企业做到知己知彼。企业不仅可将专利地图用于知识产权管理，还可用于营销管理与技术创新管理。具体来说，专利地图对于企业来说具有以下功能[52]：发现技术进程上的盲点；整理专利权相关信息；掌握技术动向；了解自己企业与其他企业间的技术差异；发现其他企业的研发策略；作为新进人员教育训练的教材；用于技术、研发部门的质量管理。有学者将专利地图与专利分析、知识结构分析紧密结合在一起，梳理了专利地图在其中的重要作用和战略意义[53]，如图 5-2 所示。

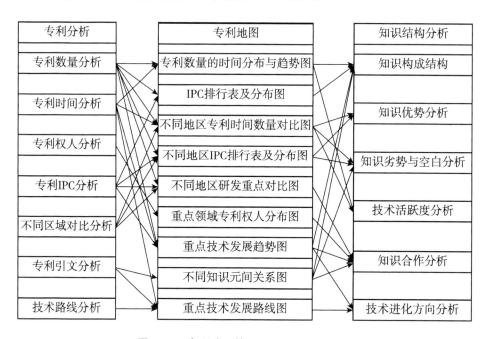

图 5-2　专利地图的重要作用与战略意义

（4）专利地图的功能

专利地图具有战略管理/计划、研发/技术推进、技术/权利管理等多种功能，同时也是一种战略工具、研发工具、保护工具、交流工具[54]。

①战略管理/计划功能。通过专利地图可以了解特定技术领域的整个状态及技术变迁，识别技术活动、发展趋势和研究动态。这对于国家政府而言，有助于在整个国家科技计划的制定上做出战略决策和进行宏观管理；对于企业而言，有助于了解竞争者的研究动态和技术活动，确定技术合作伙伴，以及显示在自己的专利活动中泄露给竞争者的信息，从而确定企业战略部署和战略地位。

②研发/技术推进功能。通过专利地图可以了解技术趋势、技术分支、技

术关系等状况，有助于启发技术人员的思路、激发新的创意，从而发现新的技术领域、技术方向和技术手段，也可以在技术相对密集的领域发现技术发展机会点，以及可以对现有技术进行改进的领域；最终促进创新活动，推进科学研究和技术开发。

③技术/权利管理功能。由于专利既包含了技术内容又包含了权利内容，所以通过专利地图不仅可以得到有关技术信息，同时可以得到法律赋予的权利信息，从而帮助识别可能的技术侵权、制定避免侵权的策略、准确地应对法律诉讼等，如 2003 年"思科诉华为案"中专利地图起到了重要作用[55-56]。

(5) 专利地图的产生与发展

专利地图自 20 世纪 60 年代在日本诞生以来，先后在韩国、美国、新加坡等地得到了广泛应用和发展，并在这些地区的国家专利战略和企业专利战略中发挥了不可忽视的作用。

1) 日本

日本是世界上研究专利地图较早的国家之一，其研究和应用专利地图的活动也非常活跃。1968 年日本专利厅（JPO）出版的世界第一份专利地图——航空微米测量技术专利地图，以各种简明易懂的图表揭示了该技术在其他产品的功能、特征和设计原理等应用领域上的扩充使用。为了满足产业界对专利地图的需求，从 1997 年起，日本专利厅和日本亚太工业产权中心（APIC）展开了大规模的产业技术专利地图分析，针对日本重点技术领域总计制作了 50 多种、200 多张专利地图，并免费提供给产业界使用。到 1999 年，日本已制作了 66 种重点技术领域的专利地图，涉及可充电池、太阳能的应用、太阳能电池、红外线传感和应用、图像识别技术、电动自行车技术等领域。至 2009 年 4 月，日本特许厅对 129 个重点技术领域制作了专利地图，免费提供给产业界使用，主要涉及生命科学、环境科学、纳米技术、电信、能源、制造技术、基础设施等领域[57]。

此外，日本发明协会每年为其会员提供 40 多种专利地图，日本还大力支持大学制作专利地图，如在《知识产权推进计划（2005 年）》中提出，"为使大学有目的地进行研究，避免不必要的申请，要支持大学等进行现有技术检索、制作专利地图"。专利地图在日本产业界得到了广泛应用，应用范围与广度居于世界前列，1972 年驻日本 IBM 公司专利部长在一次演讲会上讲到专利地图，激发了日本先进企业开始编制专利地图。从 20 世纪 90 年代开始，日本一些大型企业已逐渐在企业内部建立知识产权部门和专利地图相关的管理制度，将专利搜集和分析结果以专利地图的形式汇总和报告。根据 1998 年 JPO 的报告，86% 的被调查企业表示使用了专利地图。在广泛应用专利地图的同时，日本还十分注重专利地图制作方法和技术的研究。例如，JPO 在 IPC 分类标准的基础上，设计了可以对专利文献内容进行更细微分类的 FI（File index）分类方法和 F-term 分类方法，另外，JPO 还对一些专利地图制作方法进行了专利保护（如 JP200217531 号专利）。在政府的提倡下及专利地图实际功效的引导下，日本企业绘制和利用专利地图的热情一直没有衰退。日本企业是专利地图的极大受益者，研发成果层出不穷。

如今，日本企业普遍建立了专利地图绘制的相关管理制度，专利地图的使用率达到 86%，其使用者分布情况：研发机构占 47%，商业机构占 13%，IP（工业产权）管理部门占 6%，其他占 34%[34]。如松下公司在其内部发行有《专利地图手册》，介绍专利地图的基础知识和基本编制程序，并编辑《专利地图实例》，汇集了该企业各研究所和事业部用过各种专利地图，用于企业内部咨询和情报交流[58]。

2）欧美

欧美国家在专利地图方面的研究更侧重于专利分析和专利引证分析，研究得非常深入，但并不特别强调专利地图这一概念。如美国知识产权咨询公司（CHI Research）是国际上专利引证分析的领导者，其引证指标（Citation Indicators）与分析数据常被其他机构或官方引用为正式的评估基准，颇具权威性。同时，欧美国家对专利地图的定义有所不同，他们习惯于把专利地图理解为仅仅是类似地理地图的专利分布图，并不把二维或三维的专利定量分析图表（Chart、Diagram、Graph）看成是专利地图；经常是按实际需要绘制相应的专利地图。如有学者在美国专利商标局的专利数据库的基础上对 2003 年世界纳米技术的发展进行了分析，绘制了专利数量趋势图、专利数量排行榜、技术独立性排行榜、技术循环周期排行榜、科学关联性排行榜、即时影响指标排行榜、专利引文网络图等，最后才提到专利内容地图（Patent Content Map）[59]。

　　美国的专利地图研究更倾向于各种精细量化专利分析指标的制定和应用，而专利地图的系统研究和应用范围则不如日本。例如，IBM 公司的 Reisner（1963）利用专利引用资料来寻找关键专利技术，是专利引用分析的先驱；CHI（1980）建立了专利引用指标分析数据库。Griliches（1990）研究了 R&D、专利与生产力的关系，将专利活动指标作为测量一国技术能力的重要指标。Narin（1987）利用专利引证研究来确定主要专利。Scherergn Schmookler（1995）利用专利对创新效果进行研究。美国国家科学基金会（National Science Foundation）用专利指标评比各国的技术绩效。Jaffe Trajtenberg，Brown Ha Heneson（1998，2004）利用专利引用次数研究跨国、跨创新系统成员、跨领域的知识流动。此外，美国专利情报分析软件的研发处于世界领先地位，如汤森路透集团的 Delphion 专利检索与分析数据库。Derwent 专利分析家、Current Patents 系统、Derwent 创新索引等都是重要的专利检索数据库与分析软件，能够提供矩阵图、决策树等专利分析的可视化结果。

　　3）韩国

　　韩国的专利地图技术及应用主要借鉴日本模式，目前已进入成熟期。韩国知识产权局（KIPO）自 1996 年起提供网上专利信息检索服务，即韩国知识产权信息服务，2001 年 KIPO 使该服务成为免费服务。为鼓励研发部门更好地使用有价值的专利信息，KIPO 定期出版《韩国专利趋势》的分析报告，对专利文献信息作统计分析。近年来，韩国在专利地图的研究和应用方面也很活跃，如韩国政府为了抢攻全球 3G 移动电话市场，帮助国内技术和产业界在移动电话市场的技术输出和产品外销稳定成长，KIPO 于 1999 年 10 月发行了全国系统性的专利地图——"移动电话专利地图"[56]。为了使政府部门或私营企业在研发过程中更好地利用专利分析、统计结果，KIPO 制定了一系列的专利地图[60]；自 2000 年起，KIPO 每年在 24 个技术领域出版专利地图，目前在 120 个技术领域已形成专利地图，这些专利地图公开发布在其官方网站上，并制作成 CD - ROM 进行传播，或提供如何使用专利地图的培训；制作专利地图的软件是专利信息分析系统（PIAS）[61]。

　　政府方面也有意识地投入到专利地图的开发之中，并十分注重推广和应用，为企业服务，促进本国的创新与研发。同时，韩国也有许多企业投入到专利地图的研究和开发之中，如 WPIS 公司自行开发出专利分析软件"PM

Manager", 为企业等提供专利地图服务。

韩国在专利地图方面的研究和应用也较为先进。在应用方面, KIPO 借鉴日本专利厅的经验, 制作专利地图并在其官方网站提供下载, 希望利用专利地图协助企业提高应付海外专利侵权的能力。1980 年, 韩国金星株式会社最早开始专利地图的研发活动; 1985 年开始每年举办专利地图评比大会以推广专利地图; 1999 年, KIPO 制作了移动电话专利地图; 2000 年启动了专利地图开发和供应项目 (Patent Map Development and Supply Project), 在对国内外大量专利情报进行分类、处理、安排的基础上, 利用专利地图分析某些特定领域的技术发展和变化, 为中小企业和合资企业提供专利信息产品, 以最终减少知识差距和促进创新; 2002 年制作了微型机器人、人体基因组、数字电视等技术领域的专利地图; 2003 年制作了涉及 72 个技术主题的专利地图。

4) 中国

①我国台湾地区在专利地图的研究和应用方面已有十年多的历程, 最早由财团法人工业技术研究院从日本发明人协会引进[62], 之后, 台湾地区逐步掀起了研究和应用专利地图的热潮, 许多研究院所、大学、公司都有研究人员专门从事专利地图的研制和应用; 目前台湾地区已经有很多专门针对专利地图的培训机构和定期研讨会, 许多研究所、大学和公司也都有专门从事专利地图研究的人员[63]。最初是台湾学者制作了网罩蚀刻技术的专利地图, 旨在避开日本在该领域的专利陷阱; 从 2002 年开始, 台湾地区陆续制作了纳米/生技化妆品、磁性随机存取存储器 MRAM、微纳米碳酸钙、原子力显微镜等纳米技术领域的专利地图, 在世界纳米技术领域处于先进水平, 其他产业如无线局域网络专利能量、质子交换膜型燃料电池膜电极组、精密微量射出成形模组技术、光触媒技术、超解析结构近场光盘技术、液晶电视技术等领域也广泛使用了专利地图; 财团法人工业技术研究院运用专利组合法 (Patent Portfolio) 深入分析专利信息, 制作专利地图, 并应用到市场评析中; 科技政策研究与信息中心利用专利地图来研究分析"纳米科技专利", 出版了 11 辑纳米科技专利研究系列, 如《纳米药物传输技术专利地图及分析》; 也有民间机构和公司提供专门的专利地图制作服务与专利分析软件。近年来, 专利地图的研究和应用在我国台湾得到了较快发展。从总体情况来看, 台湾地区采取的是融合日本和欧美长处, 在专利地图的开发和应用方面逐步成熟, 其推

广工作也十分成功。

②我国大陆地区对专利地图的研究起步较晚。但随着企业知识产权意识的不断提升，特别是国家知识产权战略的提出和实施，专利地图的研究得到了高校、科研院所、企业和政府等相关部门的重视与支持，无论在理论研究还是在应用和制作技术方面都得到了一定发展。

我国大陆地区关于专利地图的研究始于 2003 年，但在此之前，一些关于如何利用专利情报的研究已经蕴含了专利地图的基本思想或方法。20 世纪 80 年代，上海科学技术情报研究所引进了 IBM4316 德温特专利磁带数据库，开展了专利信息图表化的研究。随着专利重要性的日益突显和专利法的两次修改（1992 年和 2000 年），专利情报研究成为情报学的重要研究分支，专利地图在情报学领域得到初步应用。2003 年，我国大陆地区开始出现了针对专利地图的专门研究，早期的文章主要是对专利地图概念和作用的引进与介绍。关于专利地图应用的研究从 2004 年开始出现，特别是 2007 年以来文章数量迅速增加，这些研究大致可分为两类：一类主要侧重专利地图在企业经营管理方面的应用，如用于制定专利战略、管理研发活动、设计产品，进行技术预见，降低技术创新风险，对技术性贸易壁垒进行预警，Huang S－H，Ke H－R，Yang W－P（2008）通过对中国专利文献的结构聚类分析，发现地图大小与专利数量成正比，即结构的广度和深度影响结构化自组织映射的表现，这些分析结果能够帮助企业在版权诉讼中反驳已有专利的指控，并能通过避让热点专利来节省研发工作，当然专利地图在应用中也会受到数据、人员、使用时机等方面的限制；另一类则主要针对某一特定技术领域，制作专利地图（或技术路线图），分析某一特定技术的发展趋势和研发重点，如在信息技术、纳米技术、数据库技术、无线射频识别技术、微流控技术、加密技术、油气管道防腐蚀技术、银行商业方法、竹材、抗肿瘤药物、农业、旅游业等领域制作专利地图或对该领域的专利地图进行分析。同时，关于专利地图制作方法和制作技术的研究也在增加。如华中科技大学的吴新银、刘平、戚昌文（2003），华东理工大学的王兴旺、孙济庆（2007），中国科学院成都文献情报中心的肖国华、熊树明、张娴（2007）等介绍了专利地图的一般制作方法和流程；孙凌云、孙守迁（2008）针对中国大陆地区专利的特点，引入自然语言处理和基于内容的图像检索等技术，研究专利地图的制作和分析方法；

曹琴仙、于淼（2007）提出了基于内容分析法对专利文献进行分析从而制作专利地图的方法；侯筱蓉、司有和、吴海燕（2008）提出了基于引文路径分析的专利技术演进图制作方法；康健、孙济庆（2007）提出了一个面向企业用户的、可定制专题的、以专利地图展示分析结果的专利分析系统；翟东升、王明吉（2006）等提出了一个基于多 Agent 的具有强信息集成能力的专利地图系统[39,41,51,64-67]。

我国政府对专利地图研究和开发的进程也在不断加快，2008 年国务院颁布了《国家知识产权实施纲要》（以下简称《纲要》），在《纲要》的思想指导下，国家知识产权局已将制作和发布专利地图作为一项重要工作内容，为我国企业提供各领域所需专利信息服务和专利战略指导。相关机构也组织了多种专利地图培训和研讨会，如北京知识产权服务中心和中企知权科技公司于 2007 年组织的"专利地图制作及分析应用"高级培训班；国家知识产权发展研究中心举办的"2007 企业知识产权战略国际研讨会"的议题之一就是专利地图分析与利用；上海市科技情报学会于 2009 年 6 月在哈尔滨举办的"专利地图方法与应用"学术研讨会，2010 年 6 月在上海举办的以专利地图为主要内容的"专利情报与专利查新"学术研讨会等[68]。

总的来看，我国大陆地区在专利地图技术及应用方面尚处于起步阶段，真正深入研究专利地图的机构和人员很少，炒概念的居多。国家知识产权局也已意识到专利地图的显著作用，但是实际的研究和推广工作力度并不大，进程很缓慢。而研究机构、企业等在专利地图方面的研究也往往停留在理论阶段，与国外相比创新点很少；应用方面也只限于极个别的大型企业，远远没有引起广泛的重视。

5.2　专利信息计量与挖掘分析工具开发：Patentmetrics_ Wen

5.2.1　需求分析

现有的专利信息计量与挖掘分析工具主要分为三类：第一类是通用的专

利信息计量与挖掘分析工具，如 Excel、SPSS 等，可以对少量的专利数据进行统计和初级聚类分析，难以得到预想的效果；第二类是专用的专利信息计量与挖掘分析工具，如 Aureka、CiteSpace、Vosviewer、Pajex、Gehpi 等，可以处理特定专利数据库或专利数据平台中特定格式的专利数据，这类工具很多，各具特色，能够在一定程度上满足专利信息计量与挖掘分析需要；第三类是专利数据库或专利数据平台自带的专利数据分析工具，如 Derwent Analytics、恒和盾等，有些专利数据库或专利数据平台自带的专利数据分析工具功能十分强大，如 Derwent Analytics、Innnography 等，但仅限于本数据库或平台的数据分析。

专利信息计量与挖掘分析系统涉及专利数据采集、数据格式转化、数据统计分析、数据可视化分析等方面。由于不同专利数据库导出专利著录项目数据所包含的字段名称、字段格式、字段数量各不相同，与此同时，通用或专用的专利信息计量与挖掘分析工具及专利数据库或平台只能接受特定格式的文件，因此开发一款能够处理源自不同专利数据库的、异构的专利著录项目数据工具，既能满足专利信息计量与挖掘分析功能需求，又能将专利数据导出为 Pajex、Gehpi、CiteSpace、Vosviewer 等可视化工具处理，具有极强的应用价值。

5.2.2　技术基础

Python 是一种跨平台的计算机程序设计语言，是一个高层次的结合了解释性、编译性、互动性和面向对象的脚本语言。最初，Python 被设计用于编写自动化脚本（shell），随着版本的不断更新和语言新功能的添加，越来越多地被用于独立的、大型项目的开发。Python 是一种解释型脚本语言，可应用于 Web 和 Internet 开发、科学计算和统计、人工智能、桌面界面开发、软件开发、后端开发、网络爬虫、可视化等方面[69]。本系统开发使用的语言是 Python 2.7，采用面向对象的开发模式，形成可视化单机版 Patentmetrics_ Wen（如图 5 - 3 所示），软件包由结巴分词、WX 界面开发包、xml 开发包、sqlite3 开发包构成。面向对象的方法是指绑定到对象的函数。调用对象方法的语法是 instance. method（arguments）。它等价于调用 Class. method（instance，arguments）。当定义对象方法时，必须显式地定义第一个参数，一般该参数名都使用 self, 用于访问对象的内部数据。

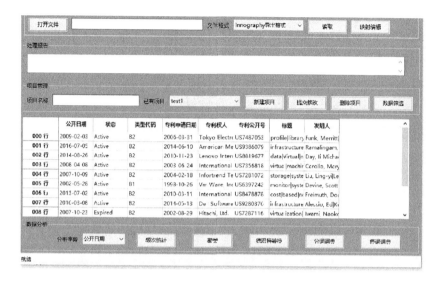

图 5 - 3　Patentmetrics_ Wen 运行界面

5.2.3　功能设计

本系统的功能模块包括三个部分：数据导入（数据映射、读取和加载）、数据处理（项目建立、项目修改、项目删除和数据筛选）、数据分析（频次统计、聚类分析）。

数据导入主要是将来源于不同专利数据库的多源异构专利数据进行读取、加载和格式转换，并建立映射关系，如图 5 - 4 所示。由于来源于不同专利数据库的专利著录项目数据所包含的字段名称、字段格式、字段数量各不相同，因此需要构建一种能够处理不同专利数据库导出的著录项目数据文件的模式，通过"自定义字段映射"功能，可以处理各种不同专利数据库导出的专利著录项目数据。系统的映射关系包括架构、基本信息映射、国别映射、分类信息映射、时间属性映射、引用信息映射和附加属性映射等。Patentmetrics_ Wen 可以给专利公开号、类型代码、标题、摘要、专利说明、权利要求、代理机构、申请号码、审查员、出版国、简单同族、申请国、法律状态、CPC分类、IPC 分类、主 CPC 分类、主 IPC 分类、专利权人、发明人、后引信息、前引信息、专利失效日期、专利申请日期、优先权日期、公开日期等常见的著录字段构建映射关系，如图 5 - 5 所示。

图 5 - 4　多源异构专利数据的读取、加载

图 5 - 5　配置映射关系

数据处理可以对导入、加载和映射关系完成之后的专利数据进行进一步处理，包括项目管理和数据筛选。项目管理是对每一批次形成的专利数据文件进行管理，数据筛选是对专利数据文件中的具体数据进行操作。数据筛选包括项目字段查询和字段筛选，如图5-6所示。

图5-6　数据筛选

数据分析主要包括频次统计和聚类分析两大功能，包括"频次统计""聚类""德温特转换""分词词典""停词词典"五个模块。为了满足德温特专利数据分析需要，系统嵌入了德温特数据转换功能。此外，为了方便对中文专利数据中的专利标题、专利摘要和专利文本进行分析，系统设立了分词词典和停用词典模块，如图5-7所示。频次统计可对分析字段中的日期（公开日、申请日）、专利发明人、专利权人、IPC、专利号、法律状态等字段进行频次统计分析，如图5-8所示。

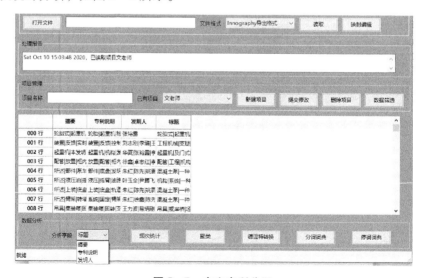

图5-7　中文专利分词

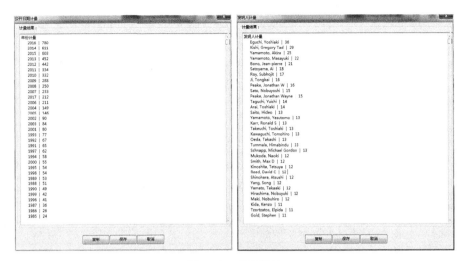

图 5 - 8 频次统计

聚类分析主要是用于有"共现"关系的字段，如专利发明人、专利权人、专利分类号、专利关键词共现等。聚类算法源自 IGraph 的程序包，IGraph 提供多种用于社会网络分析（SNA）的社团处理算法，主要分为两类：一类是聚类算法，包括 fastgreedy、infomap、eigenvector、label_ propagation、multilevel、edge_ betweenness、walktrapfast；另一类是布局算法，包括 circle、drl、fruchterman_ reingold、lgl、kwmada_ kawai、random、reingold_ tilford、reingold_ tilford_ circular、sugiyama、grid、graphopt、star。系统可导出"共现关系"矩阵，借用 Gephi、VOSview 等可视化工具进行处理；也可以直接生成专利数据可视化图谱，并提供：DIMACS、GraphViz、GML、GraphML、LEDA、PAJEK、Adjacency List 和 SVG 八种导出格式。

5.2.4 系统应用

Patentmetrics_ Wen 具有专利数据频次统计分析和聚类分析功能，可适用于各类中外文数据库中的数据格式。下面以上海知识产权（专利信息）公共服务平台检索系统的数据为例进行说明。

（1）数据来源

①平台网址：http：//www. shanghaiip. cn/Search/login. do。

②平台名称：上海知识产权（专利信息）公共服务平台检索系统。

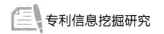

③检索式：（docType = invention_ view OR docType = utiltymodel_ view OR docType = face_ view）AND PD = ［2018—2018］AND PA = （中南大学）。

④检索结果：去重后共获得3619条数据。

（2）数据格式

①导出类型：Excel。

②导出字段描述：如表5-6所示。

表5-6　Patentmetrics_ Wen 导出的专利数据字段格式

字段标志	字段内容样例	字段描述
PA	北京空天技术研究所；中南大学	申请人
ANC	CN	申请国家
PD	20180427	公开/公告日
AD	20171016	申请日
ECL		欧洲分类
AGT	段俊涛	代理人
PN	CN107965544	专利公开号
PAD		PCT 国际申请日
CT		被引证专利号
AN	CN201710963907	申请号
UCL		美国分类
CODE	100074	邮编
CLM	一种可调式阻尼器，包括外壳（100）和位于外壳（100）中的活塞（240），所述活塞（240）由活塞杆（240/1）和活塞头（240/2）组成，其特征在于，所述活塞头（240/2）呈圆柱状，中心处有螺纹孔（245），端面上设置有若干个贯通的腰型槽（243）和若干个贯通的栅孔组（242），活塞头（240/2）的前端面安装圆盘状的活塞板（220），所述活塞板（220）中心处有通孔（221），端面上设置有通槽（223）和螺纹孔（222），栅孔组（242）的数量及位置与通槽（223）对应，腰型槽（243）的数量及位置与螺纹孔（222）对应，连接螺栓（250）穿过腰型槽（243）、螺纹孔（222），活塞螺栓（210）穿过通孔（221）、螺纹孔（245），实现活塞板（220）与活塞头（240/2）的固定装配，装配后通槽（223）与栅孔组（242）组成流通路径	主权利要求

字段标志	字段内容样例	字段描述
PPN		PCT 国际公布号
CTNP		被引证非专利文献
AU	邵东；王青山；喻海良；周元生	发明人
PR		优先权项
ADDR	100074 北京市丰台区云岗北里 40 号	联系地址
IC1	F16F9/19	主分类号
PPD		PCT 国际公布日
AGC	西安智大知识产权代理事务所 61215	代理机构
TI	一种可调式阻尼器	发明名称
PC	11	国家/省市
IC2	F16F9/19；F16F9/32；F16F9/348；F16F9/36；F16F9/44；F16F9/54	分类号
AB	本发明是一种可调式阻尼器。本发明的可调式阻尼器主要包括外壳、活塞螺栓、活塞板、活塞密封圈、活塞、连接螺栓、T 型安装座、通盖外密封圈、通盖、通盖内密封圈、通盖螺栓等。活塞的头部有用于安装的腰型孔和阻尼介质的流通栅孔组，通过与挡板配合决定流通栅孔组的总横截面积，从而实现阻尼系数的调节。阻尼器可以通过 T 型安装座的安装孔和外壳的安装孔，安装于各种诸多结构及设备上。本发明结构简单、工作可靠，可根据实际需求进行阻尼系数的调节，经济效益高	文摘
PFN		同族专利
LAW	20180522 实质审查的生效	法律状态

（3）映射关系处理

①点击主界面的"映射编辑"按钮，打开"配置映射关系"对话框。

②在"映射名称"栏内输入任意名称。

③在"字段分割符"选择或输入 CSV 文件字段的分割标识符（一般为逗号）。

④字段映射完毕后，点击"保存信息"按钮。映射结果如图 5 - 9 所示。

图 5 - 9　专利数据关系映射结果

（4）数据读取与处理

①点击主界面的"打开文件"按钮，打开"文件选择"对话框；用户选择需要处理的 CSV 文件（可以多选），选择打开，如图 5 - 10 所示。

图 5 - 10　打开数据文件

②在"文件格式"下拉框中选择"上海知识产权（专利信息）公共服务平台数据格式"。

③点击"读取"。如果读取的文件与用户选中的文件格式匹配，系统将分析、读取和处理待处理的文件；处理报告区域将显示一些初步的处理流程，而状态栏将显示正在处理的数据；处理完毕后，数据将加载到"信息显示区域"。

④等待数据处理完毕即可进行计量分析。

（5）新建项目

在项目名称中输入任意名称，点击"新建项目"即可将处理的数据存储到工具自带的数据库中，以待日后的分析，如图5-11所示。

图 5 - 11　新建项目

（6）数据分析

Patentmetrics_ Wen 提供计量分析、聚类分析和可视化分析三种功能，其中计量分析、聚类分析结果都以表格形式输出。

①计量分析

Patentmetrics_ Wen 可进行的计量分析项目有专利发明人、主 IPC 分类号、权利要求、专利摘要、专利标题、专利权人、专利代理人等。

②聚类分析

Patentmetrics_ Wen 提供的专利聚类分析项目有专利发明人、专利权人、专利标题、IPC 分类号、专利摘要、权利要求等。

（7）数据可视化

本工具提供的数据可视化功能有限，如要动态地修改可视化图谱，需要利用本工具导出共现关系的网络文件，然后利用第三方专业的可视化工具（如Gephi、Pajek、VOSview 等）进行数据可视化。以 Gephi 为例（为了数据可读，节点数据进行了一定程度的筛选），可提供专利权人、专利发明人、专利代理人和专利权利要求关系可视化等输出功能。如图 5 – 12 所示。

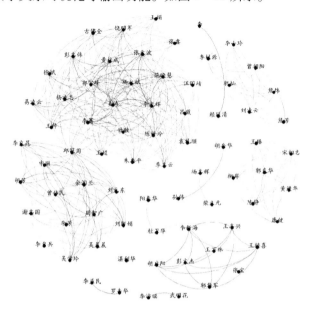

图 5 – 12　专利发明人关系可视化

5.3　专利信息可视化分析系统开发

以计算机技术和网络技术为核心的现代信息技术飞速发展，数据和信息量呈几何级数爆炸式增长，面对海量信息和大数据，人们对数据和信息分析的要求越来越高，如何从混沌中发现问题、找到规律、实现价值日益受到关注，商业智能技术（Business Intelligence，简称 BI）应运而生，并被广泛用于专利信息可视化分析系统开发。

5.3.1　技术基础

商业智能技术是包括数据仓库、联机分析处理（OLAP）、数据挖掘（Data Mining）在内的用于统计和分析商务数据的一种先进信息技术。商业智能系统设计包括实体数据模型设计、ETL（抽取、转换和装载）设计、数据挖掘方法设计、终端程序设计（OLAP 或 EIS）等。商业智能技术于 1996 年由

Gartner Group 提出，通常被理解为一种将组织中现有的数据转化为知识并帮助组织做出明智的业务经营决策的工具[70]。将数据仓库（DW）、联机分析处理（OLAP）、数据挖掘（DM）等技术与资源管理系统（ERP）结合起来应用于商业活动实际过程当中，实现了技术服务于决策的目的。

专利数据仓库和数据库管理系统是专利信息可视化分析系统开发的技术基础。专利数据仓库是用来存储专利数据的数据库，是建立在数据库管理系统之上的一个数据库，是专利信息可视化分析的数据载体。数据库管理系统（简称 DBMS）是一种操纵和管理数据库的大型软件，用于建立、使用和维护数据库。常用的 DBMS 主要有：Oracle、DB2、Microsoft SQL Server。其中 Microsoft SQL Server 是一种典型的关系型数据库管理系统，使用 Transact – SQL 语言完成数据操作，可为用户提供完整的数据库解决方案，具备全套数据分析工具，如 Microsoft SQL Server Integration Services（简称 SSIS）可进行异构数据的提取，SQL Server Analysis Services（简称 SSAS）可建立多维数据集和数据挖掘模型，SQL Server Reporting Services（简称 SSRS）可进行报表设计和数据输出。本节基于 Microsoft SQL Server 2012 开发专利数据仓库和数据库管理系统，采用 C/S 开发方式实现专利信息可视化分析系统设计。

5.3.2 需求分析

需求分析是软件系统生命周期中最重要的一环，通过需求分析可以把软件系统的功能需求和性能需求的总体概念描述为具体的软件系统需求规格说明，进而奠定软件系统开发的基础[71]。系统需求包括系统建设目标、性能需求和功能需求。

（1）建设目标

专利信息可视化分析系统的设计是把商业智能（BI）技术应用于专利信息分析，主要是为了实现以下建设目标：

①引入专利分析指标，用户可以不用知道专利指标的计算方式，只需要了解这些指标的用途，就可以利用系统得出分析结果；

②建立多维分析系统，为用户从多角度分析问题提供可靠的工具，从而为专利申请和专利战略制定提供准确、及时的依据；

③为专利权人和专利发明人及企业了解竞争对手的核心技术和研究热点领域及确定专利申请战略、专利实施战略与专利保护战略服务；

④为发现科技创新人才提供支持；

⑤为国家从宏观层面发现技术发展趋势、提升科研水平、制定投入与产出规划等提供决策支持。

建设目标决定了专利信息可视化分析系统设计的功能目标，主要包括功能体系结构的说明、各模块之间关系的描述、系统界面形式的选择以及各个功能模块的设计[72]。

（2）功能需求

专利信息可视化分析系统的功能需求可以定义为两大类，即多维数据分析和专利数据挖掘[73-74]。多维数据分析即多角度分析专利数据，包括专利申请时间（从整体和技术领域分析专利申请的趋势）、专利公开时间（分析专利的公开趋势，专利申请与公开的时间差，即专利申请延迟公开的大致时间）、专利代理机构和代理人（分析和评估专利代理机构和代理人）、专利申请地域（分析专利地域分布趋势及各地域技术优势和人才分布情况）、专利权人（分析专利权人的技术状况、专利申请状况、专利质量和研究热点等）、专利发明人（发现高产专利发明人和核心技术人员，与专利分类号结合可以分析专利发明人的技术特点）、专利分类号（从 IPC 分类和专利技术领域分析专利信息，结合区域、发明人和专利权人可以综合分析专利数据，确定各区域、发明人、专利权人的技术特点和优势）、专利授权（观察专利授权状况及相关法律状态）、专利失效（观察专利失效状况）、专利类型（分析专利类型，并结合其他角度进行综合分析，如专利技术生命周期）等。用户可自由选择专利数据分析角度。

专利数据挖掘功能包括专利发明人关联分析、专利权人关联分析、IPC 关联分析、专利引证分析、专利聚类分析和专利申请时序分析等。专利发明人关联分析用来发现专利发明人之间的合作发明状况，并可以通过这个模型为企业选择合适的发明人和技术人才；专利权人关联分析用来发现专利权人之间的关系网络；IPC 关联分析用来发现专利技术领域间的关系；专利引证分析利用专利之间的引用关系发现基础专利、核心专利、技术演变过程；专利聚类分析用来对专利数据进行划分；专利申请时序分析用来预测未来的专利发展趋势。

专利信息可视化分析系统最主要的功能是对专利数据进行可视化分析并绘制相关图谱以及对相关数据进行挖掘与预测。专利信息可视化分析系统的功能结构如图 5－13 所示。专利信息可视化分析系统主要由 4 大部分组成，即数据仓库、ETL 系统、OLAP 和数据挖掘。数据仓库是专利数据的存储地；ETL 系统可以批量处理异构的专利数据；OLAP 是多维分析专利数据的技术核心；数据挖掘就是从大量的专利数据中发现隐藏的模式和规律。

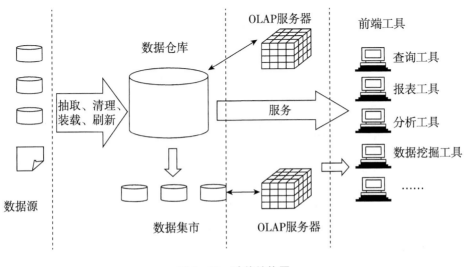

图 5－13 功能结构图

（3）性能需求

专利信息可视化分析系统的性能需求主要包括安全性需求、可靠性需求、用户界面需求、响应时间需求、灵活性需求、故障处理需求、可扩展性需求等。

5.3.3 设计思路

（1）总体设计

1）总体结构设计

专利信息可视化分析系统由两部分组成：一是进行多维数据分析的 OLAP 模块；二是对专利数据进行挖掘的数据挖掘模块。数据挖掘模型有聚类分析、时序分析和关联分析三个挖掘模型组成。如图 5 – 14 所示。

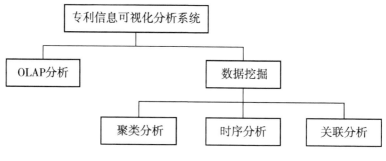

图 5 – 14　系统总体结构模块图

2）开发组件选择

专利信息可视化分析系统最核心的技术工作是 ETL 和多维模型构建。本系统的设计主要采用微软提供的控件，如表 5 – 7 所示。

表 5 – 7　专利信息可视化分析系统的功能模块及实现组件

模块	结果呈现组件
多维分析	Office Web Components（OWC 组件）
关联模块	Microsoft. AnalysisServices. AdomdClient. AssociationViewer
时序模块	Microsoft. AnalysisServices. AdomdClient. TimeSeriesViewer
聚类模块	Microsoft. AnalysisServices. AdomdClient. ClusterViewer

（2）设计思路

专利信息可视化分析系统的设计思路重点考虑专利数据仓库建立、专利数据处理、SSIS 包处理和数据检查。

专利数据仓库的建立主要是根据专利数据特征建立专利数据维度模型，如图 5 – 15 所示。进而形成事实—关系关联模型，如图 5 – 16 所示。

专利异构数据装入专利数据仓库前必须对专利数据进行 ETL（Data Extract，Transformation and Load，ETL），对专利数据进行清洗、转换、集成，最后加载到数据仓库或数据集市中，成为联机分析处理、数据挖掘的基础。ETL 主要涉及专利数据关联、转换、增量、调度和监控等方面，体系结构如图 5 – 17 所示。专利数据的 ETL 处理由三大部分组成：①基本专利事实处理；②发明人事实和专利权人事实处理；③授权专利和失效专利处理。

— 186 —

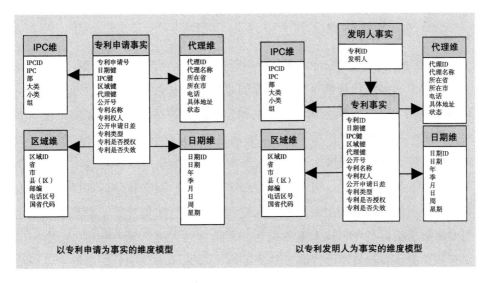

图 5 – 15 专利信息可视化分析系统的专利数据维度模型

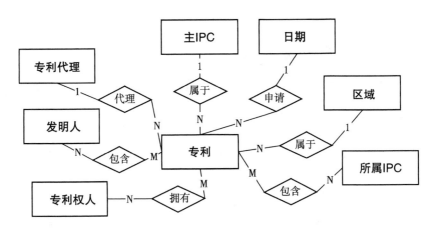

图 5 – 16 事实—关系（E – R）关联图

图 5 – 17 ETL 体系结构

5.3.4　模型构建

模型构建主要是建立专利多维分析数据库与专利数据挖掘模型。

创建专利多维分析数据库就是要创建数据源和数据源视图[75]，如图 5 - 18 所示。专利数据多维分析模型中的维度可以分为标准维度、事实维度、多对多维度、引用维度等。标准维度主要有日期维度、区域维度、IPC 维度、代理机构维度、发明人维度、专利权人维度、基本信息维度（授权、失效、类型等）等。维度创建后，可对其进行部署、浏览、筛选和分析等操作。在专利多维分析模型的基础上，需要引入专利指标进行赋值计算。本系统采用发明专利分析指标和专利技术生命周期分析指标两大类，其中专利分析指标主要有数量类、质量类和价值类三类[76]，专利技术生命周期分析指标主要有技术生长率（ν）、技术成熟指数（α）、技术衰老指数（β）和新技术特征指数（N）[77]。

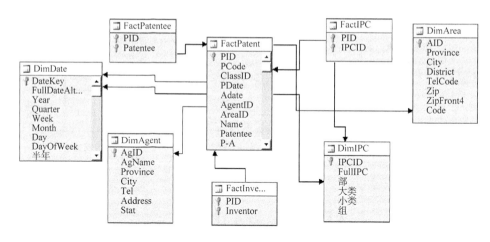

图 5 - 18　专利数据多维分析模型数据源视图

数据挖掘主要有自动预测趋势和行为、关联分析、聚类、概念描述、偏差检测五类功能[78]。专利数据挖掘需求主要体现在：分析专利发明人之间的关系去发现发明人之间的合作关系，并找出核心技术人员；预测未来一段时间的技术发展趋势；对失效专利数据进行聚类并寻找专利失效的原因等。专利数据挖掘可以从海量的专利数据中去发现模式，从而为专利战略制定提供决策支持[79]。本系统的数据挖掘模型主要有三类：一是关联分析模型，包括专利发明人关联分析模型、专利权人关联分析模型和 IPC 关联分析模型，其核心：一是通过关联规则算法生成关联网络；二是聚类分析模型；三是数据预测模型，如专利申请趋势预测和专利授权预测模型。

5.3.5　系统应用

（1）安装 SQL Server 2008 客户端

SQL Server 2008 客户端安装分多个步骤完成：

①打开下载后的文件夹，双击 . exe 文件。

②点击"运行程序"，启动安装程序。

③点击左侧"安装"。

④点击右侧第一项"全新 SQL Server 独立安装或向现有安装添加功能"，这时将启动安装程序初始化，稍等片刻，将启动"安装程序支持规则"。

⑤对安装规则进行检测，如果此步骤没有监测到异常或错误，显示通过后点击"确定"。

⑥选择安装版本并输入正确的产品密钥后，点击"下一步"。

⑦选择勾选"我接受许可条款"，然后点击"下一步"。

⑧对于程序支持文件，点击"安装"。

⑨如果"安装程序支持规则"全部通过，点击"下一步"。

⑩选择需要安装的功能，可以点击"全选"，否则务必勾选的功能为"数据库引擎服务""Analysis Services""Business Intelligence Development Studio""Integration Services""管理工具"等。

⑪安装配置页面，选择默认实例，点击"下一步"。

⑫保证所在磁盘有对应的空间，点击"下一步"。

⑬在"服务器配置"中，服务账户中账户名选择有管理权限的账户，并对所有 SQL Server 服务使用相同账户。

⑭为所有 SQL Server 服务账户制定一个用户名和密码，点击"确定"。

⑮指定 SQL Server 管理员，点击"下一步"。

⑯配置 Analysis Service 账户，点击"下一步"。

⑰配置错误和使用情况报告，直接点击"下一步"即可。

⑱安装配置规则通过后，点击"下一步"。

⑲点击"安装"，然后开始安装，预计安装时间为 20～30 分钟。

⑳安装完成，点击"重启电脑"。

（2）挂载专利分析系统的数据仓库

①在"开始"程序中，点击"SQL Server Management Studio"，打开"SQL Server 2008"。

②在"输入名称"栏输入"."或"127.0.0.1"，然后点击"连接"，启动 SQL Server 客户端。

③在左侧数据库中右击，打开快捷菜单，点击"附加"，打开附加数据库对话框。

④在"要附加的数据库"中，选择专利分析系统的数据仓库所在的位置，然后点击"确定"。

⑤如果能在数据库区域看到 PatentDW 数据库，代表"专利分析系统的数据仓库"挂载成功。

（3）建立 ETL 模型处理专利数据

①双击要处理的专利数据类型，将打开"执行包实用工具"。

②点击左侧的"连接管理器"，在 Excel 连接管理器中的连接字符串中"Data Source ="后面填入已提前下载并整理的 Excel 专利原始数据文件；然后点击"执行"。

③如果执行进度没有报错，代表原始数据清洗成功，点击"关闭"。

（4）建立 OLAP 模型分析专利数据

①在"开始"程序中，点击"SQL Server Business Intelligence Development Studio"，打开"Microsoft Visual Studio"客户端。

②选择"文件"—"打开"—"文件"，打开已构建的"专利可视化分析 OLAP 模型"。

③打开成功，这时可以执行快速的查询、可视化及已构建的分析任务，如图 5 - 19 所示。

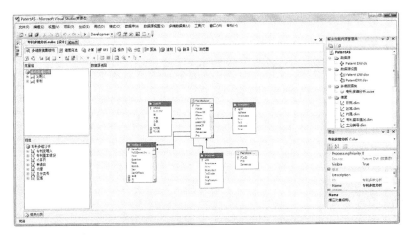

图 5-19

（5）开展专利信息计量与挖掘分析

开发完成的专利信息可视化分析系统可用于专利计量分析和专利数据挖掘分析。

1）专利信息计量分析

进入专利信息可视化分析系统，选择数据分析菜单，可得到专利数据分析字段列表（共有 10 个字段），可选择不同的字段对专利数据进行一维、二维和三维组合分析，如图 5-20 所示。

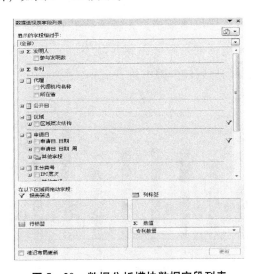

图 5-20　数据分析模块数据字段列表

①区域专利分布分析

在字段中选择"区域"和"专利类型",可进行区域专利分布分析。由图 5 – 21 可知,湖南省专利申请地区分布差异较大,科技发展水平极不均衡。长沙市发明专利和实用新型专利数量大体均等,而其他地区的专利申请数量中,实用新型专利占总专利申请的比重较大。

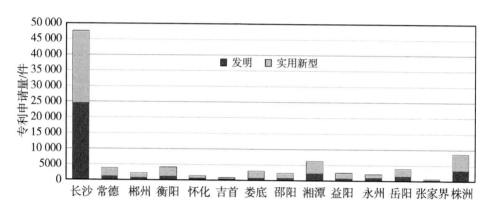

图 5 – 21 湖南省各地区专利分布可视化图

②区域专利质量分析

在字段中选择"区域"和"专利质量",利用"专利失效率"和"发明专利授权率"两个指标,可以初步判断专利申请质量,如图 5 – 22 所示。湖南省各地区的发明专利授权率都不高,基本维持在 20% ~ 35%;长株潭地区的授权率最高,邵阳地区的授权率最低。从专利失效率角度来看,长株潭地区的失效率最高,邵阳地区的失效率最低。

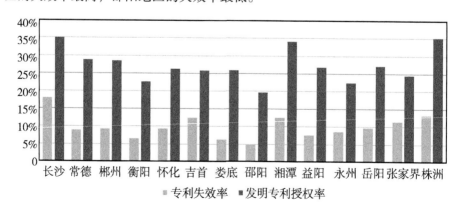

图 5 – 22 湖南省各地区专利质量可视化图

③专利 IPC 分析

在字段中选择"IPC 分类号",可以了解所在区域、技术领域、发明人等的专利 IPC 分布,从而反映其技术研发重点、技术特点、技术优势等。湖南省的产业优势主要体现在建筑、机械和医疗卫生等领域,如图 5 - 23 所示,湖南省在 E04B(建筑结构)、A61K(医用品)和 G01N(材料测试)三个 IPC 技术领域的专利申请量居前三位。

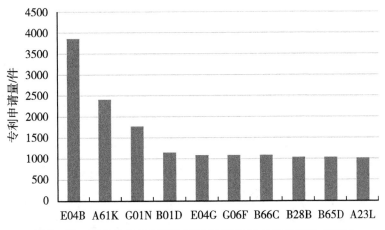

图 5 - 23 湖南省专利申请量 IPC 排名前 10 位的专利技术领域

④专利发明人分析

在专利字段中选择"专利发明人",可对专利发明人的专利申请进行统计分析,发现技术领军人物,如图 5 - 24 所示。

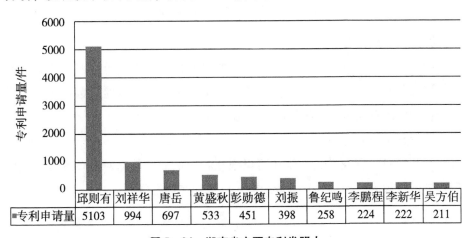

	邱则有	刘祥华	唐岳	黄盛秋	彭勋德	刘振	鲁纪鸣	李鹏程	李新华	吴方伯
专利申请量	5103	994	697	533	451	398	258	224	222	211

图 5 - 24 湖南省主要专利发明人

2）专利数据挖掘分析

①专利发明人关联分析

专利信息可视化分析系统可对专利发明人和专利权人进行关联分析，反映技术研发团队及其影响力，专利权人合作关系及潜在合作意向。如图 5 - 25 和图 5 - 26 所示。若通过钻取对刘立文等人组成的专利发明关联网络进行进一步分析可以发现其所在企业及技术骨干。

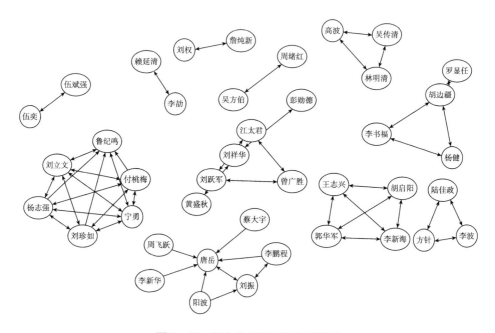

图 5 - 25　湖南省专利发明人关联图

②专利聚类分析

利用专利信息可视化分析系统的"聚类分析"功能，可以对 IPC 分类号进行聚类分析，反映技术关联，如图 5 - 27 所示；还可以通过数据钻取，借助分析剖面图对聚类特征进行深入挖掘分析。

③专利申请趋势预测

专利信息可视化分析系统还可以根据积累的专利数据对 IPC 各类专利申请趋势进行预测，反映专利申请趋势、技术和产业发展趋势。

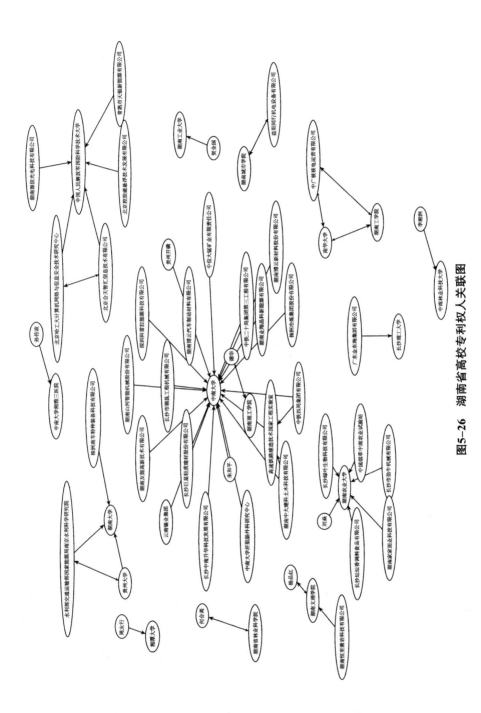

图5—26　湖南省高校专利权人关联图

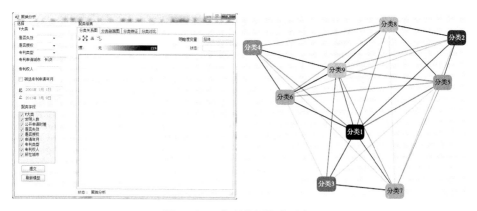

图 5 - 27　专利数据聚类分析

本章参考文献

[1] 李建蓉. 专利信息与利用 [M]. 北京：知识产权出版社，2006：19，42 - 45.

[2] 杨铁军. 专利信息利用技能 [M]. 北京：知识产权出版社，2011：334 - 405.

[3] 孟俊娥. 专利检索策略及应用 [M]. 北京：知识产权出版社，2010：9 - 39.

[4] 陈仲伯. 专利信息分析利用与创新 [M]. 北京：知识产权出版社，2012：39 - 195.

[5] 牟萍. 专利情报检索与分析 [M]. 北京：知识产权出版社，2012：23 - 34.

[6] 杨铁军. 专利信息利用导引 [M]. 北京：知识产权出版社，2011：130 - 203.

[7] 陈燕，黄迎燕，方建国，等. 专利信息采集与分析 [M]. 北京：清华大学出版社，2006：144 - 225.

[8] 谢顺星. 专利咨询服务 [M]. 北京：知识产权出版社，2013：33 - 46.

[9] 杨丽. 基于专利地图的专利分析方法及其影响因素探讨 [J]. 图书馆，2011 (4)：103 - 105.

[10] 李建蓉. 专利信息与利用 [M]. 北京：知识产权出版社，2006：166 - 295.

[11] 国家知识产权局专利文献部. 专利文献与信息检索 [M]. 北京：知识产权出版社，2013：112 - 306.

[12] 肖沪卫. 专利地图方法与应用 [M]. 上海：上海交通大学出版社，2011：28 - 36.

[13] 孟俊娥. 专利检索策略及应用 [M]. 北京：知识产权出版社，2010：40 - 65.

[14] 陈仲伯. 专利信息分析利用与创新 [M]. 北京：知识产权出版社，2012：196 - 261.

[15] 牟萍. 专利情报检索与分析 [M]. 北京：知识产权出版社，2012：35 - 46.

[16] 王永红. 定量专利分析的样本选取与数据清洗 [M]. 情报理论与实践，2007 (1)：93 - 96.

［17］方曙．基于专利信息分析的技术创新能力研究［D］．重庆：西南交通大学，2007：24 – 25.

［18］魏保志．利用搜索引擎检索现有技术［M］．北京：知识产权出版社，2011.

［19］张静，等．国内外专利分析工具功能比较研究［J］．情报理论与实践，2008（1）：141 – 145.

［20］王敏，李海存，许培扬．国外专利文本挖掘可视化工具研究［J］．图书情报工作，2009（24）：86 – 90.

［21］毛金生，冯小兵，陈燕．专利分析和预警操作实务［M］．北京：清华大学出版社，2009：31 – 34.

［22］牟萍．专利情报检索与分析［M］．北京：知识产权出版社，2012：187 – 195.

［23］陈燕，黄迎燕，方建国，等．专利信息采集与分析［M］．北京：清华大学出版社，2006：300 – 324.

［24］方署．基于专利信息分析的技术创新能力研究［D］．西安：西安交通大学，2007：43 – 54.

［25］牟萍．专利情报检索与分析［M］．北京：知识产权出版社，2012：187 – 195.

［26］刘佳佳，董旻，方曙．国外专利分析工具的比较研究［J］．现代图书情报技术，2007（2）：67 – 74.

［27］葛小培，孙涌，马玉龙，等．基于文本挖掘的专利分析工具的比较研究［J］．现代情报，2010（4）：8 – 12.

［28］TRIPPE A. Patinformatics：Tasks to Tools［J］．World Patent Information，2003（25）：211 – 221.

［29］ELDRIDGE J. Data Visualization Tools：A Perspective from the Pharmaceutical Industry［J］．World Patent Information，2006（28）：43 – 49.

［30］陈颖．专利分析工具的引文分析功能比较研究［J］．医学信息学杂志，2011（9）：38 – 42.

［31］WIPO. Patent Information in Brief［EB/OL］．［2016 – 03 – 06］．http：//www. wipo. int/patentscop/en/data/patent_ information. html.

［32］BLANCHARD A. Understanding and Customizing Stopword Lists for Enhanced Patent Mapping［J］．World Patent Information，2007（29）：308 – 316.

［33］肖沪卫．专利地图方法与应用［M］．上海：上海交通大学出版社，2011：45.

［34］王兴旺，孙济庆．国内外专利地图技术应用比较研究［J］．情报杂志，2007（8）：113 – 116.

［35］PORTER L，CUNNINGHAM W. Tech Mining：Exploiting New Technologies for Competitive Advantage［M］．New York：John Wiley & Sons，2005.

［36］张娴，高利丹，唐川，等．专利地图分析方法及应用研究［J］．情报杂志，2007（11）：22 – 25.

［37］冯永琴，张米尔．基于专利地图的技术标准与技术专利关系研究［J］．科学学

研究，2011（8）：1170－1176.

　　［38］金静静，乔晓东，桂婕．基于专利地图分析方法的实例研究［J］．科技风，2009（6月下）：234－235.

　　［39］吴新银，刘平．专利地图研究初探［J］．研究与发展管理，2003（5）：88－92.

　　［40］翟东升，王明吉．基于专利地图理论的专利分析系统研究［J］．情报杂志，2006（3）：5－9.

　　［41］郑云凤．国内外专利地图研究与应用综述［J］．竞争情报，2012（夏季刊）：48－53.

　　［42］王锐锋，何琦，姚蕾．油气管道防腐蚀专利技术图［J］．石油化工腐蚀与防护，2008（5）：52－55.

　　［43］肖国华．专利地图研究与应用［D］．成都：四川大学，2006.

　　［44］国家知识产权局．日本制定《知识产权推进计划2005》（概要）［EB/OL］．［2020－10－25］．http：//www. sipo. gov. cn/sipo2008/dtss/gw/t20080401_ 352935. html.

　　［45］侯筱蓉，司有和，吴海燕．基于引文路径分析的专利技术演进图制作的实证研究：以医学内窥镜专利分析为例［J］．情报学报，2008（5）：788－792.

　　［46］翟东升，王明吉．基于专利地图理论的专利分析系统研究［J］．情报杂志，2006（3）：5－9.

　　［47］王知津．竞争情报［M］．北京：科学技术文献出版社，2005：166－167.

　　［48］董菲，朱东华，任智军，等．基于专利地图的专利分析方法及其实证研究［J］．情报学报，200（3）：422－429.

　　［49］刘平，戚昌文，吴新银．专利地图制作及解析研究［EB/OL］.［2020－10－25］．http：//www. nipso. cn/gnwzscqxx/zlll/t20051222_ 63332. asp.

　　［50］杨丽．基于专利地图的专利分析方法及其影响因素探讨［J］．图书馆，2011（4）：103－105.

　　［51］刘平，张静，戚昌文．专利技术图制作方法实证分析［J］．科研管理，2006（6）：109－118.

　　［52］肖沪卫．专利地图方法与应用［M］．上海：上海交通大学出版社，2011：322－389.

　　［53］蒋贵凤，李艳，钟少颖．区域知识战略定位方法研究：专利地图法的应用［J］．情报理论与实践，2014（11）：44－49.

　　［54］肖沪卫．专利地图方法与应用［M］．上海：上海交通大学出版社，2011：11－12.

　　［55］冯宗智．知识产权也是我们手中的盾牌［J］．科技智囊，2003（5）：16－18.

　　［56］郑重，张旭廷．专利地图就是"作战"地图［J］．互联网周刊，2004（38）：42－45.

　　［57］JAPAN PATENT OFFICE ASIA－PACIFIC INDUSTRIAL PROPERTY CENTER. Guide Book for Practical Use of Patent Map for Each Technology Field［EB/OL］.［2020－10－15］．http：//www. ircc. iitb. ac. in/webadm/rnd/IPcourse/Dr. % 20Ganguli% 20IP% 20

Course/additional% 20docs/5 – 03. pdf.

［58］包海波. 日本企业的知识产权战略管理［J］. 科技与经济，2004（2）：41 – 45.

［59］HUANG ZAN，CHEN HSINCHUN，CHEN ZHI – KAI，et al. International Nanotechnology Development in 2003：Country，Institution，and Technology Field Analysis Based on USPTO Patent Database［J］. Journal of Nanoparticle Research，2004（6）：325 – 354.

［60］冯小兵. 韩国知识产权体系简介［EB/OL］.［2020 – 10 – 15］. http：//www. ppac. org. cn/lcontent. asp? c = 82&cid = 133&id = 1237.

［61］车慧中. 专利布局暨专利地图技术分析［EB/OL］.［2020 – 10 – 18］. http：//www. gainia. com/front/bin/ptdetail. phtml? Part = 101 – 8. 2&Category = 0.

［62］第一届亚太专利地图研讨会［EB/OL］.［2020 – 10 – 18］. http：//www. apipa. org. tw/activity/activityviewada. asp? intADAActivityID = 84.

［63］专利实务暨专利分析培训班［EB/OL］.［2020 – 10 – 18］. http：//my. nthu. edu. tw/rd/revised/800/news/news060/registration. doc.

［64］刘平，张静. 专利技术图在企业专利战略中的具体应用［J］. 电子知识产权，2005（7）：27 – 30.

［65］谭思明. 专利地图技术在企业竞争情报活动中的应用案例分析：国际微流控芯片专利竞争力的竞争情报研究［J］. 图书馆杂志，2005（6）：27 – 31.

［66］谭思明. 基于专利地图技术的中、美微流控专利竞争情报研究［J］. 情报杂志，2005（5）：33 – 35.

［67］翟东升，王明吉. 专利地图在技术性贸易壁垒预警中的应用［J］. 图书与情报，2006（1）：96 – 98.

［68］肖沪卫. 专利地图方法与应用［M］. 上海：上海交通大学出版社，2011：44 – 47.

［69］python［EB/OL］.［2020 – 10 – 10］. https：//baike. baidu. com/item/Python/407313? fr = aladdin.

［70］Brian Larson. SQL Server 2005 商业智能实现［M］. 武海锋，赵志恒，译. 北京：清华大学出版社，2008.

［71］郑人杰，等. 软件工程概论［M］. 北京：机械工业出版社，2010.

［72］康宇航，苏敬勤. 基于专利引文的技术跟踪系统：理论模型与工具开发［J］. 科技政策与管理，2008（4）：24 – 27.

［73］岑咏华，王雪芬，傅志诚. 在线专利分析软件开发的关键技术及实现［J］. 现代图书情报技术，2008（11）：49 – 55.

［74］康健，孙济庆. 基于专题的专利分析系统的设计与实现［J］. 农业网络信息，2007（10）：194 – 196.

［75］吕琳，朱东华，刘玉琴. 基于 OLAP 和聚类分析结合的美国专利挖掘系统［J］. 计算机工程与应用，2008（11）：186 – 187，217.

［76］黄庆，等. 专利评价指标体系：专利评价指标体系的设计和构建［J］. 知识产权，2004（5）：25 – 28.

［77］袁辉，等．专利技术生命周期图示法的应用研究［J］．专利文献研究，2010（5）：46－50.

［78］刘晓，刘大有．数据挖掘专利综述［J］．电子学报，2003（12）：1989－1993.

［79］JIAWEIHAN，MICHELINE KAMBER．数据挖掘概念与技术［M］．范明，孟小峰，译．北京：机械工业出版社，2007.

第6章　专利信息挖掘实证研究

6.1　三一重工的专利情报挖掘实证研究

当今世界的竞争是以科技和经济为核心的综合实力的竞争[1]，而科学技术是第一生产力，因此，科技竞争是国际竞争的焦点。科技竞争的核心是科技创新，科技创新的核心是知识产权，而专利又是知识产权这一核心中的核心[2-3]。

随着全球科技竞争和市场竞争的加剧，关键技术和核心专利已成为衡量国家、产业、机构、企业和个人科技创新能力与核心竞争优势的重要标志[4]。实践证明，通过专利情报挖掘与分析了解竞争对手和自身所掌握的关键技术与核心专利是科技创新的前提和基础，专利情报挖掘与分析是科技创新的加速器和推进器已成为一种全球共识[5-6]。同时，专利情报挖掘与分析已贯穿企业技术研发和市场竞争的全过程，与人才选拔、研发方向选择与布局、技术攻关、技术引进、成果转化、产品开发、市场营销、法律纠纷等密不可分[7-8]。

专利是企业技术创新的成果，也是企业技术研发中的重要情报源。专利文献和专利数据库是专利情报的重要载体和完整诠释，因此，深入挖掘专利文献和专利数据库中隐含的、潜在的专利经济、技术和法律信息，形成专利情报，对于提升企业的技术创新能力、制定专利发展战略和企业经营管理战略具有十分重要的现实意义和应用价值。

6.1.1　三一重工简介

三一重工股份有限公司（以下简称"三一重工"），由三一集团投资创建于 1994 年，目前是中国较大、全球排名比较靠前的工程机械制造商。

三一重工秉承"品质改变世界"的使命，每年将其销售收入的 5% ~ 7% 用于研发，致力于产品升级换代，瞄准世界一流水平。2011 年 7 月，三一重工以 215.84 亿美元的市值，入围英国《金融时报》（简称 FT）全球 500 强排行榜，是唯一上榜的中国工程机械企业。同时，三一重工凭借其技术创新实力，先后三次荣获"国家科技进步奖"，两次荣获"国家技术发明奖"，成为新中国成立以来工程机械行业获得国家级最高荣誉的企业。

三一重工旗下有三一重工股份有限公司、三一重机有限公司、湖南三一路面机械有限公司、三一汽车起重机械有限公司、三一重装国际控股有限公司、三一海洋重工有限公司、三一筑工科技有限公司、三一重能有限公司、三一太阳能有限公司、三一汽车制造有限公司、索特传动设备有限公司等子公司。

6.1.2　专利情报挖掘数据源

本研究的专利数据来源于中国知网（CNKI）专利数据库，在数据库中分别以三一重工、三一集团、三一重机、三一路面机械、三一汽车起重机械、三一重装、三一海洋重工、三一筑工、三一重能、三一太阳能、三一汽车制造、索特传动设备等为专利权人进行检索，时间范围设定为 1996—2016 年（检索时间为 2017 年 12 月 30 日），共检索到三一重工及其旗下企业的专利申请量为 10021 件。

6.1.3　专利申请趋势分析

三一重工的专利申请数据年度分布和专利申请量趋势如表 6 - 1 和图 6 - 1 所示。由表 6 - 1 和图 6 - 1 可知，三一重工的专利申请量分布大致分为四个时期。2000 年之前为萌芽期，不论是专利数量还是增量都处于较低的水平。2000—2006 年，专利申请处于起步阶段。2006 年之后，三一重工的专利申请量逐年上升。2007—2012 年，三一重工的专利申请量大幅度增长，企业步入高速发展期。短短 6 年间，三一重工的专利申请量由 199 件增长至 2211 件，增幅达到 1011%，技术创新、技术研发和专利申请达到顶峰。这一方面是因为我国大力推动基础建设，工程机械市场迅速扩张和竞争加剧，而市场竞争则必然会带动技术革新；另一方面说明三一重工日益重视技术创新，正在努力完善研发机制，提升研发人员的积极性和创造性，提高研发效率，这也表明三一重工将专利技术的发展和保护提升到了企业战略高度。而 2012 年之后，三一重工的专利申请量开始下滑，这表明机械工程专利技术进入成熟期，发明专利申请量减少，实用新型专利申请量开始上升，企业必须寻找新的技术突破口和技术生长点，才能在激烈的市场竞争中保持优势地位。

表 6-1　三一重工的专利申请年度分布

年份	数量/件	年份	数量/件
1996	4	2007	199
1997	1	2008	218
1998	0	2009	375
1999	2	2010	885
2000	9	2011	1200
2001	23	2012	2211
2002	31	2013	1676
2003	30	2014	1360
2004	68	2015	863
2005	97	2016	699
2006	70		

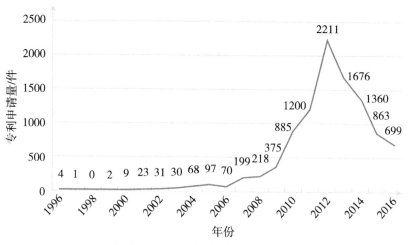

图 6 - 1　三一重工的专利申请趋势

三一重工的前身湖南三一重工业集团有限公司成立于 1994 年。1996 年三一重工的第一件专利产生，说明三一重工在发展初期就将技术创新摆在首要位置，重视专利申请和专利技术保护。三一重工之所以能在短短 30 年内发展成为重量级的工程机械制造商，与其高度重视技术创新和专利技术保护，且每年将销售收入的 5% ~7% 用于技术研发密切相关。

6.1.4　专利申请区域分析

从三一重工专利申请量的地域分布来看，排名前 10 的省份分别是湖南省、辽宁省、北京市、上海市、江苏省、广东省、浙江省、福建省、宁夏回族自治区、天津市。三一重工在湖南省的专利申请量达到了 4980 件，约占总量 10 021 件的 50%，远多于其他省份，如表 6 - 2 所示。

表 6 - 2　三一重工的专利申请地域分布

区域	中国											英国	美国	其他国家
	湖南省	辽宁省	北京市	上海市	江苏省	广东省	浙江省	福建省	宁夏回族自治区	天津市	其他省、直辖市、自治区			
数量	4980	1302	1240	1089	825	244	120	66	16	15	91	19	10	4

这是因为，虽然三一重工总部已搬迁至北京，但其发源地在湖南，早期的大部分专利都是在湖南申请的。另外，三一重工最大的事业部，泵送事业

— 204 —

部研发中心仍在湖南省长沙市，而其研发实力和专利申请量在公司内首屈一指。排名第 2~5 位的四个地区分别是三一重装（辽宁省）、三一重机（北京市）、三一科技（上海市）、三一挖机（江苏省）四个较大的集团子公司所在地，故其专利申请量远高于其他地区。随着三一重工国际化步伐的加快，三一重工在海外也有少量的专利申请。面对激烈的国际市场竞争，现有的海外专利申请量，对于一个在印度、英国、美国、德国、巴西等国都建有海外研发和制造基地的大型工程机械制造类的跨国企业来说是远远不够的。

6.1.5　专利发明人及其合作网络分析

（1）重要专利发明人分析

在三一重工的 10021 件专利申请中共有专利发明人 5120 人，技术研发人员群体力量非常强大。其中，专利申请量在 20 项以上的专利发明人 209 位，占公司专利发明人总量的 4.08%；专利申请量在 30 项以上的有 97 人，占公司专利发明人总量的 1.89%，重要高产发明人群体技术研发实力不够突出，如表 6 - 3 所示。

表 6 - 3　三一重工主要发明人专利申请分布

发明人	专利申请量/件	发明人	专利申请量/件	发明人	专利申请量/件	发明人	专利申请量/件
易小刚	358	邵满元	69	王新明	54	吴佳梁	47
周翔	141	汪春晖	68	陈培洪	53	王海震	46
黎中银	111	李东	64	黄勃	53	刘永东	46
黄向阳	108	蒋志辉	63	李强	52	刘文东	46
代晴华	98	刘志斌	62	周继辉	52	刘木南	45
张克军	92	张作良	60	史成建	50	于洋	42
李翠英	84	李勇	58	满军城	50	王永兴	42
陈锷	82	彭国成	57	曹东辉	50	谭凌群	41
徐鑫	80	朱红	55	孟祥东	50	欧耀辉	41
易秀明	79	李恩龙	54	陈克雷	48	刘锋	41
梁坚毅	75	周斌	54	水俊峰	48	李建涛	41

发明人	专利申请量/件	发明人	专利申请量/件	发明人	专利申请量/件	发明人	专利申请量/件
贾海云	41	张军	37	杨素玲	33	贺电	31
陈林	41	李俊	37	张金涛	33	高承兴	31
冯建伟	40	魏栋梁	37	陈乐尧	33	魏志魁	31
赵明辉	40	张世平	37	吴攀攀	33	刘星	31
张寒	40	吴志强	36	杨新华	33	张涛	31
谢卫其	40	曹锦明	36	王国平	33	张天琦	31
张介夫	40	谢世惠	36	李鹏	33	邓侃	31
刘德林	39	马可白	35	徐国荣	33	张强	30
李冰	39	胡奇	35	丁少华	33	陈培洪	30
侯宝革	39	夏益民	35	邓云海	33	吴冬香	30
郭承志	39	周亮	34	王初亮	32	高晓汉	30
金嵘	38	胡柱	34	于卓伟	32		
全文贤	38	石鹏飞	34	姜成武	32		
袁爱进	37	尹力	34	高杨	31		

三一重工专利申请量排名前9位的重要专利发明人分别为易小刚、周翔、黎中银、黄向阳、代晴华、张克军、李翠英、陈锷、徐鑫，专利申请量都在80件及以上，总量达到1154件，占公司总专利申请量的11.52%。这其中，三一集团董事、执行总裁兼总工程师易小刚先生的专利申请数量达到了358件，远远高于其他研发人员，是三一重工当之无愧的技术领军人物。

（2）重要专利发明人合作网络分析

三一重工的重要专利发明人之间合作比较密切，形成了3个发明人合作网络。其中由易小刚、易秀明、梁坚毅、代晴华等发明人组成的大型合作网络几乎囊括了三一重工的全部重要专利发明人。黎中银、张世平、于卓伟、水俊峰、冯建伟和王永兴、孟祥东、张金涛、谢卫其分别组成2个小型合作网络。只有王初亮为独立专利发明人，与其他人没有合作，可能是因为他和其他发明人在研发方向上存在差异。[9]

6.1.6 技术研发领域分析

抽取三一重工所有专利申请名称中的关键词并进行统计分析可得,出现频率在 50 次以上的关键词有 158 个,80 次以上的有 92 个,去掉无意义的虚词还剩 62 个高频关键词,如表 6-4 所示。由表 6-4 可知,三一重工的专利名称关键词主要集中在装置、系统、工程机械、起重机、液压、设备等方面,围绕重型机构的结构、功能、材料、应用等展开,这表明三一重工多年以来一直注重以上技术领域的研发工作。其中,关键词"装置"出现频率最高,达到2939 次,其含义为某主机产品中的物料模块,这意味着三一重工的大量发明创造是用于对某主机产品的升级与改造,虽然其专业性偏低,但实用性较好。

表 6-4 三一重工专利申请名称高频关键词

关键词	频次	关键词	频次	关键词	频次	关键词	频次
装置	2939	控制系统	386	支撑	146	配重	107
系统	1562	泵	365	工程	141	组件	98
方法	1105	输送	354	卸车	140	箱	97
工程机械	994	车辆	316	安装	138	卸料	95
起重机	875	掘进机	257	阀	138	定位	91
液压	779	采煤	247	摊铺机	137	风机	88
搅拌	609	支架	239	压路机	136	密封	88
控制	599	检测	229	发动机	133	平台	86
机构	553	履带	227	驾驶室	131	叶片	85
结构	542	缸	211	运输车	124	润滑	83
设备	454	机械	210	发电	124	平地机	83
臂	445	伸缩	210	动力	121	固定	82
挖掘机	416	驱动	190	风力发电机	112	加工	80
钻机	408	自动	175	机组	111	卷扬	80
混凝土泵	408	连接	161	机床	111		
混凝土	402	砂浆	153	集装箱	108		

三一重工的专利名称高频关键词大致集中在 6 个方面，并且技术分支比较集中，这说明三一重工的研发方向具有很强的针对性。其中，三一重工的主要发明方向集中在两个领域：一是传统的大型工程机械主机产品及其配件的核心技术研发和改良，如矿上机械、压路机、掘进机等；二是新型产业——风力发电技术。而这两个发明方向互相之间能起到支撑作用，企业也致力于提高自身的核心专利质量，这说明三一重工对核心知识产权有着非常强的保护意识。[10]

6.1.7 专利申请类型分析

三一重工的发明专利申请量为 4217 件，占总量的 42.08%；实用新型专利共申请 5218 件，占专利总申请量的 52.07%；外观设计专利申请量为 586 件，占总比重的 5.84%；如表 6-5 和图 6-2 所示。实用新型专利申请量超过了发明专利申请量，表明重型机械领域技术日趋成熟，市场竞争日益激烈。

表 6-5 三一重工专利申请类型分布表

专利申请类型	数量
发明专利	4217
实用新型专利	5218
外观设计专利	586

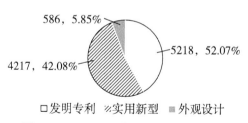

图 6-2 三一重工专利申请类型分布图

三一重工的实用新型专利申请量高于发明专利申请量，进一步分析其发明专利、实用新型专利的申请趋势（如图 6-3 所示）可知，三一重工的发明专利申请量占比在逐渐提高，这说明三一重工的专利申请质量在不断提高。然而随着重型机械领域技术日趋成熟，要想进一步提高专利申请质量，通过知识产权保护技术和市场竞争力，三一重工仍需加大技术研发力度，寻找新的技术突破口和技术生长点，从自主创新的战略高度，用原创新技术和核心专利技术构建坚固的知识产权战略保护体系，进而加强市场竞争优势。

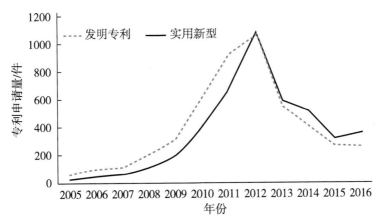

图 6 - 3　三一重工发明与实用新型专利申请趋势图

6.1.8　专利法律状态分析

为了解三一重工专利质量发展趋势，通过三一重工的专利法律状态分布情况进行分析，三一重工全部专利的简单法律状态分布如图 6 - 4 所示，三一重工无效专利占比高达 52% 以上，有效专利不足 50%[11]。通过分析三一重工失效专利占比趋势（如图 6 - 5 所示）及失效原因分布（如图 6 - 6 所示）可知，三一重工专利失效的最主要原因是企业以未缴年费的方式主动放弃专利权，且其失效专利占比自 2010 年后大幅下降，这主要与三一重工的知识产权战略发展有关。随着三一重工对专利保护战略的提升，相对专利数量而言，其更注重专利质量的提升及专利池的构筑。

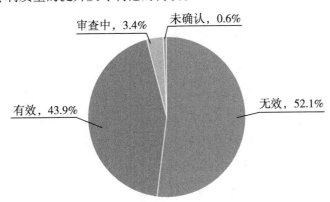

图 6 - 4　三一重工专利法律状态分布

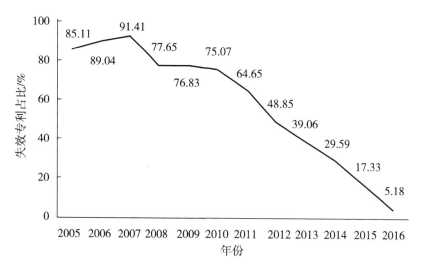

图 6 - 5　三一重工失效专利占比趋势

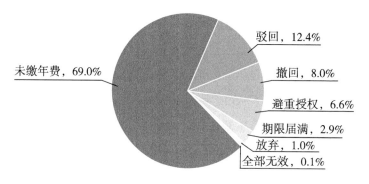

图 6 - 6　三一重工失效专利原因分布

6.1.9　三一重工技术创新与专利战略建议

一直以来三一重工秉承"一切源于创新"的理念，致力于研发世界工程机械最前沿技术与最先进产品。以专利为代表的研发成果居国内行业首位。然而，随着国家创新驱动发展战略的深入推进和知识产权战略的深化实施，三一重工需将以专利为核心的知识产权战略与企业发展战略、市场拓展战略、技术创新战略等进行多层次、多维度的有机统一[12-14]。

（1）加强技术创新储备

从专利技术生命周期角度来看，三一重工的专利技术研发领域一直集中在大型工程机械主机产品及其配件的核心技术研发和改良上，且其主导产品技术步入成熟期，企业必须寻找新的技术生长点，不断推出新的研发成果，才能保持公司的市场竞争力。

从研发团队配置来看，三一重工的专利申请发明人团队规模较大，重要专利发明人集中度比较高，且重要专利发明人之间合作较为密切，但研发团队数量偏少，技术研发方向相对集中，目前的研发团队配置一方面有利于企业集中力量将核心优势技术深入做强做大，但另一方面不利于企业发展新技术、开发新产品、拓展新市场。在智能制造、互联网＋、新一代信息技术等产业环境发展背景下，随着企业业务生态的不断完善和丰富，企业必须结合新兴技术的发展趋势，开展新兴技术领域和新兴技术方向的研发工作，布局新兴产业技术，培养新兴产业研发团队，储备新兴产业研发成果，构建企业长远的可持续核心竞争力。

（2）加强技术创新合作

从专利申请情况及发明人合作网络来看，三一重工非常注重自主创新，但对外合作创新不足，三一重工除在集团内部有专利合作申请外，对外合作申请专利仅30余件，涉及华东送变电工程公司、南京工业大学、湖南科技大学等不足10家机构。建议企业在加强独立研发、内部团队合作的基础上，积极开展国内国际产学研合作，借助科研院所的基础研究力量，提升企业的前沿基础研发能力；同时积极与全球领先的企业开展跨领域的技术合作，达到企业间的合作双赢、缩小研发周期、降低研发成本。

（3）加强海外专利布局

从三一重工现有的国际专利和海外专利数量来看，随着三一重工"国际化"战略的深入推进，三一重工在海外市场的知识产权保护战略有待加深。建议企业在进行海外市场拓展布局时，应注重市场布局与知识产权布局的结合，积极在输出国开展专利、商标等知识产品申请保护工作，最好做到"产品出口，专利先行"，以避免侵权；在拓展海外市场的同时，亦可加强海外研发中心的布局和建设工作，增强本土化的产品研发能力。

（4）加强专利战略管理环境建设

①完善企业专利管理机制。通过进一步完善三一重工的专利管理制度，

优化面向产品研发上市全流程的专利管理业务，优化专利管理相关的配套机制，将专利管理同步衔接于产品研发、技术创新的全流程，不断提高专利质量，通过专利网络的构建提升专利保护的总体效果。

②优化专利战略和专利运营。通过强化专利组合战略的实施，推进基础专利、核心专利与技术标准的结合，实施标准专利战略，积极牵头或参与制定国家标准、国际标准，将核心专利技术方案纳入标准，以积累基本专利；强化企业专利的商业化运营，重视专利战略联盟、专利池的建设，通过专利许可等方式，使专利成为企业的重要竞争要素，提升企业的竞争优势和经济效益。

③加强专利人才队伍建设。通过内部培养和外部引进相结合的方式，扩大企业知识产权专职人才队伍，提高专利管理人才队伍的业务素质，以适应专利战略提升的需求；通过培训等方式，提高企业研发人员的专利知识，提升企业研发团队与专利管理团队的衔接效率，进而提升企业的专利质量。

④优化知识产权文化环境。在知识产权战略全面推进的环境下，企业应加强专利意识和知识产权文化的培育，通过内部刊物宣传、知识产权相关法律教育培训等形式提高企业员工的知识产权保护意识，将创新驱动、知识产权意识和文化内容融入专利战略管理环境建设进程中。

（5）加强专利情报战略体系建设

对三一重工来说，除了自身专利管理运营外，还需要加强本技术领域及竞争对手专利的情报挖掘和研究工作，以服务于本企业的技术创新战略与技术研发工作。

①以专利数据为基础，完善专利数据情报平台建设。数据是情报的基础，要想完善企业专利情报战略体系的建设，专利数据情报平台建设是基础工作。建议企业通过完善专利数据情报平台建设对自身专利加强管理，并整合各种专利情报信息，包括外部专利数据库资源，专利情报人员通过行业情报、市场情报、企业情报等方式获取的专利情报信息，专利情报服务机构提供的专利情报等。

②以专利分析为手段，完善专利预警布局体系。建议企业加强专利情报挖掘与分析工作，将专利情报分析贯穿于企业创新全流程，以构建科学的专

利预警和布局体系。一是建立专利技术研发预警机制，确定合理的预警层次、明确预警重点监测的对象、构建切实可行的预警指标体系[15]，针对企业技术研发相关的专利信息进行收集、整理和分析，评估识别在技术研发各阶段的专利法律风险，借鉴可参考的技术方案，在利用现有技术的同时，有效规避专利技术研发风险；二是构建专利布局网络，通过专利情报分析，梳理本企业的管理技术、核心产品、核心技术方向，并围绕技术创新项目、创新产品、新兴市场进行专利布局，构建严密的专利围栏，及时调整专利实施策略，以保护技术创新成果，规避侵权风险。

③以专利人才为核心，完善专利情报队伍建设。以三一重工的专利规模来看，应该进一步完善其专利人才的分类分工，技术研发人员要有专利意识，知识产权专利人员负责专利申报及管理工作，专利情报人员则需负责专利情报平台的维护、提供专利情报预警分析、专利情报价值评估等专利情报分析服务。

6.2　人脸识别技术领域的专利技术信息挖掘实证研究

专利技术信息挖掘能为企业提供技术情报，为企业技术创新、技术研发和市场竞争提供决策依据。专利是专利申请人的真实诉愿，专利文献信息具有先天的"技术信息源"优势，可以为某一领域处于不同创新阶段的企业提供其所需的专利技术信息。

6.2.1　人脸识别技术概述

随着信息化的快速发展和信息技术的日益成熟，如何快速、准确地鉴定个人身份，保护信息安全与隐私，已经成为社会关注的重要议题。传统身份认证由于极易伪造、丢失等缺点，难以满足需求。生物识别作为一种便捷安全的解决方案，获得了专家的青睐。利用生物识别技术进行身份验证，具有安全、可靠、准确的特点，且生物识别技术产品均需借助计算机技术实现，配合互联网和安全监控等系统，容易实现自动化、智能化管理。

生物识别中最易为用户接受，使用起来最直观、自然的技术应属人脸识别。人脸识别是生物识别的一个重要分支。人脸识别以人脸特征作为基础，通过判断图像或视频中是否有人脸及其主要器官的相对位置和大小，与数据库中人脸特征进行对比和匹配，进而识别个人身份。人脸识别作为生物识别的一种，因为具有唯一性和不易复制性，并且在现实场景中，识别设备不需要用户的刻意接触就可以采集人脸图像进行人脸辨别和判断，模仿人类的正常视觉特性，具有并发性、隐蔽性、非接触性和非强制性的特点[16]，其技术创新和应用价值逐渐受到重视。

（1）人脸识别技术的发展

人脸识别技术研究始于 20 世纪 60 年代。随着光学成像技术和计算机处理技术的发展，人脸识别技术在 20 世纪 80 年代快速兴起，90 年代后期进入应用阶段。较早开展人脸识别技术研发和创新的是美国、日本和德国。

人脸识别技术大致经历了三个发展阶段：面部特征研究阶段、人机交互识别阶段和自动智能识别阶段。面部特征研究阶段主要是将相对简单的命令语句和数据库中的人脸进行联系，与指纹分析相结合，经由被测实验分析获得较为可靠的识别效果。但若想提升人脸识别率，所有命令语句必须由技术人员手工操作，自动化程度低。发展至人机交互识别阶段，技术人员使用一定的几何特征参数表示人脸正面图像，用特征矢量显示人脸特征，且针对特征显示方法设计相应的识别系统，可以实现半自动化操作。近年来，随着计算机技术的突破，全自动机器识别系统进入实用阶段，使得人脸识别技术得到快速发展。依据人脸表征方式划分，人脸自动化识别包括基于连接机制、基于几何特征和基于代数特征三种模式[17]。

人脸识别技术应用非常广泛，目前主要服务于金融、政府、社会保障、军队和安全防护等领域。从市场占有情况来看，未来几年内，人脸识别技术仍将保持快速发展，是极具市场潜力和应用价值的朝阳产业。作为人口大国，人脸识别在中国的市场前景极佳，正处于技术应用和产业发展的蓬勃期。根据美国研究机构 Research and Markets（研究与市场）发布的报告指出：在全球范围内，2014 年人脸识别市场价值约为 1300 亿美元，并且在 2022 年以前都以 9.5% 的复合年增长率持续快速增长。据估计，中国人脸识别技术的市场份额在 2020 年已突破千亿级，如果集成软件和服务，市场规模将高至 3000 亿元[18]。

（2）人脸识别的主要技术领域

人脸识别技术由人脸检测和人脸识别两个部分组成。人脸检测方法包括知识检测法、模板匹配法、统计检测法、特征不变法和外观信息法等，基本思路是利用典型脸部构成，如局部特征、空间位置和几何关系来判断图像是否含有人脸。人脸检测技术要求相对较低，重在检测率、漏检率、误检率和检测速度四个指标。

人脸识别分为 $1:1$ 和 $1:N$ 两种应用场景。$1:1$ 即判断两张图像是否为同一人，通常应用于人证匹配，而 $1:N$ 则是先进行注册，给定 N 个输入及其标识，再执行识别。可见，从概率角度来看，前者相对容易，后者随着 N 的变大，识别时间和误识别率都会相应增加。人脸识别方法包括几何特征法、子空间分析法、统计特征法、模板匹配法、神经网络法、隐马尔可夫模型法等，受制于环境、光照、设备等因素，识别准确性会受到影响。另外，在人脸多姿态识别、人脸表情变化、修饰物遮挡、面部妆整容或者人脸老化等方面依然存在泛化能力弱、识别速度低、结果稳定性较差等问题，且目前无有效针对肤色分割识别的方法。

（3）人脸识别技术的发展方向

未来人脸识别技术的发展方向主要体现在：

①3D 和形变模型。采用图像和视频序列可有效识别人脸姿态和表情的变化，从而较好地解决人脸多姿态问题。

②熵图像。可有效处理光照变化，修复光照空间的光照强度，但是对图像整体恢复均匀光照进而消除光照影响的研究甚少。

③弹性形变概率模型。对表情变化有较好的识别效果，针对遮挡识别问题，则需对如何精确分割图像算法进行改进。

④年龄变化模型。模拟人脸随年龄变化的模型，预测出不同时期的人脸老化图像[19]。

6.2.2　数据来源与研究工具

（1）数据来源

本研究选择 Innography 专利数据库和分析平台作为数据源。Innography 是

Dialog 公司于 2009 年推出的专利信息检索和分析平台，包括全球 90 多个国家和地区的超过 8000 万件专利数据。基于 Innography 丰富的数据模块和检索分析功能，可以快速挖掘核心专利和相似专利，并以若干可视化专利分析图表将专利、商业、诉讼等各方面信息结合起来，形成结构化的分析方案和分析结果。

（2）研究工具

本研究综合使用专利定量分析和定性分析方法，挖掘和分析工具包括 Innography、Excel 和专利可视化分析软件。

Innography 可以提供多种可视化交互分析工具及呈现方式，主要有专利权人热力图、IPC 矩形树图、企业技术气泡图、专利引证图等。专利强度是 Innography 独创的专利评价指标，参考了 10 余个专利价值相关指标，包括：引用在前技术文献量、被引用频次、权利要求数量、同族专利、专利申请时程、专利年龄、专利诉讼和其他因素等。专利强度可以迅速从海量专利中筛选出核心专利，提取出高价值专利文献，帮助用户快速定位关键技术及在此技术领域的活跃团体。专利强度分为 10 级，数值越大，专利的重要性和价值越大[20]。

6.2.3　基于专利检索的人脸识别技术信息挖掘

专利检索是专利信息挖掘与分析的基础，也是获取专利技术信息的主要途径。

（1）检索步骤

①技术需求分析。检索需求分析是专利技术信息检索的起点，通过检索获取人脸识别技术领域主题并形成专利文献集合，研究该类专利群的关系或共同倾向，如技术趋势、引证关系等，以启迪创新思路、提高技术水平，故应选择尽量多的样本，但不求查全。

②技术主题分析。技术主题是指检索项目的主要技术内容，本研究的技术主题是人脸识别技术。

③技术主题表达。将反映技术主题的语词直接输入数据库进行检索，很有可能漏检，因此需要拆分技术概念。人脸识别包括"人脸检测"和"人脸

识别"两个部分，除此之外还可以将关键词扩大到"图像识别""图像处理"与"人脸"的组配。

④确定检索范围和数据库。检索的时间范围限制在公开日期早于 2017 年 12 月 31 日，检索的地域范围覆盖美国、中国、韩国、日本、WIPO、EPO 等国家和专利组织，在 Innography 专利数据库中进行检索，检索时间为 2018 年 3 月 17 日。

⑤具体实施检索。在发明名称字段中进行与检索，输入（"face detection" or "face recognition"），限定公开日期，检索得到 5512 条专利数据，从中挑选几篇高度相关文献，从著录项目中提取 IPC 分类号，发现人脸识别专利主要集中在 G06K、G06F、G06T 分类下，对照国际专利分类表进一步确认分类号：

G06K：数据识别；数据表示；记录载体；记录载体的处理

　　G06K9/00：用于阅读或识别印刷或书写字符或者用于识别图形

　　G06K9/03：错误的检测或校正

　　G06K9/18：应用具有附加代码标记或含有代码标记的打印字符的

　　G06K9/20：图像捕获

　　G06K9/36：图像预处理，即无须判定关于图像同一性而进行的图像信息处理

　　……

G06F：电数字数据处理

……

G06T：一般的图像数据处理或产生

　　G06T1/00：通用图像数据处理

　　G06T3/00：在图像平面内的图形图像转换

　　G06T5/00：图像的增强或复原

　　G06T7/00：图像分析

　　……

以上只列出部分 IPC 分类号，经过筛选，G06K9/00、G06T 可以较好地表示人脸识别技术领域。

（2）检索结果

检索方式选用人脸识别相关关键词在专利标题、摘要和权利要求中进行

检索，使用 IPC 分类号进行组配限定，检索表达式为：（@（abstract, claims, title）"face recogni＊" OR "facial recogni＊" OR "face detect＊" OR "facial detect ＊" OR "face expression recogni＊" OR "facial expression recogni＊" OR "automatic face recogni＊" OR "automatic facial recogni＊" OR "AFR"）AND（@ meta IPC_G06K009 OR IPC_G06T），限定申请日期在 2017 年 12 月 31 日前，初步获得专利 12 470 件，对其进行简单同族扩增后得到专利 15 928 件，在关键词中输入"kind_ code_ a or kind_ code_ a1 or kind_ code_ a2 or kind_ code_ y or kind_ code_ u"进行发明专利的类型限定，得到专利 11 271 件。

6.2.4　基于专利分析的人脸识别技术信息挖掘

根据面向企业技术创新的专利技术信息挖掘和分析框架，确定人脸识别技术领域的专利技术信息挖掘内容包括：技术生命周期、技术时空分布、技术领域、技术主体、主要竞争对手、基础和核心技术、技术发展历程和趋势。

（1）人脸识别技术生命周期分析

技术生命周期从定量角度反映了人脸识别技术的发展阶段和发展趋势。判断人脸识别技术的成熟程度，是企业判断该技术是否值得研发或介入以及采用何种创新方式的重要依据。

1）全球专利申请趋势分析

人脸识别专利申请从 20 世纪 70 年代开始，但是申请量非常少，其后在 1982 年至 1988 年间有继续申请，年申请量不超过 3 件。因 1990 年前专利申请不连续，因此只在图 6 - 7 中反映 1990 年及以后的专利申请情况。

由图 6 - 7 可知，人脸识别技术的发展大致经历了四个时期：

①技术导入期（1974—1994 年）。在这一阶段，人脸识别技术专利申请量增长非常缓慢，专利公开少于 100 件。世界各国和各地区开始逐渐接受人脸识别的概念，但因技术所限，研究不足，处于起步阶段。西门子公司最早提出人脸识别技术专利申请（申请号为 US4449189A），该申请公开了一种通过语音和面部识别组合来识别个体的方法和装置。在技术导入期，人脸识别只是一个简单的模式识别方式，常配合指纹等作为身份识别的辅助技术出现，技术基础为人脸几何结构特征分析。

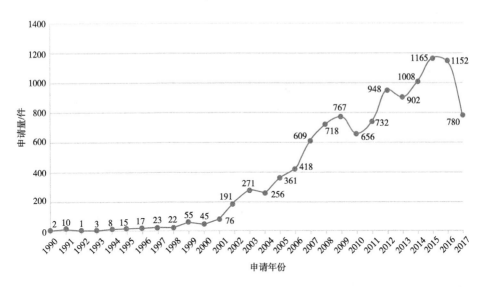

图 6-7　人脸识别技术全球专利申请量趋势

②缓慢发展期（1995—1999 年）。自 1995 年，基于数字化的智能视频监控技术开始兴起，越来越多的视频监控设备引入了人脸识别技术，从此打开了人脸识别技术在市场上的应用，出现了一些经典的技术，如 Fisher Face、Eigen Face 和弹性图匹配等，人脸表观建模成为主流技术，因此专利申请量较前一阶段有明显上升。但由于计算机技术所限，人脸识别技术专利申请量呈现缓慢增长态势。

③快速发展期（2000—2014 年）。2000 年后，美国"9·11"恐怖袭击及全球系列恐怖袭击事件的发生，使得各国开始高度重视国家和公共安全，人脸识别技术受到关注，发达国家促进了人脸识别技术的应用和拓展。在此阶段，虽然申请量有所起伏，但总体上保持着快速增长势头，每年增长约百件专利。人脸识别专利申请在 2002 年首次突破了 100 件，在 2007 年和 2012 年时出现了两个增长高峰，分别较前一年增长 191 件和 216 件。2007 年，由美国马萨诸塞大学阿姆斯特分校的计算机视觉实验室整理了常用人脸 LFW（Labeled Faces in the Wild）数据库，用于研究非受限情形下的人脸识别问题，该数据库成为真实条件下人脸识别的测试基准。自 LFW 数据库发布以来，人脸识别技术路线转向人造或基于学习的局部描述以及测度学习，提出了不同的人脸空间模型，深入分析了影响人脸识别的因素及相应解决方法。2012 年以

来，随着算法的改进和智能化的提高，人脸识别技术主流沿着"大数据+深度学习"的方向发展，大数据成为提高人脸识别性能的关键。

④平稳发展期（2015—2017年）。2015年后，人脸识别技术专利申请量有小幅回落。人脸识别市场热度高涨，其应用场景得到了跨越式发展，根本原因在于技术革新，通过深度学习将人脸识别的精度提高到了肉眼级别，极大丰富了应用场景。远程开户、刷脸支付、表情识别等技术创新不断拓展着市场对人脸识别技术的需求。2015年，我国自主研发的全球首台具有人脸识别功能的ATM机问世，这标志着人脸识别已经从门禁、监控场景迈向了金融业应用。未来人脸识别技术创新将以应用场景为驱动，计算机视觉、局部人脸识别是主要研发方向。

2）技术生命周期分析

根据人脸识别技术全球专利申请量与专利申请人随时间推移的变化曲线，可将技术生命周期划分为四个阶段，如图6-8所示。

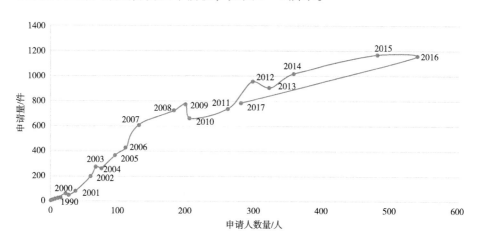

图6-8 人脸识别技术生命周期分析

①导入期：1990—2000年，专利申请人数和专利申请量都增长缓慢，年申请量不超过50件，技术刚刚起步。

②成长期：2000—2015年，专利申请量和申请人数增长迅速，中国大陆和台湾地区等纷纷加入人脸识别技术研发和应用。在2009—2010年和2012—2013年两个区间内，专利申请量下降，申请人数增幅减小，说明这两个时期技术发展出现短暂的瓶颈，但很快出现了新的增长点。

③成熟期：2015—2017 年，专利申请量开始下降，申请人数稍有增加，但增幅不大，说明人脸识别技术已经进入成熟期。

④衰退期：由于专利申请在公开后才能查询，因此 2017 年数据不全面，不作为参考源。从全球专利申请量和申请趋势来看，人脸识别技术还有充足的发展空间和市场潜力，短时期内不会进入衰退期。

目前，全球人脸识别技术处于成熟期，企业在核心专利上创新的空间变得狭小，但是可以结合自身优势和特点，以实用新型为主要目标，在辅助技术和周围技术上开展短期、高效的技术研发活动，以创新人脸识别技术应用场景，拓宽市场。

（2）人脸识别技术时空分布分析

通过对申请地域和时间的组合分析，可以了解人脸识别技术在各个国家的分布、侧重、输入与输出，进而查找技术起源国，辨别目标市场。

1）主要技术来源地区

从地域分布来看，人脸识别技术专利申请主要分布在亚洲、欧洲、北美洲和澳洲，中国、日本、美国、韩国在人脸识别技术领域的专利申请量遥遥领先，分别是 4383 件、2620 件、1919 件和 1180 件，这 4 个国家是技术实力较强的国家，如图 6–9 所示。20 世纪 90 年代初期，美国、德国和日本在人脸识别技术领域的专利申请量齐头并进，但后期德国的专利申请量一直没有突破，逐渐落后。此外，国际专利局人脸识别技术专利申请量为 797 件，欧洲专利局专利申请量为 530 件，这从侧面表明该技术领域内的企业、发明人高度重视专利合作协定（PCT），进而增加占领市场的机会，印证了人脸识别技术具有巨大市场潜力和发展空间。

图 6–10 展示了人脸识别各主要技术来源地区专利申请量年度分布情况。从中国、日本、美国和韩国每年的专利申请量可以看出，最早进行人脸识别技术研发的是日本和美国，分别在 2007 年和 2014 年达到专利申请高峰，2012 年后日本专利申请量落后于美国，并且呈持续递减趋势。2005—2009 年，日本专利申请量处于绝对领先地位，其技术实力远超其他三国。韩国在 1998 年首次申请了人脸识别相关专利，至 2012 年达到申请量高峰后开始回落。中国进入人脸识别技术领域的时间较晚，2000 年申请了第一件相关专利，但中国

在该技术领域发展迅速，特别是 2007 年后专利申请量一直以较快速度增长，说明中国在人脸识别技术领域的研发投入和应用规模在不断拓展，也反映出人脸识别技术在中国市场具有很大的潜力。

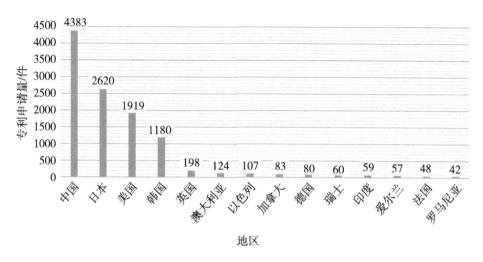

图 6 – 9　人脸识别技术主要地区申请量

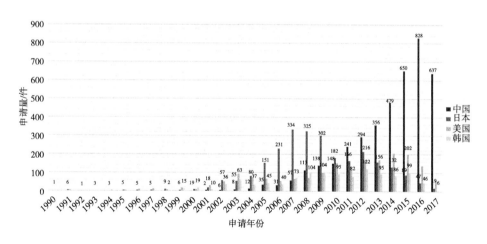

图 6 – 10　人脸识别主要技术来源地区各年专利申请量变化图

2）领先地区的技术流向分析

日本籍申请人除在本国申请了大量专利以外，还在美国、中国、欧洲专利局申请了一定数量的专利，说明日本技术处于世界领先水平，并且非常重视本国及中国和欧洲市场。美国籍申请人除在韩国申请的专利较少外，在其他主要专利局都有申请，且申请量较为平均，说明美国重视在世界范围内的专利布局和技术输出。韩国籍申请人除在本国申请专利外，还在美国专利商标局申请了较多数量的专利，说明韩国特别重视美国市场。中国籍申请人申请专利主要集中在国内，其次主要布局在美国和世界专利局，说明中国市场以国内为主，在进入其他国家和地区时，应考虑遭遇技术壁垒和专利侵权风险的可能，如图6－11所示。

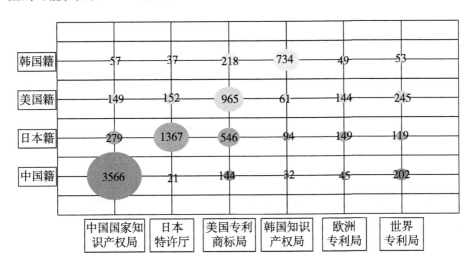

图6－11　人脸识别领先地区的技术流向

从总输出量/总申请量来看，日本籍申请人的海外专利申请约占45%，美国约占39%，韩国约占35%。中国、美国是主要技术流入国家，是人脸识别技术领域的海外市场。日本是主要技术输出国，反映了日本在人脸识别技术领域的优势地位，且高度重视专利技术保护。中国籍申请人90%的专利没有进行海外专利申请，技术"走出去"的积极性不高，一方面由于近几年发达国家经济显露出颓势，贸易保护主义抬头，发达国家企业利用其先发优势和自身在知识产权方面的优势地位及强势话语权，对中国企业设立各种障碍和门槛；另一方面，国内人脸识别市场潜力巨大，已经消化了很大部分的技术产出。同时也说明我国的人脸识别专利技术质量不高，国际竞争力不强。

（3）人脸识别技术领域分析

技术构成是人脸识别专利技术信息挖掘与分析的重要内容，是对专利数据进行技术层面的归类，可依据 IPC 分类划分，也可根据主题词、关键词划分，借此了解人脸识别专利申请的密集点和空白点。

1）基于 IPC 变化的专利技术信息挖掘

考察人脸识别技术领域内所有专利 IPC 分类随时间的变化，可以帮助分析技术热点演变，进而预测该领域技术发展轨迹。从 1997 年开始，G06K（数据识别；数据表示；记录载体；记录载体的处理）、G06T（一般的图像数据处理或产生）、H04N（图像通信）和 G06F（电数字数据处理）成为申请专利的主要 IPC 分类，代表了人脸识别的基础和核心技术分类，包括图形表示、识别和处理，图像数据的产生、处理和通信。

在排名前 20 的 IPC 中，表示交互设备的有：G06F（电数字数据处理）、G07C（独个输入口或输出口登记器）、G03B（摄影、放映或观看用的装置或设备）、G09G（对用静态方法显示可变信息的指示装置进行控制的装置或电路）、G02B（聚焦信号的自动发生系统）、G09F（显示、印鉴），有关 G07C 的专利申请增多，有关 G03B 的专利申请一直处于比较少的状态，且近两年有减少的趋势，而有关 G09G、G02B 和 G09F 的专利申请从 2005 年后才陆续出现，但申请量均不高，说明该类交互设备没有成为人脸识别主要的信号接发装置。表示信息传输的 IPC：H04N（图像通信）、H04L（数字信息的传输）、H04B（传输；电路）、H04W（无线通信网络）依次出现，反映了传输方式的变化，但近几年该类专利申请量逐渐减少，说明在人脸识别技术领域图像数据的传输和通信技术已经难以突破。

人脸识别技术的应用也发生了相应的变化，A61B（人的鉴别）是人脸识别最基础的应用，因此有持续的专利申请。从 H04M（电话通信）的申请变化可以看出，人脸识别技术在移动电话上的应用研究自 2007 年开始，在 2012 年申请达到高峰，但年均申请量不高。从 G08B（报警装置）、B60R（防止或指示未经许可使用或防窃用的车辆配件或系统）、G07F（银行系统）、G09B（演示用具）、G08G（交通控制系统）、E05B（电动对号锁）的申请量均不高可知，人脸识别技术在安防、金融、教育、交通领域的应用起步比较晚，说明还有较大发展空间。

根据美国专利分类标准统计，从 1997—2017 年公开专利的小类分布和数量来看，209/583 Reading Indicia（阅读标记）、340/5.53 Image, e. g. Fingerprint, Face（图像识别，如指纹、面部）的专利申请量最多最持久，说明该专利分类代表人脸识别的核心技术领域。348/172 Centroidal Tracking（质心跟踪）、358/3.26 Distortion Control in Image Reproduction, e. g. Removing, Reducing or Preventing Image Artifacts（图像再现的失真控制，如缺失、衰减或防止图像伪像）、382/159 Trainable Classifiers or Pattern Recognizers（可训练分类器或模式识别器）、382/190 Waveform Analysis（波形分析）、715/701 Force Feedback Interaction（强制反馈交互）等陆续从 2003 年后开始出现，代表了人脸识别的新技术领域，因申请量没有出现减少趋势，因此以上技术领域仍是人脸识别技术领域的增长点。而 348/222.1 Combined Image Signal Generator and General Image Signal Processing（组合图像信号发生器与一般图像信号处理）、703/20 Target Tracking or Detecting（目标跟踪或检测）、382/118 Using a Facial Characteristic（使用面部特征）、382/190 Feature Extraction（特征提取）等专利分类大部分从 2000 年开始兴起，且始终保持较少的申请量，并在 2013 年后就消失了，说明这些技术领域已经发展成熟，目前没有新的突破。

2）基于 IPC 聚类的技术冷热点信息挖掘

制作 IPC 共现网络，应用密度图进行表示，可以较为清晰地看出技术冷热点分布。G06K、G06T、G06F 和 H04N 是人脸识别的主要 IPC 分类，特别是图像识别（G06K9/00）、图像特征或特性的抽取（G06K9/46）、应用电子设备进行识别的方法或装置（G06K9/62）、图像分析（G06T 7/00）、通用图像数据处理（G06T 1/00）、运动分析（G06T 7/20）、控制摄像机的装置（H04N 5/232）等是申请量较多的主 IPC 分类。其他颜色较淡的 IPC 所对应的技术分支专利申请量很少，大多数在 1～4 件之间，不是人脸识别研究的热点领域，如图 6-12 所示。

此外，还有一些专利分类需要引起重视，如位置离热点较近的 IPC 分类可能是潜在的研究发展方向。例如，全息图（G03H），用于控制光的强度、颜色、相位、偏振或方向的器件或装置（G02F），放大的控制（H03G），运动的存在或不存在的指示，运动方向的指示（G01P），半导体器件（H01L），

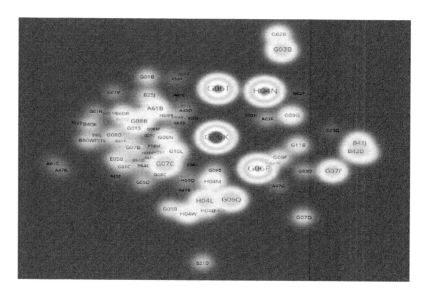

图6-12 人脸识别技术冷热点分布图

眼镜（G02C），静态存储器（G11C），多路复用通信（H04J），测量值、控制信号或类似信号的传输系统（G08C）及其下位类，目前可能是技术空白。

3）基于关键词聚类的专利技术信息挖掘

经过抽取专利标题和摘要关键词对专利文本进行聚类分析，人脸识别技术热点可以聚成6个一级大类，36个二级小类，一级大类分别包含：脸部范围、人脸识别、脸部区域、图像数据、图像处理、检测单元。其中关于人脸检测的关键词有：判定单元、显示单元、图像获取、人脸特征、目标探测等；关于人脸识别的关键词有：脸部方向、脸部追踪、候选人范围等；关于图像采集和处理的有：数字图像、视频数据、图像输入、数据集、控制单元等。人脸识别技术已经趋于成熟，主要研究方向是在动态图像流中检测到人脸并可以进行追踪，目前人脸识别技术主要还是依靠提取图像数据中的人脸特征并做分析和比对，且可以有效处理人脸姿态、表情的变化，还有待解决的问题是遮挡物、人脸衰老等对人脸识别精度的影响。

（4）人脸识别技术发明人分析

通过对专利发明人进行分析，可以找出在人脸识别技术领域发明创新最多的技术人才和团队，是企业人才引进和技术研发合作的重要参考依据。

1）专利发明人排序分析

统计全球人脸识别技术领域专利发明人及其拥有的专利量发现，排名前 4 的发明人都来自美国，说明美国在人脸识别领域的技术创新处于绝对优势。中国人脸识别技术领域的专利发明人也表现突出，在前 20 位发明人中占据 4 席，相比之下，来自日本和韩国的发明人在单人申请量排序中表现并不突出，如表 6 - 6 所示。

表 6 - 6　主要发明人排序及其专利申请量

排名	发明人	申请量/件	排名	发明人	申请量/件
1	Peter Corcoran	157	11	Stefan Mirel PETRESCU	50
2	Eran Steinberg	130	12	ZhiJun CHEN	49
3	Petronel Gheorghe Bigioi	117	13	Hiroshi Sukegawa	47
4	Christopher P Ricci	87	14	Yury Prilutsky	47
5	LiHua SUN	81	15	Tao ZHANG	47
6	HuiLin ZHANG	76	16	Miroslav Trajkovic	45
7	Kia Silverbrook	56	17	Alexei Pososin	42
8	Srinivas V R GUTTA	51	18	Alexandru F Drimbarean	41
9	Vasanth Philomin	50	19	Mihnea Gangea	41
10	Won Jun Hwang	50	20	Kaname Ogawa	40

依据发明人专利申请时间密度变化发现，出现了 3 个高峰时期，分别是 2002—2003 年、2006—2011 年、2013—2016 年。申请量排名前 3 的发明人专利申请都集中在 2006—2013 年，并且延续至今，说明他们在人脸识别技术领域深耕多年，持续引领该领域的技术创新。Christopher P Ricci 和中国的 4 位发明人在近几年内表现突出，虽然起步比较晚，但是从 2014 年开始很快占据人脸识别技术领域的专利申请布局，其中，发明人 LiHua SUN 和 HuiLin ZHANG 比较特殊，除在 2013 年和 2014 年申请了大量专利，其他时间申请量都为 0。Vasanth Philomin、Srinivas V R GUTTA、Seok - cheol Kee、Miroslav Trajkovic 这 4 位发明人的专利申请高峰集中在 2007 年前，而后期再没有专利申请，证明他们已经退出人脸识别领域的技术研发和创新投入，可以不再过多关注。

2）发明人合作网络分析

通过构建主要发明人合作共现矩阵和合作网络可以得知，以 Peter Corcoran 与 Eran Steinberg、Petronel Gheorghe Bigioi、Yury Prilutsky、Alexei Pososin 和 Alexandru F Drimbarean 等发明人为中心形成了人脸识别技术领域最大的合作团体，特别是 Peter Corcoran、Eran Steinberg、Petronel Gheorghe Bigioi 三位发明人的专利合作申请量均突破百件，说明三人是该团体内的关键发明人和核心技术引领者。进一步查找资料，得知 Peter Corcoran 和 Petronel Gheorghe Bigioi 是爱尔兰高威国立大学（Natl Univ Ireland Galway）的教授，Peter Corcoran 还是 IEEE 社会学理事会和生物学理事会的董事，同时担任创业公司 FotoNation 的联合创始人和专利管理咨询师，其主要研究领域包括：智能成像和高级数字成像解决方案、手持设备的生物特征识别、智能电网及相关网络问题、云计算、互联网技术和物联网等。Peter Corcoran 擅长从工程研发中提取专利知识，进行技术评估和专利组合，实施知识产权战略。Yury Prilutsky、Alexei Pososin 和 Alexandru F Drimbarean 都是 FotoNation 公司的高级研究员，Eran Steinberg 则是 FotoNation 公司的 CEO。

Miroslav Trajkovic、Srinivas V R Gutta 和 Vasanth Philomin 三位发明人在早期的专利申请中有密切合作，Miroslav Trajkovic 是悉尼大学电气工程系（Dept. of Electrical Engineering，University of Sydney）教授，研究方向包括模式识别、图像处理和运动感知，Srinivas V R Gutta 和 Vasanth Philomin 就职于飞利浦研究实验室（Philips Res Labs），在自动目标检测和图像切割领域颇有建树。

Seok‑cheol Kee 和 Won Jun Hwang 与其他几个发明人形成了一个小的合作团体，他们两个均是三星电子（Samsung Electronics）的技术研究员，并促成了人脸识别技术的研发和推广，他们提出的人脸识别引擎在不受控制的光照条件下仍能基本通过测试，并将其运用在三星手机上。但是 2007 年后，Seok‑cheol Kee 离开了三星电子，Won Jun Hwang 则加入了三星电子对仿真机器人的脸部识别和手势识别模块的研发中，继续着他在人脸识别、计算机视觉方面的研究。

国内表现比较突出的发明团体有两个：一个是 LiHua Sun 和 HuiLin Zhang 组成的团队，他们是福丰科技有限公司的联合创始人，团队人员较少，其核心骨干主要来自中科院上海技术物理所，主要方向是三维智能视觉识别系统的研发及应用；另一个是由来自上海交通大学系统控制与信息处理重点实验室的 Tao Zhang 和 ZhiJun Chen 及 Fei Long 组成的发明团体，研究重点为图像检索、图像聚类方法、人脸特征探测和 3D 人脸识别，近两年专利申请比较多，是潜在的关键发明人。后者在早先主要以学校的名义申请专利，与清华大学也有合作，从 2014 年开始和北京小米科技有限公司技术团队有密切合作，主要是为小米提供技术研发和支撑服务。

（5）人脸识别技术专利权人分析

对技术领域内主要专利权人及其发明人的专利活动进行分析，可以获知人脸识别领域的主要竞争对手及竞争对手的技术优势、技术实力等信息，从而预测竞争对手未来的目标和研发方向，为进入领域内的企业制定技术对抗策略提供依据。

1）核心专利权人识别

从专利的角度看，通过分析人脸识别技术领域的专利申请人排名、重点专利的专利权人等可共同确定核心专利权人。索尼、三星电子、佳能、富士公司具有该领域专利申请的绝对优势，是主要技术追踪对象，同时也是最大的竞争对手。在申请量排名靠前的专利权人中，日本企业最多，美国企业其次，韩国企业三星电子一家独大，中国大陆的腾讯公司（96 件）、中国台湾的鸿海精密集团（94 件）申请量比较高，但是未进入前 15，如表 6-7 所示。

表 6-7　专利权人排序及其专利申请量

排名	专利权人	所属国家	全球专利申请量/件	中国专利申请量/件	中国专利占比	近五年申请量/件	近五年申请量占比
1	Sony Corporation（索尼）	日本	591	107	18.10%	91	15.40%
2	Samsung Electronics Co., Ltd.（三星电子）	韩国	424	34	8.02%	120	28.30%
3	Canon Inc.（佳能）	日本	320	33	10.31%	67	20.94%

排名	专利权人	所属国家	全球专利申请量/件	中国专利申请量/件	中国专利占比	近五年申请量/件	近五年申请量占比
4	FUJIFILM Holding Corp（富士控股公司）	日本	319	21	6.58%	22	6.90%
5	Alphabet Inc.（Alphabet 公司）	美国	227	20	8.81%	85	37.44%
6	Xperi Corp（Xperi 科技公司）	爱尔兰	175	3	1.71%	32	18.29%
7	Toshiba Corporation（东芝）	日本	171	5	2.92%	35	20.47%
8	Microsoft Corporation（微软）	美国	171	22	12.87%	63	36.84%
9	Panasonic Corporation（松下）	日本	163	14	8.59%	35	21.47%
10	Intel Corporation（英特尔）	美国	162	21	12.96%	83	51.23%
11	Casio Computer Co., Ltd.（卡西欧计算机株式会社）	日本	145	21	14.48%	26	17.93%
12	Koninklijke Philips NV（皇家飞利浦）	荷兰	132	16	12.12%	4	3.03%
13	NEC Corporation（日本电器）	日本	127	10	7.87%	43	33.86%
14	OMRON Corporation（欧姆龙株式会社）	日本	121	18	14.88%	36	29.75%
15	Nikon Corporation（尼康）	日本	104	5	4.81%	6	5.77%

通过构建主要专利权人专利布局气泡图可以得知主要专利权人在世界范围内的专利布局情况，申请范围最多的专利权人有 Alphabet、英特尔、飞利浦、微软、三星电子、索尼等企业，基本覆盖主要国家的专利局，在中国、日本、韩国、美国、欧洲专利局和世界专利局的布局最密集。剩余企业除在本国专利局申请最多外，也在中国、日本、韩国、美国、欧洲专利局和世界专利局进行技术输出和封锁。Xperi 科技公司、东芝、尼康在中国国家知识产权局申请专利占比不超过 5%，特别是 Xperi 科技公司，对中国市场没有表现出明显的兴趣。在中国申请专利占比最多的是索尼、欧姆龙、卡西欧，说明这三个企业比较看重中国市场，而中国企业在申请专利时，也要考虑以上企业的专利布局，避免侵权。

结合主要专利权人专利申请时间来看，2002 年前只有少数几家企业进行人脸识别相关技术研发，主要包括佳能、飞利浦、松下、三星电子和索尼，该类企业都是全球领先的生产影像和信息产品的综合集团，并且人脸识别最早应用于以光学为核心的摄影设备上。从 2003 年开始，大批新公司加入人脸识别技术的研发中，成长较为迅速的有 Alphabet、富士、英特尔、微软、日本电器、尼康、欧姆龙、美国高通、腾讯，其中，富士在刚进入后就快速成长，2007 年前其专利申请量仅次于索尼公司。近五年依然保持较高专利申请量的公司有富士、英特尔、Alphabet、微软、日本电器，以上是近几年人脸识别技术的主要创新主体，需要重点关注其研发方向和布局重点。而尼康和飞利浦近 5 年申请量持续走低，总数不足 10 件，说明这两个企业基本放弃了在人脸识别领域的专利布局，核心技术创新活动相应减少，不是主要的技术竞争对手。

2）主要专利权人技术实力分析

利用 Innography 气泡图统计人脸识别技术领域的主要企业情况，气泡的大小代表专利数量，数量越多，气泡越大；横坐标的计算包括专利分类、专利比重、专利引用数量，横坐标越大，表示该专利权人技术性越强；纵坐标的计算包括专利权人的年收入、专利国家分布、专利涉案情况，纵坐标越大，说明专利权人实力越强，重点选择位高泡小的专利权人及其技术领域进行战略布局和技术渗透[20]。

不论是技术研发实力，亦或是企业综合实力，三星电子在所有专利权人中都处于一个领先的位置，因此可以形成良好的专利布局和核心技术保护策略，其他竞争对手可能难以介入或对抗。索尼的技术研发实力最雄厚，是人脸识别领域的主要技术带头人和创新主体，但企业综合实力稍逊于三星电子，佳能和富士也是掌握人脸识别核心技术的企业，但是综合实力一般，在技术输出或对抗竞争对手方面有一定劣势。鸿海精密属于技术实力一般但综合实力很强的企业，它以模具代工起家，逐渐将业务范围延伸到利润更高的其他业务，如组件生产、电子商务、机器人技术和金融服务，凭借其雄厚的资金实力，鸿海精密投资了旷世（Megvii Face＋＋）等专注于图像识别和深度学习的技术公司，又于2016年正式收购夏普（Sharp），借夏普领先的液晶面板技术、机器人技术等进军互联网工业，但是没有掌握人脸识别领域的核心专利和技术，主要进行与人脸识别技术相关的边缘技术研发，因此对其他竞争对手来说不具有较大的威胁性。Alphabet、微软、松下、东芝、英特尔的企业规模和技术研创能力相仿，处于中间位置，是潜在的竞争对手。

单从专利申请量来确定竞争对手有一定局限性，Innography专利分析平台给出了专利强度分析指标，该指标从专利权利要求数量（Patent claim）、在前技术文献引用量（Prior Art Citations Made）、专利被引用频次（Citations Received）、专利及专利申请案的家族（Families of Applications and Patents）、专利申请时程（Prosecution Length）、专利年龄（Patent Age）、专利诉讼（Patent Litigation）、其他（Other）共10余个专利价值相关指标对专利进行评价。一般认为，专利强度在80～100之间属于核心专利。

从企业专利强度排名可以发现，企业排位发生了较大变化。Xperi与其他企业拉开了很大差距，其技术排名遥遥领先，是掌握人脸识别核心技术和竞争优势的企业。其他拥有较高专利价值的企业分别是英特尔、苹果、霍尼韦尔、3VR Security、索尼、微软、高通等，除了苹果公司的综合实力比较突出外，其他公司的技术和综合实力大致相当。

从人脸识别技术领域1998—2017年的专利发明人数量和专利产出率（专利产出率＝专利申请总量/发明人数量）分布来看，索尼、三星电子和Xperi科技公司发明人数量位居前三位，但是专利产出率反而较低；佳能、富士不仅发明人数量较多，且专利产出率也较高；卡西欧、日本电器、尼康虽然发明人数量较少，但是专利产出率较高，特别是卡西欧，发明人只有198位，但是专利产出率达到 73%；腾讯、苹果、高通、微软、英特尔的专利产出率较低。

索尼和三星电子的业务范围不仅涉及人脸识别技术领域，还涉及该技术领域的其他多个相关技术，而作为 FotoNation 的总公司，Xperi 科技公司业务范围几乎涵盖了人脸识别领域的所有重点技术分支，每个部分都有相应的研发团队，因此这三个公司的发明人规模大，专利产出率较低。佳能和富士在数码相机、摄影等领域深耕多年，业务范围涵盖了人脸识别技术的主要分支，故其研发团队规模和专利产出率都比较高。卡西欧、日本电器、尼康在人脸识别技术领域的部分重点技术分支中处于世界领先的地位，故研发团队小巧，但专利产出率很高。卡西欧和尼康的人脸识别技术主要应用在其数码相机上，即使拍摄对象移动，人脸检测功能还是可以自动检测和跟随脸部并对焦，并可优先识别已知人脸。日本电器凭借"NeoFace"面部识别引擎所采用的多重比对面部检测法与摄动空间法，以及能够在照明与方向等识别环境的变化条件下针对个人特征进行取样的全新技术，在美国国家标准局与技术研究院（NIST）实施的生物识别技术标杆测试（MBE）"静止面部影像识别厂商评比测试"项目中，两次成为全球 No.1 的面部识别技术厂商。随着面部识别技术的不断渗透，提高便捷性的需求及可有效使用监控视频的面部识别系统开始受到瞩目，因此日本电器针对面部朝向角度变化、多个对象、重影、遮挡等问题，使用深度学习技术，从而提高摄像头位置距离监测对象较远（低分辨率）的情况下比对的精准度和持续性。

我国企业在近几年纷纷开展人工智能方面的研究，凭借企业雄厚的实力组建智能研究院。腾讯的优图 AI 实验室在图像处理、人脸识别、活体检测等技术的研发和应用方面已经取得一定成效，如 FaceIn 人脸核身可以通过对静态或动态图像的 1∶1 验证来确认用户身份，也可以在人脸库中进行 1∶N 的人脸检索聚类；基于多任务深度神经网络的人脸关键点定位和跟踪，可同时完成实时多脸追踪和人脸判定两个任务，精准追踪视频流中检测出的人脸。优图在寻亲、安防等领域成功落地，未来将把发展重点转移到医疗领域。

3）目标专利权人研发重点分析

综合企业专利申请情况、企业技术实力和综合实力等因素，当前全球范围内人脸识别技术领域的主要专利权人和竞争对手应当是 Xperi 科技公司旗下的 FotoNation、三星电子和索尼，国内比较突出的企业是腾讯，其中最大的技术竞争者和追赶者是 FotoNation，因此主要分析 FotoNation 的研发重点演变。通过 IPC 分类号、技术主题变化，可以获知竞争对手的技术侧重点和技术演变趋势。当竞争对手在某一技术分支的申请量逐年降低时，预示该技术是接近淘汰的技术，或者该竞争对手有意从该技术分支中逐步撤出；反之，则说明该技术分支可能是近期的技术研发热点。

由 FotoNation 2003—2017 年各个时段申请专利的 IPC 变化可知，G06K（数据识别；数据表示；记录载体；记录载体的处理）占 71.3%，H04N（图像通信）占 25.3%，G06T（一般的图像数据处理或产生）占 1.7%，以上代表了人脸识别主要的技术分支，而其他专利部类分布较少，说明研究内容比较集中。

基于 IPC 专利小类统计各个时段 FotoNation 申请专利的技术领域变化得出表 6 – 8，G06K9/00、H04N5/232、G06K9/62、G06K9/46 对应的图像特征识别、电子设备控制和识别等技术分支是持续研究方向，近几年申请量相对较高；H04N1/34、H04N1/62、H04N5/20 代表的技术在最近 5 年才开始出现，可能是一个潜在的增长点，需要持续跟踪或者可以选择这一领域的技术创新，在竞争中赢得先机；其他的 IPC 在近几年逐渐消失，说明对应的技术分支不适用或者已被淘汰，因此可以不做关注。

表 6 – 8　FotoNation 申请专利的 IPC 变化

IPC	IPC 释义	2003—2006 年	2007—2009 年	2010—2012 年	2013—2017 年
G06K9/00	用于阅读或识别印刷或书写字符或者用于识别图形	24	62	36	37
H04N5/232	控制摄像机的装置	1	0	3	13
G06K9/62	应用电子设备进行识别的方法或装置	1	0	5	4
G06K9/46	图像特征或特性的抽取	0	5	7	2
G06T5/00	图像的增强或复原	0	1	2	2
H04N5/28	流动演播室	2	13	7	1

续表

IPC	IPC 释义	2003—2006 年	2007—2009 年	2010—2012 年	2013—2017 年
G06K9/40	噪声的滤除	1	2	3	1
H04N9/68	用于控制彩色信号的幅度	0	1	2	1
H04N1/34	用于投币式系统	0	0	0	1
H04N1/62	彩色校正或控制	0	0	0	1
H04N5/20	控制振幅响应的电路	0	0	0	1
G06K9/32	图像拾取或图像分布图的对准或中心校正	1	2	3	0
G06K9/68	应用带有许多基准的多个图像信号的顺序比较的	0	1	3	0
H04N5/217	在图像信号产生中	0	0	3	0
H04N5/225	电视摄像机	0	1	2	0
G06F21/00	防止未授权行为的保护计算机、其部件、程序或数据的安全装置	0	0	2	0
H04N1/32	用于发信机和收信机之间控制或监视的电路或装置	0	0	2	0
H04N7/00	电视系统	0	0	2	0
H04N5/262	电视演播室线路	2	2	0	0
G06K9/36	图像预处理	1	2	0	0
H04N7/18	闭路电视系统	0	2	0	0
G06K9/60	图像捕获和多种预处理作用的组合	0	1	0	0
G06K9/74	应用光学基准掩膜进行识别的装置	0	1	0	0
H04N5/222	电视演播室线路；电视演播室装置；电视演播室设备	0	1	0	0
H04N5/235	补偿物体亮度变化的电路	0	1	0	0
G06K9/20	图像捕获	1	0	0	0

分别抽取 2003—2017 年各时段 FotoNation 申请专利的关键词，可以更方便地掌握技术演进，并了解技术的应用变化。图 6 - 13 中浅色方框展示了人脸识别技术有关算法的关键词，深色方框展示了人脸识别技术分支的关键词。

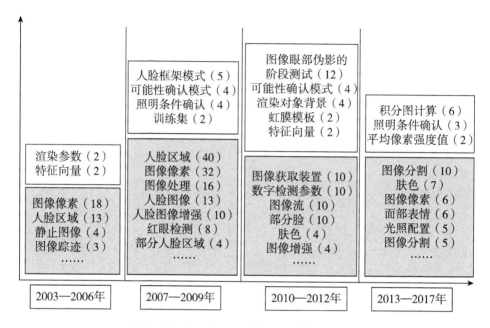

图 6 - 13　FotoNation 申请专利关键词变化图

FotoNation 的人脸检测和跟踪技术利用先进的算法，可收集与场景相关的参数并自动训练，一旦脸部在视频流中被探测到，即使脸部姿势剧烈变化，仍然会被追踪。在图像获取装置中增加定向传感器，可提供用以面部追踪的方向信息，包括提供半剖面或面部轮廓的定位信息。人脸识别采用人脸特征建模、动眼追踪、几何和照明标准化等技术，检测鲁棒性较强的面部特征（鲁棒性也叫健壮性，图像鲁棒性是指图像在经历了各种信号处理或者各种攻击后，依然具有一定的保真度。图像还是可以辨别，失真不是很严重，抗攻击能力强），以识别年龄、性别、表情和姿势。目前识别技术主要运用在拍摄和驾驶辅助系统，拍照时对困难照明条件可自我校准，用于改善图像质量，根据脸部姿态估计、眼睛和视线的追踪以及嘴、脸部边界或轮廓的特征提取，智能优化图像表现。

4）目标专利权人研发团队分析

对于专利权人和竞争对手的分析通常还需要对其研发团队进行深入分析，

需要掌握发明人申请量、在团队的地位、技术生涯情况、研发方向等，从而判断整个发明团队或个人的研发实力，进一步推断企业技术创新能力。

从发明团队合作网络情况来看，FotoNation 在人脸识别领域的发明人众多，但是核心的发明团队比较集中，处于核心节点且相互关联形成合作网络的有以 Corcoran Peter、Steinberg Eran、Gheorghe Petronel Bigioi 为核心的最大发明团队，其次是分别以 Mihnea Gangea、Florin Nanu 和 Alexei Pososin 为核心的次大发明团队，且三个团队的成员间又有密切合作。从关键发明人的申请量变化来看，核心发明人的年度专利申请量都比较平均，是 FotoNation 的技术主力；Florin Nanu、Gabriel Ncostache、Leo Blonk、Mihai Ciuc、Valentin Mocanu 近几年申请量呈减少的趋势；而 Piotr Stec、Corneliu Florea 近五年专利申请量增加，是潜在的关键发明人。以上研发人员对企业具有较高忠诚度，如果考虑引进这类人才则较为困难，同时也说明企业利用有效的管理制度，杜绝了顶尖人才外流的情况。

(6) 人脸识别基础和核心技术分析

专利引文在说明书中用以详细描述发明创造的技术背景，突出技术先进性和进步性；通过专利引证指标分析可以挖掘出人脸识别领域的基础性技术，结合专利强度指标还可判断核心技术分布。

1）基于被引频次的基础和核心技术信息挖掘

一般而言，如果某份专利在同领域专利中的被引频次较高，则该项专利在产业链上所处的位置较为关键，竞争对手无法回避，因而，被引频次可在一定程度上反映对象专利在某技术领域的基础性和引导性作用，利用专利被引频次来筛查基础专利和核心专利是典型的分析方法。

统计 11 271 件专利中被同领域专利引用频次最多的专利，结果如表 6-9 所示。被引频次较高的专利都是在美国申请的专利，专利权人包括美国的碑峰创投、麻省理工学院、英特尔、施乐，日本的理光、夏普、三菱电机和德国的西门子，这反映出美国、日本、德国及其主要企业在人脸识别领域的技术创新性和奠基作用。人脸识别最早出现在照相和摄影中的人脸检测方面，基础并且较为核心的技术分支包括数字图像采集和图像处理，其中采集部分涉及带摄影装置的图像信号发生器、光信号向电信号的转变、补偿或改变物体亮度的电路等研究，图像处理部分涉及图像的结构分析、运动分析、图形属性分析（区域、周边、重心）以及图像的增强和复原等技术研发。

表6-9 利用被引频次筛选的人脸识别领域基础专利和核心专利

专利号及 法律状态	发明名称	优先权日	同族 专利数	专利权人	被引 频次	主IPC
US6940545 有效	Face detecting camera and method 人脸检测相机和方法	2000/02/28	9	Eastman Kodak Company→ Monument Peak Ventures, LLC.	65	G03B 19/02
US7315631 有效	Real-time face tracking in a digital image acquisition device 数字图像采集设备中的实时人脸跟踪	2006/08/11	39	Fotonation Limited	64	G06K 9/00
US5164992 到期	Face recognition system 人脸识别系统	1990/11/01	10	Massachusetts Institute of Technology, Cambridge, Ma A Corp of Ma	59	A61B 5/117
US20030071908 到期	Image pickup device, automatic focusing method, automatic exposure method, electronic flash control method and computer program 图像拾取装置, 自动对焦方法, 自动曝光方法, 电子闪光控制方法和计算机程序	2001/09/18	14	Sannoh Masato; Shiraishi Kenji→ Ricoh Company, Ltd.	58	H04N 5/232
US5710833 到期	Detection, recognition and coding of complex objects using probabilistic eigenspace analysis 使用概率特征空间分析对复杂对象 进行检测, 识别和编码	1995/04/20	3	Massachusetts Institute of Technology	57	G06T 7/00

续表

专利号及 法律状态	发明名称	优先权日	同族 专利数	专利权人	被引 频次	主 IPC
US6188777 有效	Method and apparatus for personnel detection and tracking 用于人员检测和跟踪的方法和设备	1997/08/01	6	Interval Research Corporation→ Intel Corporation	56	G06K 9/00
US6504942 到期	Method of and apparatus for detecting a face – like region and observer tracking display 用于检测面部状区域和观察者跟踪显示的方法和装置	1998/01/23	8	Sharp Kabushiki Kaisha	55	G06T 1/00
US5715325 到期	Apparatus and method for detecting a face in a video image 用于检测视频图像中脸部的设备和方法	1995/08/30	2	Siemens Corporation	52	G06K 9/00
US6192149 有效	Method and apparatus for automatic detection of image target gamma 用于自动检测图像目标伽玛的方法和设备	1998/04/08	2	Xerox Corporation	51	G06T 5/40
US5488429 到期	Video signal processor for detecting flesh tones in am image 用于检测图像中肤色的视频信号处理器	1992/01/13	13	Mitsubishi Denki Kabushiki Kaisha	51	H04N 9/04

以 US6940545 为例，通过分析该专利的前向和后向引证，可以了解该技术的发展历程。该专利的原始专利权人是柯达公司，描述了一种数字相机图像存储和识别人脸图像的技术和方法，相机包括算法存储器和用于处理图像数据的电子处理部分，算法存储器存储了人脸检测算法：一是基于人脸形状模型和分配到面部区域的被分配像素之间的对比算法，二是利用模式匹配算法确定该区域是否有人脸；电子处理部分用于确定场景中一个或多个面孔的存在。指示面部存在的面部数据可用于控制拍摄图像的曝光参数，或产生处理相关的图像数据，如颜色平衡等。具体实现方式是：规范人脸区域大小；将面部区域分解为子区域，选择适当的大小以足够容纳面部特征，如眼镜、鼻子、嘴巴；忽略子区域之间的依赖关系，因此可以限制建模的对象属性类型；使用 PCA 算法将各子区域降维，由于利用大量人脸图像做训练集，因此 PCA 可能会受非人脸图像处理的影响；利用稀疏系数投射代码，使用量化器对系数进行离散量化，再对图像进行重构，根据位置和脸部特征判断是否为人脸；由于无法检测大于子区域的特征，引入多级图像分辨率作为补充。

分析该专利的后向引证专利，并总结其人脸识别方式发现，这些专利主要是基于几何特征进行人脸识别，首先用几何特征向量表示人脸器官的位置和形状，再利用分类器进行模式识别。人脸部的特征部位在不同投射方式下对应产生不同的波峰和波谷，分别代表各器官，根据机器训练和先验知识，可以得出各器官的几何位置关系，从而辨别不同人脸。

后期引用该专利的专利一方面改进了识别算法，另一方面扩展了应用，主要的研究有运动图像的跟踪、伪影去除或抑制（失真校正）、图像增强、降噪、局部或区域特征、3D 或立体图像分析等，在具体算法上，从传统特征脸发展出个性特征脸，结合肤色判定，精确地在动态序列中识别指定人脸。

2）基于专利强度的基础和核心技术信息挖掘

使用被引频次作为指标判断核心专利其实有一定缺陷，因为早公开专利的累积被引频次会比晚公开专利的高，但是并不代表晚公开的专利中没有核心的专利，单纯利用被引频次很难将晚期的核心专利挖掘出来。本研究结合 Innography 的专利强度评价指标，从海量专利中快速挖掘出核心专利。

表 6 - 10 列出了专利强度排名前 10 的核心专利，专利强度较高的专利也全部是在美国申请的，其优先权日大部分集中在 2005—2007 年之间，说明这

表6-10 利用专利强度筛选的人脸识别领域基础专利和核心专利

专利号及法律状态	发明名称	优先权日	同族专利数	专利强度	被引频次	主 IPC
US7916897 有效	Face tracking for controlling imaging parameters 面部跟踪控制成像参数	2006/08/11	10	Tessera Technologies Ireland Limited→Fotonation Limited	93	G06K 9/00
US8488847 有效	Electronic camera and image processing device 电子照相机和图像处理设备	2005/11/25	7	Nikon Corporation	93	G06K 9/00
US7843495 有效	Face recognition in a digital imaging system accessing a database of people 数字成像系统中的人脸识别可访问人员数据库	2002/07/10	3	Hewlett-packard Development Company, L. p.→Snaptrack, Inc.	92	G06K 9/00
US8649604 有效	Face searching and detection in a digital image acquisition device 在数字图像采集设备中进行人脸搜索和检测	2007/03/05	13	Digitaloptics Corporation Europe Limited→Fotonation Limited	92	G06K 9/46
US8189927 有效	Face categorization and annotation of a mobile phone contact list 手机通讯录的人脸分类和注释	2007/03/05	4	Digitaloptics Corporation Europe Limited→Fotonation Limited	92	G06K 9/62

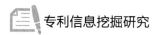

续表

专利号及 法律状态	发明名称	优先权日	同族 专利数	专利强度	被引 频次	主IPC
US8363951 有效	Face recognition training method and apparatus 人脸识别训练方法和装置	2007/03/05	6	Digitaloptics Corporation Europe Limited→Fotonation Limited	92	G06K 9/46
US8379917 有效	Face recognition performance using additional image features 使用附加图像功能的人脸识别性能	2009/10/02	7	Digitaloptics Corporation Europe Limited→Fotonation Limited	92	G06K 9/00
US8050465 有效	Real-time face tracking in a digital image acquisition device 数字图像采集设备中的实时人脸跟踪	2006/08/11	6	Digitaloptics Corporation Europe Limited→Fotonation Limited	92	G06K 9/00
US8385607 有效	Imaging apparatus, image processing apparatus, image processing method and computer program 成像装置，图像处理装置， 图像处理方法和计算机程序	2006/11/21	6	Sony Corporation	92	G06K 9/00
US7783084 有效	Face decision device 面部决定装置	2005/01/20	4	Panasonic Intellectual Property Corporation of America	92	G06K 9/00

一时段内技术创新活动比较活跃，产生了具有影响力的基础专利和核心技术。核心的专利权人包括爱尔兰的 FotoNation，美国的 Snaptrack，日本的尼康、索尼、松下，特别是 FotoNation 公司占绝大多数，反映出爱尔兰、美国、日本的技术创新能力和技术领先性、导向性。从主 IPC 来看，核心专利都集中在 G06K 9/00 这一类目下，涉及图像捕获、图像处理、图像识别的电子设备和装置等。

专利 US7916897 是一种基于数字图像获取设备跟踪前一图像流中的人脸来获取增强图像的方法，需要对处理器进行编程以执行以下操作：确定首个图像流中人脸的初始位置或大小；确定随后的预览图像中相同脸部的后续位置或大小；基于初始和随后的位置或大小，预测同一面部会在刚发生的图像流的哪个区域出现，同时采集和分析刚发生的第三图像流中人脸的位置或大小；基于对以上三个图像流区域的一个或多个特征的分析，可以预测人脸在下一图像流中出现的位置，从而调整主采集图像的一个或多个采集参数，使来自图像流不同图像的不同候选人脸区域各自被跟踪，且从帧到帧的计算可使用低分辨率的积分图像。

相对于静态图像的人脸识别，基于视频流的人脸动态检测和识别有更高的技术要求，也更加适用于日常生活。按照算法功能运行模块，视频流的人脸识别分为先检测后跟踪、先跟踪后检测、边检测边跟踪三种模式，US7916897 所述的就是如何改进人脸跟踪的效果，其中，视频流中人脸检测一般是基于 AdaBoost 算法、积分图、级联检测器的方法，在人脸跟踪方面主要运用以 MeanShif 为核心的 CamShift 目标跟踪算法[21]。后期引用该专利的技术方向包括自动对焦、视频监控、动眼追踪、人身核实等，算法改进主要解决角度变化、肤色、外界遮挡对检测和识别的影响。

(7) 人脸识别技术发展路径分析

技术路线图有很多实现方法，本研究利用专利引证关系表现技术分支及其关联性，并依据时间顺序排列，剥离出主要技术路径，如图 6 - 14 所示。在 20 世纪 70 年代，人脸识别的概念还不太成熟，由 Esselte Security Systems Ab 公司提出的利用面部特征曲线和曲率比对采集的图像与数据库中已经存储的用户面部曲率，进而判断用户身份。之后，1987 年 Peter Tal 提出了从人脸上可识别点的距离参数或参数比率来识别个体，包括视网膜中心之间的距离、左眼视网膜中心与嘴中心之间的距离、左眼视网膜中心与鼻底之间的距离、右眼视网膜中心与嘴中心之间的距离以及右眼视网膜中心与鼻底之间的距离几个指标。

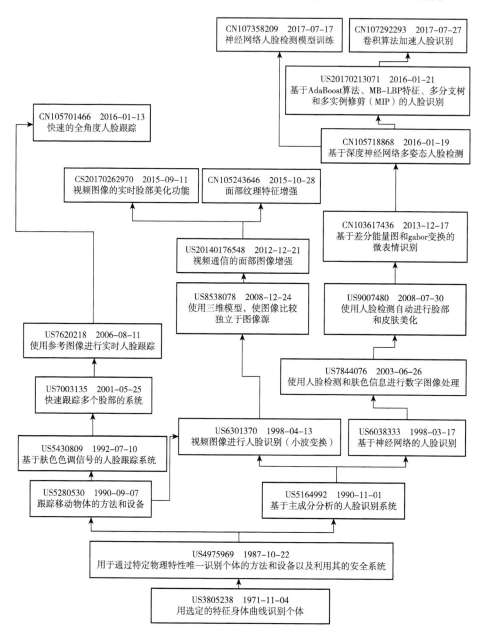

图 6－14　基于专利引证的人脸识别技术路线图

从 1990 年开始，人脸识别技术研发活动开始活跃，此时有两个主要的技术分支，一个是人脸跟踪，另一个是人脸检测和识别。因应用的需求，静态图像的人脸识别显示出其局限性，因此基于视频流的人脸跟踪和识别成为后来的技术创新方向。较早的跟踪算法包括两个计算阶段：第一阶段为识别图像中主体的眼睛、鼻子和嘴的边界框，并沿着时间轴对图像序列上的面部特征框进行轨迹描述；第二阶段为运动参数估计阶段，解释每帧画面的面部特征框空间分布以提供人脸位置和方向的估计。1992 年，索尼提出一种自主跟踪人脸的方法，将图像输出信号的显示图像划分成规定尺寸的区域，提取肤色分割区域，其中色调信号的值在与肤色对应的规定范围内，根据肤色信号进行追踪。在肤色特征的基础上，通过肤色、运动和轮廓信息来提取人脸区域，脸部跟踪引擎根据新旧脸部和脸部区域提供的肤色跟踪面部，被跟踪的面部被馈送到面部状态检查器以确定面部是在先前帧中跟踪的旧面部还是可能的新面部。2006 年 FotoNation 创新性地提出一种使用补充图像（参考图像）的积分图算法确定人脸相对运动的方法，用于预测人脸的下一步运动，该方法可以智能判断和纠正照相中闭眼、抖动等问题。后期人脸跟踪的技术没有明显的突破，主要研究方向为如何提高判断速度和跟踪效率。

对于人脸的检测和识别技术分支，研究重点还是在于人脸特征提取、分析和展示。早期基于代数特征的人脸识别方法是 PCA 算法，它以图像的统计特征为基础进行正交变换，解决原各分量相关性问题，变换得到对应特征值依次递减的特征向量，即为特征脸。1998 年左右，出现了基于神经网络的人脸识别，该方式首先将一组基于神经网络的滤波器应用于检测输入的图像是否包含任何人脸，滤波器以几种比例检查图像中的每个位置，查找可能包含脸部的位置，即查找眼睛位置。使用基于神经网络的人脸检测技术可以增强鲁棒性，加快识别速度，另外，它允许检测系统检测具有不同姿势和照明条件的不同种类的面部。因为有动态人脸识别的需求，此时也开始进行视频流中人脸识别的研究，其代表有小波变换算法。FotoNation 在 2003 年提出使用人脸检测处理数字图像的理想参数，识别与数字图像内的脸部图像相对应的一组像素，通过为该组像素确定一个或多个默认颜色或色调值或其组合来检测脸部图像的肤色，基于检测到的肤色调整与脸部图像对应的一组像素的一个或多个参数的值，该方法可自动对脸部图像施加补光或调整亮度。发展到

2013 年，技术人员开始解决人脸多姿态的问题，山东大学研究团队提供了一种基于 Gabor 变换和差分能量图的微表情识别方法，通过构建微表情序列差分切片能量图，计算一个微表情周期序列中包含变化区域的帧，将微表情序列灰度化提取微表情差分切片，将微表情差分切片帧序列叠加，得到微表情差分能量图。提取差分能量图的特征，构建 Gabor 滤波器核函数，对差分能量图进行 Gabor 特征提取，对提取的特征进行采样，将每个样本的特征写成列向量形式，通过线性判别分析最大化类间分歧和类内分歧的商数，进一步提取每个样本的特征，执行分类和识别，根据训练数据对模型进行训练，并根据模型对测试样本进行预测和分类。此方法细化了人脸识别的精度，扩展了人脸识别在人脸细节获取的应用。2016 年后，深度学习被引入到人脸识别技术中，基于深度神经网络等算法的人脸识别将是未来发展的主要技术分支。

还有一个技术分支是图像增强，主要用于识别后进行的人脸修饰和图像美化。该技术分支出现时间较晚，2008 年 FotoNation 提出自动判断并智能美化皮肤的技术；拉斐尔先进防御系统有限公司则较早在人脸识别中提出三维模型的概念，该三维模型利用二维图像数据（包括彩色图像和红外图像），结合三维模型参考数据库估计识别对象的三维参数，该方法可以解决从非正面角度采样或环境障碍的图像增强问题。2012 年后，图像增强技术分支研究重点为视频图像的实时增强优化，未来 3D 技术的应用将是该技术领域的研究重点。

6.3　华为与中兴的专利经济信息挖掘实证研究

专利文本首先是技术文本和法律文本，其中包含着丰富的技术信息和法律信息。专利经济信息隐藏在专利技术信息和法律信息之中，由专利技术信息和法律信息衍生而来。专利经济信息包括两层含义：一是专利本身的价值，如发明专利的价值高于实用新型和外观设计专利，核心专利和同族专利的价值高于一般专利，高被引专利的价值高于低被引专利等；二是专利所体现出的经济价值、商业价值和市场价值，如专利的许可、转让价值，同族专利体现出的市场价值，诉讼专利体现出来的经济价值等。专利经济信息挖掘对于企业的经营管理和发展战略具有重要的意义。

6.3.1　企业背景介绍

（1）华为技术有限公司

华为技术有限公司（以下简称华为技术或华为）是一家主营通信设备的民营企业，于 1987 年在中国深圳正式注册成立。其主营产品是通信网络中的交换与传输网络、固定接入网络及无线终端产品。其产品遍布全球近 200 个国家，服务对象的人口数占全球的 1/3。自 2010 年以 218.21 亿美元的营业收入首次杀入《财富》世界 500 强榜单后，每年榜单排名不断攀升，2017 年在世界 500 强名单中排名第 83 位。

（2）中兴通讯股份有限公司

中兴通讯股份有限公司（以下简称中兴通讯或中兴）是全球领先的综合通信解决方案提供商，中国最大的通信设备上市公司。主要产品包括：2G/3G/4G/5G 无线基站与核心网、光网络、芯片、高端路由器、智能交换机等，通过全系列的无线、有线、业务、终端产品和专业通信服务，满足全球不同运营商的差异化需求。中兴通讯 PCT 国际专利申请三度居全球首位，位居"全球创新企业 70 强"与"全球 ICT 企业 50 强"。

由于华为技术和中兴通讯是我国两大重要的通信设备提供商，因此本研究以这两家企业为例，对其专利经济信息进行挖掘，分析其专利战略和市场战略，为企业技术创新和市场经营战略制定提供参考。

6.3.2　数据来源与研究方法

（1）数据来源

本研究的数据来源于四个方面：首先从行业协会网站中获取企业的背景、特点、规模、主营业务等信息；其次从企业官网中获取华为技术与中兴通讯两家企业近十年的财务状况、主营产品等信息；再次从专利数据库中获取两大企业的专利数据；最后利用其他信息源作为补充数据。

在选取华为技术与中兴通讯两家企业的财务报表数据时，由于华为技术为非上市公司，因此数据选取自其公司年报，而对于中兴通讯，采用其公开于证券交易所的上市财务年报数据。

专利数据获取的方法为：在 Innography 专利数据库中采用以下检索式进行检索：

专利权人（@ datefiled from 1/2008 to 12/2017）AND（@ organizationName Hua – wei）

专利权人（@ datefiled from 1/2008 to 12/2017）AND（@ organizationName ZTE）

在 Sooip 专利数据库中采用以下检索式进行检索：

（申请人 ＝（华为技术有限公司））AND（申请日 ＝（2008 TO 2017））

（申请人 ＝（中兴通讯股份有限公司））AND（申请日 ＝（2008 TO 2017））

（2）专利挖掘方法与工具

本研究采用专利计量法、专利地图法和专利分析法，以及 Excel、Innography 与 Sooip 三种工具对华为和中兴的专利数据和财务数据进行挖掘分析。Innography 专利数据库数据全面、广泛，具有 20 多项专利分析功能，可视化效果好，提供多种图形展示效果。虽然 Innography 可提供如专利权人竞争、专利簇、专利地图等可视化分析结果，但不能提供专利权人合作、专利运营和专利法律状态等分析。因此以 Sooip 作为补充分析工具。对于基础数据，如财务、专利申请量与授权量等，则将其从数据库中导出后用 Excel 进行处理和分析。

6.3.3　华为与中兴的财务信息挖掘

华为与中兴的通信产品都以技术过硬、价格实惠受到国人乃至世界各国或地区人们的喜爱。尤其是智能手机，这两家企业的手机都有着非常好的市场和口碑。中兴的 Blade U880 在 2010 年至 2011 年销售非常好，堪称安卓手机的性价比之王，出货量为华为的两倍。华为抓住互联网手机的契机，降低利润空间，加强研发与质量管理，旗下品牌荣耀等更是备受国人欢迎。2016 年华为全年智能手机发货量达到 1.39 亿台，连续 5 年稳健增长，全球市场份额提升至 11.9%，居全球前 3。

根据华为企业年报：与 2008 年全球销售收入 1252.17 亿相比，2017 年华为获得全球销售收入 6036.21 亿人民币，增长 3.82 倍。2008 年实现税后净利润 78.48 亿元，2017 年净利润为 474.55 亿，增长 5.05 倍。由于中兴通讯是上市公司，根据其上市公司财务报表：2008 年，中兴通讯全球销售收入为 442.93 亿元，2017 年为 1088.15 亿元，增长 1.46 倍。2008 年实现税后净利润 16.6 亿元，2017 年净利润达到 45.68 亿元，增长 1.75 倍，但在 2012 年和 2016 年，中兴通讯出现两次利润亏损。虽然中兴通讯近 10 年一直处于增长状态，但仍与华为有着一定的差距，如图 6-15 和图 6-16 所示。

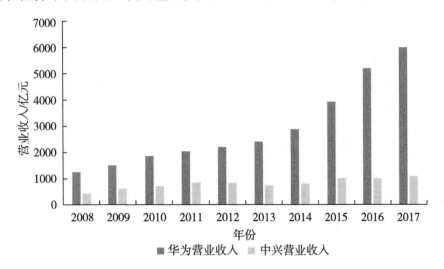

图 6-15　华为技术与中兴通讯营业收入对比图

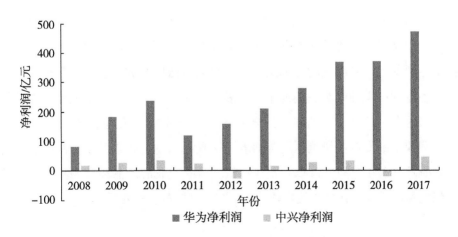

图 6-16　华为技术与中兴通讯净利润对比图

6.3.4 中兴与华为的专利经济信息挖掘

（1）竞争对手分析

根据从 Innography 中检索获得的两家企业的专利数据，以专利数量、收入和诉讼三个指标为维度，挖掘和分析两家企业的目标竞争对手，可做出竞争对手分析坐标图，纵坐标代表收入、辖区和专利诉讼，横坐标代表专利数量、专利分类和专利引用，由图可知，华为技术和中兴通讯的目标竞争对手相似，且互为竞争对手。两家企业在坐标系中分别处于三、四两象限，纵坐标处于同一水平，位于坐标轴两侧。相比而言，手机通信行业比较强劲的竞争对手是诺基亚、美国高通、三星、日本电气等公司。华为技术和中兴通讯属于中国本土品牌，且实力非常接近，是名副其实的国内主要竞争对手。

（2）专利申请区域分析

从全球专利申请区域分布来看，华为技术和中兴通讯在全球专利申请地域布局上也非常相似，主要集中在北美、东亚、澳洲、部分欧洲地区。排名前五的国家分别是美国、日本、中国、韩国、德国，说明两家企业的专利战略和市场战略具有同质性。

（3）专利主题挖掘分析

利用 Innography 提供的文本挖掘功能对华为技术与中兴通讯的专利数据进行主题挖掘，分别得到两家企业专利主题的专利簇分布情况。其中，华为技术专利主题排名前五的专利簇为用户设备、跟随步骤、基站、数据包、存储，各专利簇下的专利关键词主题如表 6-11 所示。而中兴通讯专利主题排名前五的专利簇为移动终端、跟随步骤、用户体验、触摸操作、技术方案，各专利簇下的专利关键词主题如表 6-12 所示。由此可以看出，两家企业的技术研发方向和专利申请布局非常相似。两家企业的产品和市场具有很大的相似性和同质性，在多个技术领域成为名副其实的竞争对手。

表 6 - 11　华为技术专利主题聚类

主题号	主题聚类
1	信道，基站，移动台，链路
2	脚本，管理，备份，版本
3	服务器，终端，计费
4	报文，路由，交换，组播
5	鉴权，数据帧，游戏，秘钥

表 6 - 12　中兴通讯专利主题聚类

主题号	主题聚类
1	终端，服务器，呼叫
2	报文，组播，标签，虚拟
3	信道，基站，导频，下行
4	电路，电压，网元，内存
5	复用，指南，视频，数据单元

（4）专利申请量分析

2008 年，华为技术国内专利申请量为 7780 件，与中兴通讯几乎持平。2017 年，华为技术国内专利申请量达到 8438 件，与 2008 年相比增加了 600 多件，专利申请量持续增长，10 年来累计申请专利 73 000 件，这与近 10 年来华为技术一直不断加大研发投入有密切的关系。而中兴通讯 2017 年申请量为 6381 件，比 10 年前减少了 897 件，专利申请量整体呈下降趋势，10 年来累计申请专利 64 466 件，总量比华为技术少 8534 件。

在两家企业的专利申请类型分布中，发明专利比例都比较高，说明专利申请质量都较高，如表 6 - 13 和图 6 - 17 所示。

表 6 - 13　2008—2017 年华为技术与中兴通讯专利申请年度和类型分布

年份	华为技术					中兴通讯				
	总量 /件	发明专利 /件	外观设计 /件	实用新型 /件	发明专利申请率	总量 /件	发明专利 /件	外观设计 /件	实用新型 /件	发明专利申请率
2008	7780	7458	188	134	95.86%	7278	6909	32	237	94.93%
2009	8987	8291	452	244	92.26%	5768	5462	52	254	94.69%
2010	6348	6164	121	63	97.10%	8223	7616	318	289	92.62%
2011	6298	6254	16	28	99.30%	8912	8376	168	305	93.99%
2012	6447	6315	82	50	97.95%	7503	7207	104	192	96.05%
2013	6754	6624	49	81	98.08%	4939	4721	48	170	95.59%
2014	7846	7738	48	60	98.62%	5006	4773	109	124	95.35%
2015	6833	6691	101	41	97.92%	4879	4571	150	158	93.69%
2016	7269	7126	108	35	98.03%	5577	5304	120	153	95.10%
2017	8438	8224	141	73	97.46%	6381	6195	77	109	97.09%

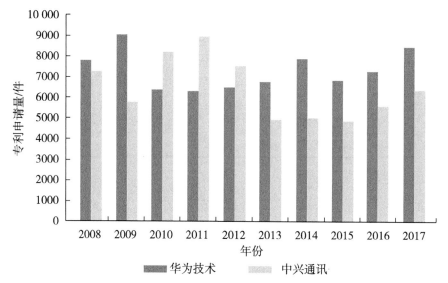

图 6 - 17 2008—2017 年华为技术与中兴科技专利申请量对比

从专利申请量来看，在 2010—2012 年，中兴通讯的专利申请量占有优势，但 2012 年以后，华为技术的申请量开始反超中兴通讯，表现出明显的技术优势和市场优势。

从专利申请类型来看，两家公司的主营业务都是电子通信产品，发明专利所占比例都很高，如图 6 - 18 所示。除 2009 年中兴通讯在发明专利申请量上有略微的优势之外，其他年份的发明专利申请量及所占比率都低于华为技术。由此可知，华为技术的技术研发实力明显强于中兴通讯。

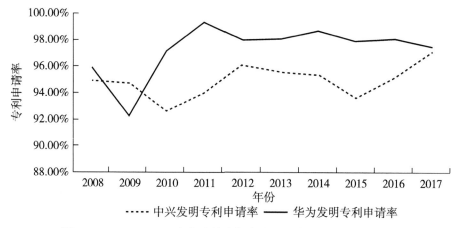

图 6 - 18 2008—2017 年华为技术与中兴通讯发明专利申请率分布

在成本一定的情况下，一般认为经济实力占优的企业，往往会投入更多的资源，而专利代表了企业对技术研发的资源投入。如果从专利申请量或专利授权量来判断企业的技术研发投入，可以发现，企业的技术实力与经济实力成正比，专利申请数量和质量优势直接体现在其市场份额和竞争优势上。

（5）专利申请人合作分析

利用 Innography 提供的专利申请人合作分析功能，可以分别生成两家企业的专利申请人合作图谱。

由华为技术专利申请人合作图谱可知，华为技术属于开放式技术研发企业，与外部机构合作较多，并且合作机构分布广泛，如中国移动、爱立信、日本电器株式会社、北京大学、上海交大等，走产学研技术研发道路。从专利的市场价值层面来看，与华为技术联合的企业与高校都是技术研发能力较强的合作者。从产品研发、市场供需、专利孵化等角度来说，产学研模式比内部自主研发成本更低、更具有开放性，借助外部力量开展企业技术研发更具有可持续性。

由中兴通讯专利申请人合作图谱可知，中兴通讯主要以企业自主研发为主，其次是企业内部团队研发，与其他机构的合作研发较少。合作研发最多的机构是中国移动有限公司，其次是北京邮电大学、西南交大等高校。

（6）专利 IPC 结构分析

IPC 分类与专利经济价值和产业发展密切相关。高新技术产品需要更多的资源投入，但会带来更高的经济价值。如人工智能、人脸识别（G06）的研发费用、市场价值、产业前景等无疑高于其他技术领域。华为和中兴的专利申请在 IPC 分布上非常相似，集中于 H 部类（电学），占总量的 75% ~ 90%；其次是 G 部类（物理），占总量的 10% ~ 25%。而苹果公司的 G 部类申请量占 45%，H 部类申请量占 40.3%，A 部类占 7.2%。除外观设计、营销手段、定价策略等外，苹果公司最重要的市场价值在于其软件系统、运行速率及 AP-Pstore，这也是其核心竞争力所在。

从专利申请的 IPC 构成来看，华为技术专利申请的 H 部类占比 72.7%，G 部类占比 26.1%；中兴通讯专利申请的 H 部类占比 78.6%，G 部类占比 20.2%，由此可以看出，两者专利申请的 IPC 分类主要分布在 H 部类（电学）

和 G 部类（物理）。

进一步分析可知，近十年来，两家公司专利申请的 IPC 结构在不断变化：H 部类（电学）比重逐年下降，G 部类（物理）比重逐年上升。2008 年 4 月，中国移动在北京、上海等城市启动第三代移动通信（3G）。2013 年，中国开始进行 4G 网络建设，目前 3G 和 4G 技术已经发展成熟，而手机缓存性能、人工智能、计算速率等成为研发重点。

就手机研发的技术价值和市场价值而言，G 部类的市场应用价值要高于 H 部类。从华为技术和中兴通讯两家企业的 IPC 结构变化来看，2011 年以前，中兴通讯 G 部类专利申请占比更高，2011—2017 年，华为技术 G 部类专利申请占有优势。

（7）专利运营分析

I 智库发布的《2014 年中国专利运营状况研究报告》，将华为技术和中兴通讯两家企业作为典型案例进行了分析。在《2016 年中国专利交易运营研究报告》中，中兴通讯转让了 494 件专利，在专利转让排行榜中排名第 5；华为技术对外转让了 139 件专利，基本上为商业性转让。华为技术和中兴通讯每年都排在中国企业商业性专利交易运营的前 10。在专利转让方面，近 10 年来，中兴通讯累计转让专利 4108 件，而华为技术累计转让专利 3205 件，比中兴少近 1000 件。在专利许可与专利质押方面，中兴通讯略高于华为技术，如图 6 - 19 所示。"中兴遭美商务部 7 年禁令"事件说明，中兴通讯对技术进口和出口的依赖性较大，专利转让数量虽大，但技术含量相对偏低。

华为技术之所以能成长为全球专利运营企业，原因在于：①华为技术将专利资产视为专利运营的基础，制定了面向商业的专利申请策略，注重专利数量和质量；②华为技术建立了一支懂技术、懂专利、懂金融的专家团队；③华为运用了多元化的专利运营手段。

（8）专利法律状态分析

一般来说，在判断专利的潜在价值时，需要注意专利所处的法律状态，即专利申请中和专利授权后所处的法律状态，是处于审查阶段还是获得专利证书阶段或是失效阶段。虽然失效专利往往也具有经济价值，但通常来说，授权专利价值高于在审专利，在审专利价值高于失效专利。

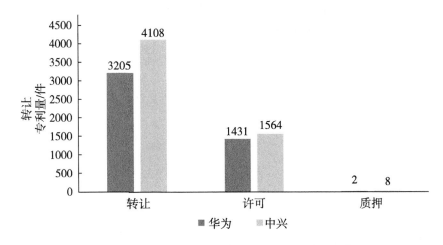

图 6 - 19　2008—2017 年华为技术与中兴通讯专利运营对比

近 10 年来，华为技术拥有有权专利 46 216 件，占总量的 63.31%；中兴通讯拥有有权专利 36 134 件，占总量的 56.05%，较华为少近 1 万件。华为技术拥有无权专利 14 126 件，占总量的 19.35%；中兴通讯拥有无权专利 15 022 件，占总量的 23.3%。两家企业的在审专利分别占到申请总量的 17.34% 和 20.65%。华为技术的有权专利量高于中兴通讯，这说明：①华为技术在专利权拥有量上多于中兴通讯，假设每种专利可以产生的经济效益都均等，华为技术拥有的专利所产生的经济效益将会更高。②华为技术通过审核的专利更多，专利申请含金量更高。

导致专利失效的原因通常分为外部原因和内部原因两种。外部原因主要是审查未通过（包括驳回、无效/部分无效、避免重复授权等）和自然终止，内部原因主要是撤回和放弃。失效专利的价值大小，取决于其失效原因。通常情况下，外部原因导致的失效专利，其价值高于内部原因导致的失效专利。在失效的外部原因中，自然终止的价值高于审查未通过。

从华为技术和中兴通讯两个企业的专利法律状态来看，在外部原因中，华为技术自然终止的专利为 6898 件，中兴通讯为 6360 件，华为技术的自然终止率要略低于中兴通讯。华为技术被驳回的专利数为 4023 件，而中兴通讯为 5719 件，中兴通讯的驳回率要远远高于华为技术，说明中兴通讯的专利技术含金量低于华为技术。在内部原因中，华为技术的撤回专利数和放弃专利数分别为 3166 件和 24 件，分别占比 4.34% 与 0.03%。中兴技术的撤回专利数和放弃专利数分别为 2892 件和 33 件，分别占比 4.49% 和 0.05%。相比而言，撤回率和放弃率二者不相上下，华为技术略高于中兴通讯，如图 6－20所示。

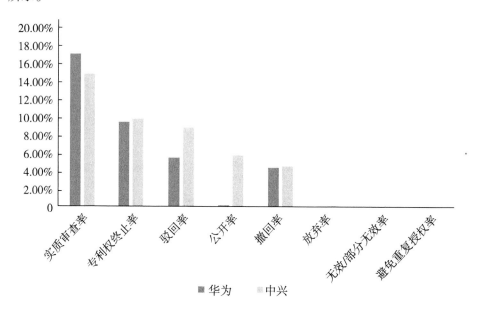

图 6－20　2008—2017 年华为技术与中兴通讯法律状态对比

6.4　华为专利法律信息挖掘实证研究

专利法律信息挖掘即从法律角度揭示企业的专利保护和维权状况，是体现企业技术创新、市场经营和战略管理水平的重要方面，可为企业发展提供指导。

6.4.1　研究对象选择

随着中国经济的发展壮大，中美贸易摩擦不断加剧。2018 年 4 月，美国商务部禁止美国企业向中兴通讯销售元器件，导致中兴通讯的主要经营活动无法进行。2019 年 5 月，美国故技重施，禁止美国技术公司与华为投资控股有限公司（以下简称华为集团）旗下的华为技术及其 70 家子公司进行商业往来，企图削弱华为集团在全球的技术领先优势。但华为集团凭借自身强大的科研实力和专利储备，努力修补被实体清单击穿的"洞"。

华为是全球领先的信息与通信技术基础设施和智能终端提供商，是全世界专利持有量较多的企业之一。截至 2018 年年底，华为累计获得授权专利87 805项，90% 以上为发明专利，且 5G 专利持有量全球排名第 1，占比达到20%。华为在 2012 年凭借技术创新优势超过爱立信，成为电信系统行业的老大[22]。2018 年，华为通过世界知识产权组织提交的国际专利申请量位居全球第一，且占据中国企业专利 500 强第一名，其授权有效发明专利件数达到 3万件以上，同族度达到 3.55[23]。因此，本研究选择华为为研究对象，从法律视角挖掘专利中蕴含的法律信息，揭示华为的专利保护和维权现状，为企业发展服务。

6.4.2　数据来源及处理

专利法律信息挖掘的有效性取决于作为检索结果的数据的正确性、完整性和可靠性，数据处理是专利信息挖掘的重中之重，包括数据采集和数据清洗。本研究收集并处理华为专利法律状态、同族专利、专利侵权诉讼等法律信息，数据处理流程如图 6 - 21 所示。

（1）数据检索

本研究的数据来源于智慧芽，智慧芽包括全球 116 个国家或地区的专利数据，描述并揭示了丰富的专利信息，包括专利法律状态信息、转让信息、诉讼信息、许可信息、申请信息、同族专利信息等，可满足专利法律信息挖掘的数据需求。

智慧芽将专利权人为公司名称的数据进行标准化处理，即将不同语言或拼写的公司名称规范成同一范式。由于 PCT 只是作为专利申请人向其他国家或地区申请专利的渠道，世界知识产权局并不对申请进行审查或授权，因此不对这一部分数据进行挖掘。检索式最终确定为"（ANCS：（华为技术有限公司）OR ANS：（华为技术有限公司））NOT AUTHORITY：（WO）"，专利类型选择发明申请和发明授权，检索时间为 2019 年 12 月 4 日，得到 217 824 条检索结果。

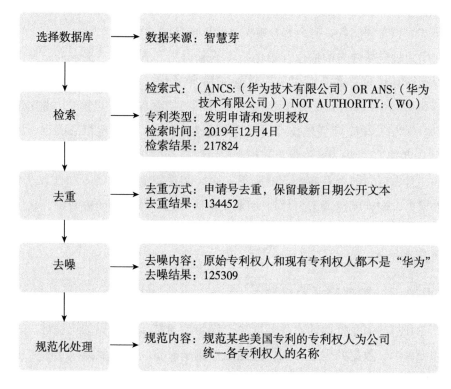

图 6 – 21　数据处理流程

（2）数据去重

数据去重是数据清洗的首要环节。智慧芽数据库的检索结果以公开的专利说明书为基础，一项专利一般包括专利申请公开说明书和专利授权公布说明书，部分还包括单独的检索报告和再版专利说明书，因此得到的 217 824 条检索结果并不代表着相应的专利数量，其中存在着重复专利。重复的数据主要有两种：一种是专利的重复，与专利审批制度有关；另一种是专利族重复，与专利的地域性相关。一般可以利用检索系统或 Excel 进行去重，智慧芽提供简单专利族去重、INPADOC 同族去重、扩展专利族去重和申请号去重。本研究选择申请号去重，保留公开日最新的专利文本，最终得到发明专利 134 452 条。

（3）数据采集

智慧芽最大支持一次性导出专利数据 1 万条，导出形式包括 Excel、Word

和 PDF 等。选择将 134 452 条专利数据导出到 Excel，导出字段包括公开号、标题、申请日、［标］当前申请（专利权）人、［标］原始申请（专利权）人、当前申请（专利权）人、原始申请（专利权）人、发明人、发明人地址、简单同族、简单同族成员数量、法律状态/事件等。其中包括其他公司或个人转让给华为、华为转让给其他公司或个人以及专利权人为华为的数据。

（4）数据清理

数据导出到表格之后需要进一步清理，数据清理一般包括数据清洗、数据记录处理和数据性规范三部分内容，是数据处理工作的难点，以及耗时的部分。

①数据清洗。数据去重后，仍存在噪声数据，需要进行数据清洗。噪声数据的存在首先是因为智慧芽将华为的子公司（华为终端有限公司、深圳华为通信技术有限公司、上海华为技术有限公司等）标准化处理为华为，但子公司的专利从法律上讲并不属于母公司，因此需要将这部分数据进行清除；其次是由于瑞典华为技术有限公司、杜塞尔多夫华为技术有限公司等公司名称部分与检索关键词重合，因此需要对这些数据进行同样的操作。数据清洗主要利用 EXCEL 处理，完成之后得到原始申请人或当前申请人为华为的专利125 309 条。

②数据项规范。在智慧芽标准化处理的基础上，还需要进一步规范。首先，由于美国专利制度要求申请人必须为发明人，这导致华为的部分美国专利是由发明人转让给公司的。智慧芽的美国专利数据来源于美国专利商标局官网，部分数据的原始申请人已改为华为，但是大部分数据的原始申请人仍是发明人。因此，需要根据发明人地址、同族专利信息以及专利具体信息综合判断是否属于华为专利，若属于则将这一部分数据的原始专利权人规范成华为。其次，华为与各国院校或企业开展合作，专利申请遍及世界上的大多数国家或地区，但由于语言的差异，这些院校或企业的名称在智慧芽中并不一致，因此需要对不同语言但为同一专利权人的名称进行规范化处理，以便进行专利挖掘工作。

6.4.3 华为专利法律信息挖掘与分析

（1）华为原始专利法律信息挖掘

华为原始专利是指华为作为原始申请人单独或合作申请的发明创造，是华为自主创新的成果，反映了华为的自主创新能力。

①专利申请信息挖掘

专利是企业技术创新成果的重要保护方式之一，专利申请量是企业技术创新能力的重要表现形式[24]，也反映了企业的专利意识。华为从 1995 年起向 47 个国家或地区申请了 123 756 条发明专利，数量与三星、苹果和 LG 等全球竞争对手不相上下[25]，其中国外发明专利申请量为 58 244 件，占 47%。海外专利申请量体现了华为技术创新的国际竞争力。

从专利申请趋势来看，华为专利申请量总体呈增长趋势，且大致可以分为三个阶段：一是快速积累期（1995—2006 年）。华为 1987 年成立，1995 年开始申请国内专利，2000 年首次申请海外专利，2006 年达到专利申请的小高峰。华为这段时间在各地建立了研究所，成立了专业的研发管理机构和知识产权部门，通过专利打开了通往海外市场的大门，为华为技术创新的发展奠定了基础。二是缓慢增长期（2007—2010 年）。近年来，由于业务分公司化，专利分流导致国内专利申请量趋缓，但海外专利申请量不断增长，且 2008 年 PCT 申请量居世界第一。三是飞速发展期（2011—2019 年）。华为自 2012 年进入全球领先阶段，技术创新的成功带来专利申请数量的飞速增长，2013 年的专利申请量突破了 10 000 件，且 2014—2018 年 PCT 专利申请量位居全球第一，如图 6-22 所示（因专利申请公开具有滞后性，2017—2019 年的数据不完整）。

从专利受理局来看，华为在中国、美国、欧洲专利局申请的专利占据了总申请量的 82%。美国是全球最具影响力的国家，技术创新世界领先，在美国申请专利可以提高企业的无形资产价值和知名度。华为非常重视在美国的专利布局，2000 年以来先后在美国申请了 18 596 件发明专利，近 20 年来的专利申请量逐年上升。欧洲专利局是世界五大知识产权局之一，是世界上最大的区域专利局，包括 38 个成员国，一项欧洲专利申请可以指定多国保护。欧洲一直是华为最大的海外市场，华为通过专利申请为技术创新保驾护航。

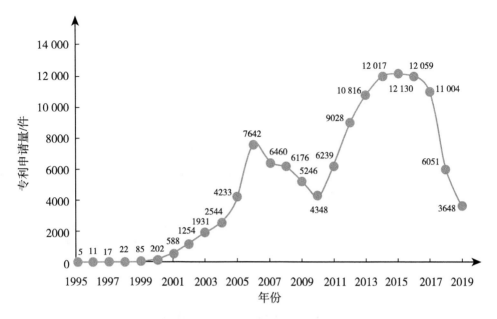

图 6 – 22　华为专利申请趋势图

②专利授权信息挖掘

发明专利授权数量是测度企业技术创新能力的重要指标，只有获得授权的专利才能实现其技术价值、市场价值和专利价值。华为共有授权发明专利65 432 件，授权发明专利量呈快速增长趋势，2018—2019 年连续两年在国内发明专利授权量排名第一，且其世界排名也不断攀升。华为第一份授权专利出现在 1998 年，也是华为第一件专利申请，现已因期限届满而失效。2003 年突破 100 件，2007 年突破 1000 件。2008 年以前，华为授权发明专利量增长趋势与国内授权发明专利保持一致，但从 2009 年开始，随着华为在美国、欧洲专利局等国家或地区的专利授权量上升，华为专利授权出现多头并进的良性局面。2015—2019 年授权专利量出现快速增长，到 2019 年已突破 1 万件，如图 6 – 23所示。

发明专利授权周期是指专利从申请到授权所需要的时间，一般的发明专利授权周期为 3～5 年，华为的大部分为 3～6 年，如表 6 – 14 所示。有研究称，发明专利授权周期越长，专利质量越高。授权率是专利授权量与专利申请量的比值，授权率越高，技术创新能力越强。华为在 1999 年之前申请专利的授权率超过了 90% ，而 2014 年之前的都超过了 60% ，高于大多数企业，如表 6 - 15 所示。

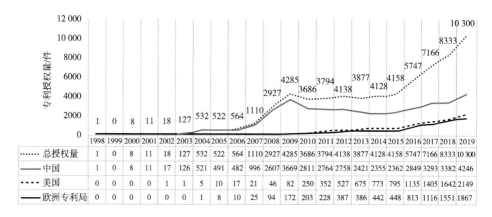

图 6 - 23 华为原始专利授权时间折线图

表 6 - 14 华为发明专利授权周期

发明专利 授权周期 /年	授权 专利数 /件	发明专利 授权周期 /年	授权 专利数 /件	发明专利 授权周期 /年	授权 专利数 /件	发明专利 授权周期 /年	授权 专利数 /件
0 ~ 1	199	4 ~ 5	18 933	8 ~ 9	849	12 ~ 13	47
1 ~ 2	2360	5 ~ 6	12 411	9 ~ 10	400	13 ~ 14	35
2 ~ 3	7558	6 ~ 7	4671	10 ~ 11	177	14 ~ 15	17
3 ~ 4	16 002	7 ~ 8	1653	11 ~ 12	115	15 ~ 16	5

表 6 - 15 华为专利授权率

申请年	申请数 /件	授权数 /件	授权率	申请年	申请数 /件	授权数 /件	授权率
1995	5	5	100.00%	2008	6176	4087	66.18%
1996	11	10	90.91%	2009	5246	3543	67.54%
1997	17	16	94.12%	2010	4348	3120	71.76%
1998	22	20	90.91%	2011	6239	4620	74.05%
1999	85	81	95.29%	2012	9028	6494	71.93%
2000	202	181	89.60%	2013	10 816	7551	69.81%

续表

申请年	申请数/件	授权数/件	授权率	申请年	申请数/件	授权数/件	授权率
2001	588	513	87.24%	2014	12 017	7486	62.30%
2002	1254	1068	85.17%	2015	12 130	4987	—
2003	1931	1557	80.63%	2016	12 059	2839	—
2004	2544	2066	81.21%	2017	11 004	1576	—
2005	4233	3305	78.08%	2018	6051	485	—
2006	7642	5392	70.56%	2019	3648	39	—
2007	6460	4391	67.97%				

*注：因 2015—2019 年华为的专利申请和授权数据不全，故未统计授权率。

华为专利遍布 7 大洲，共在 37 个国家或地区获得专利授权，其中在世界五大知识产权局的授权专利量排名前 5，依次为中国（38 170 件）、美国（9886 件）、欧洲专利局（7751 件）、日本（2665 件）、韩国（1716 件），占总量的 92%。中国是华为总部、研发起点和技术创新中心，大部分专利都优先在国内申请及授权。美国授权专利经过了严格的实质审查，只有技术含量较高的发明才能被授予专利，美国授权专利数量可以作为衡量企业技术创新水平的参考。华为在美国的新增授权专利数量逐年增加，年授权量在 2016 年突破了 1000 件。欧洲专利局包括 38 个成员国，除了被欧洲专利局授予专利权之外，华为在其大部分成员国也拥有授权专利。

华为在海外的授权量占华为授权总量的 42%，多次进入美国及欧洲专利局的年度授权榜单。除五大知识产权局以外，华为在西班牙、德国、澳大利亚、印度、加拿大、俄罗斯、马来西亚、奥地利、南非、印度尼西亚、巴西、新加坡的授权专利都超过了 100 件，以上大部分都是华为海外研发机构的东道国，其中在加拿大的授权专利近年逐年增加，说明华为在加拿大的研究中心技术创新实力越来越强，且加拿大是华为主要的跨国合作伙伴[26]。

③专利权人合作网络分析

合作创新有利于发挥参与者的整体技术优势，优化资源配置，促进技术创新。华为从 1993 年开始在中国各省和全球各地陆续成立研究所和联合创新中心，充分吸收与利用当地人才和资源，并通过与当地一流高校、企业和科研机构合作获得领先技术。华为最早的专利合作申请出现于 2002 年，与电子科技大学共同申请"移动通信系统中一种移动台运动速度的测量方法"，此专利目前仍处于有效状态。

从原始申请人为华为的专利中去掉"与个人"，得到 2133 件合作发明专利，170 个合作对象，其中与华为合作申请专利数量较多的是中国科学院、清华大学、中国科学技术大学、电子科技大学和北京邮电大学等，如表 6 - 16 所示。中国科学院是我国最重要的综合研发中心，华为与其多个分院有合作关系，合作最密切的是中国科学院计算技术研究所，主要研发数字信息的传输和电数字数据处理。

表 6 - 16　合作专利数量超过 20 的合作对象

合作对象	所在城市	合作发明专利数/件	合作对象	所在城市	合作发明专利数/件
中国科学院	中国	349	复旦大学	上海	65
清华大学	北京	262	浙江大学	杭州	61
中国科学技术大学	北京	165	华中科技大学	武汉	59
电子科技大学	成都	145	弗劳恩霍夫应用研究促进协会	北京	51
北京邮电大学	北京	141	中国移动通信集团	北京	50
上海交通大学	上海	110	东南大学	南京	35
西安电子科技大学	西安	69	剑桥大学	剑桥	40
北京大学	北京	65	武汉大学	武汉	26

选择合作专利数量超过 1 件的对象绘制华为专利权人合作网络，发现：从合作对象类型来看，华为与高校的合作占据华为专利合作网络的 70%，包括清华大学、早稻田大学、佛罗里达大学、南安普顿大学等多所知名大学，且合作专利产出多，合作稳定。从合作地域分布来看，华为合作对象遍及亚洲、欧洲、北美洲和大洋洲，其中合作专利数量超过 20 件的合作对象 95% 在中国，此外，华为与德国的多所高校、研究所、企业合作研发。中国是华为

全球研发中心，而德国是华为在欧洲的研发中心。从华为的专利权人合作网络来看，合作频次大部分为 2，最大为 5；与日本、德国、美国、瑞典的 4 家电信巨头合作申请专利，简单同族专利数为 14；在 7 个国家被授予发明专利权，这说明跨国合作有利于提升专利的质量。

④同族专利信息挖掘

专利具有地域性。为了使发明能够在不同的国家得到保护，专利权人必须向不同的国家或地区提交专利申请。专利族是指一组具有共同优先权的在不同国家或国际专利组织多次申请且多次公开或公布的主题相同的专利文献。根据不同标准，专利族分为简单专利族、复杂专利族、扩展专利族、本国专利族、内部专利族和人工专利族。简单专利族是指一组同族专利中所有专利都以共同的一个或几个专利申请为优先权，其数量在一定程度上可以反映专利价值和企业市场布局。华为大部分简单专利同族数不超过 20，专利族数量为 2 的占比较多，属于内部专利族，即包括申请国的申请公开文件和授权公布文件。

表 6 - 17 华为简单专利族的同族数及专利文件数

专利同族数 Z	专利文件数/个	专利同族数 Z	专利文件数/个
0	7892	11	3597
1	9807	12	3126
2	27 456	14	1746
3	9544	15	1404
4	4937	16	1167
5	9541	18	836
6	7517	19	584
7	7907	20	628
8	8082	$20 < Z \leqslant 40$	862
9	5620	$40 < Z \leqslant 50$	251
10	4970	$Z > 50$	167

华为作为原始专利申请人的最大简单专利族有 61 个同族专利，基本专利

为 CN201210018818.7，于 2012 年 1 月 20 日申请，总共向 20 个国家或国际专利组织申请专利，亚洲和欧洲是华为的重点专利布局地区。其中在美国的同族专利最多，有 14 个公开专利文件，因为美国支持申请人基于未完结申请的说明书提交续案申请（续案申请可以包含新的权利要求，并享有前案的优先权），说明华为充分利用了这一制度对专利进行有效保护。如图 6 - 24 所示。

（2）华为持有专利法律信息挖掘

华为持有专利是指发生专利转让之后，当前专利权人为华为的专利，是华为技术实力的体现。

①专利法律状态挖掘

专利是企业技术创新成果最重要的保护形式，法律状态信息是专利最基本的信息，也是最核心的专利信息。我国专利法规定，发明专利申请初步审核后自申请日起 18 个月内公开，然后对申请进行实质审核，审核通过则授权，审核不通过则驳回，授权之后也可能因各种原因而失效。根据专利的全生命周期，发明专利的法律状态一般包括申请、公开、实质审核、有效、失效这五个阶段，如图 6 - 25 所示。

专利权持有人是华为的发明专利数据共有 122 559 条，其中处于公开状态的发明专利有 7646 条，实质审核状态的有 24 837 条，有效状态的有 55 789 条，失效状态的有 25 455 条，未能确认法律状态的有 8832 条，如图 6 - 26 所示。中国发明专利从申请到公开有 18 个月的滞后期，再加上华为申请国际专利的优先权时间等，公开专利由于时间滞后的关系数量较少。未能确认法律状态的专利大多数是在西班牙和印度申请的，由于各国专利法律制度的差异，所以存在部分国家的法律状态确认困难。

②有效专利信息挖掘

有效专利是指专利申请授权之后仍处于有效状态的专利，发明创造授权之后需要缴纳年费才能维持专利权，如果授权专利不能为专利权人带来一定的收益，那专利可能就会因未缴年费而失效，也可能由于专利复审、专利无效、专利诉讼等原因而失效。专利有效是专利保护的前提，华为现有有效发明专利 55 789 件，占华为现有发明授权专利的 86.42%。

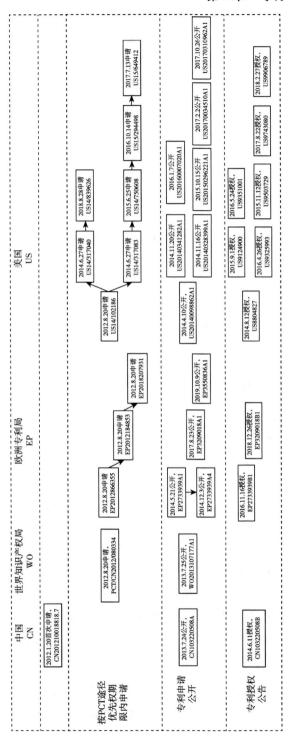

图6-24　华为最大简单同族专利图谱

图 6 - 25   发明专利法律状态生命周期图

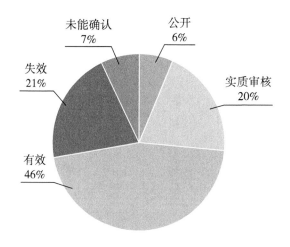

图 6 - 26   华为持有发明专利法律状态

发明专利的保护时间从专利申请日开始算起，有效专利维持时间是指处于有效状态的专利从专利申请日到检索日之间的时间差[27]，专利维持时间越长，专利质量越高，反映出的专利权人技术创新能力越强。以检索日期 2019 年 12 月 4 日为截止日期，计算华为有效专利的维持时间。华为的平均专利维持时间在 7 ~ 8 年，维持时间超过 10 年的占 30.63%，原因在于华为自 2009 年之后，授权专利才大幅度增长，所以 10 年以下的专利所占比例较多，如表 6 - 18 所示。据统计，国内的有效发明专利维持年限多集中在 3 ~ 6 年，而国外则集中在 6 ~ 10 年[28]，华为的专利维持时间保持在国际水准。

表 6 - 18　华为有效专利维持时间

专利维持时间 /年	有效专利数 /件	累计占比	专利维持时间 /年	有效专利数 /件	累计占比
19 ~ 20	73	0.13%	9 ~ 10	2669	35.41%
18 ~ 19	169	0.44%	8 ~ 9	4247	43.02%
17 ~ 18	543	1.41%	7 ~ 8	6195	54.13%
16 ~ 17	865	2.96%	6 ~ 7	7547	67.66%
15 ~ 16	1167	5.05%	5 ~ 6	7679	81.42%
14 ~ 15	1912	8.48%	4 ~ 5	5201	90.74%
13 ~ 14	3300	14.39%	3 ~ 4	2919	95.97%
12 ~ 13	2967	19.71%	2 ~ 3	1657	98.94%
11 ~ 12	3061	25.20%	1 ~ 2	539	99.91%
10 ~ 11	3029	30.63%	0 ~ 1	50	100.00%

③失效专利信息挖掘

失效专利是指因法律规定的各种原因而失去专利权、不再受法律保护的专利。失效率是某一年的失效专利数量与当年专利申请数量的比值，失效率与专利质量息息相关。华为现有失效专利 25 455 件，总失效率为 21%，除个别年份外，华为的失效率逐年下降，1999 年的失效率最高，因为 1999 年 12 月 4 日之前的发明专利按法律来说都已过 20 年的保护期；2001 年和 2006 年的失效率相对较高，是由于这两年未缴年费的专利数量较高，但部分只是中国发明专利未缴年费，而在其他国家的同族专利仍保持有效状态，如表 6 - 19 所示。

表 6 - 19　华为发明专利失效率

申请年	专利申请数 /件	失效专利数 /件	失效率	申请年	专利申请数 /件	失效专利数 /件	失效率
1999	91	88	96.70%	2004	2450	1231	50.24%
2000	203	131	64.53%	2005	4029	2010	49.89%
2001	583	399	68.44%	2006	7293	3719	50.99%
2002	1216	647	53.21%	2007	6225	2940	47.23%
2003	1942	1039	53.50%	2008	5945	2418	40.67%

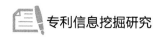

续表

申请年	专利申请数/件	失效专利数/件	失效率	申请年	专利申请数/件	失效专利数/件	失效率
2009	5156	1674	32.47%	2015	12 178	908	7.46%
2010	4220	1087	25.76%	2016	12 083	465	3.85%
2011	6155	1340	21.77%	2017	11 016	191	1.73%
2012	8973	1777	19.80%	2018	6064	39	0.64%
2013	10 884	1833	16.84%	2019	3653	8	0.22%
2014	12 128	1439	11.87%				

失效原因包括撤回专利申请、驳回专利申请、视为放弃、未缴年费和期限届满等，失效原因不一样，反映出来的专利质量也不一样。华为现有专利的失效原因主要是撤回、未缴年费和驳回，分别占据失效专利的39%、30%和26%，撤回发生在专利授权之前，往往代表专利申请人对专利质量不自信。但华为对2003年之前澳大利亚专利申请的大批量撤回，可能是出于市场布局或成本原因；缴纳年费是专利授权之后的主要成本，华为通过未缴年费的方式主动放弃了一批授权专利，可能跟专利技术的更新换代有关，如移动通信技术已从2G发展到6G；驳回是专利审查局对专利申请审核之后的决定，大部分是由于其无法满足"三性"的要求，因驳回而失效的专利价值最低。期限届满的专利具有很大的专利价值、技术价值和市场价值。华为于1987年年底成立，1995年开始进行专利申请，2000年首次申请国外专利，到目前为止期限届满的发明专利有62件，虽然总量不大，但若以华为截止到2019年12月4日的151件发明专利为基数，期限届满率达41.06%，这说明华为早期申请的专利在企业技术创新发展中一直保持活力和价值。

④专利转让信息挖掘

专利转让表现为专利权人变更，专利购买、企业兼并等行为会导致专利转让的发生。专利转让是一种获得外部技术资源的便捷途径，能够迅速提高企业的技术创新实力。发生转让的专利一般价值较高，代表企业的技术创新受到肯定。企业的专利转让行为包括转进和转出，华为共转出专利2000多条，转进专利1000多条。

华为从Futurewei Tech、夏普株式会社、港湾网络有限公司、三星电子株式会社、NEUL 转进的发明专利排名靠前，最低超过了 80 件。Futurewei Tech 是华为在美国成立的子公司，华为的专利申请策略是先由 Futurewei Tech 在美国申请，再转让给国内的华为；夏普株式会社和三星电子株式会社同属于国际公司，华为购买其 2012 年之前的专利，作为全球技术领先阶段之前的专利补充，为技术创新发展减少障碍；港湾网络有限公司和 NEUL 是华为分别于 2006 年和 2014 年收购的企业，独特的技术优势增加了其技术实力。

转让之所以能够发生一般是由于企业的专利质量高、技术强，且对于被转让公司来说有强烈的需求。转让行为很常见，但能够将专利转让给全球性公司则是企业技术创新能力的体现。全球创新聚合有限责任公司（美国）、诺基亚公司（芬兰）、施耐普特拉克股份有限公司（美国）是华为转让专利的前 3 名，分别转让 414 件、201 件、149 件，其中施耐普特拉克股份有限公司是美国高通的全资子公司，高通公司是全球 3G、4G 与 5G 技术研发的领先企业，华为转让专利给高通子公司的这一事件说明华为的技术创新领先全球。

（3）华为专利诉讼信息挖掘

专利诉讼是指当事人和其他诉讼参与人在法院进行的涉及与专利权及相关权益有关的各种诉讼的总称[29]。随着专利的技术价值和市场价值越来越多地被开发，专利在企业技术创新中占据的地位越来越重要，专利诉讼从保护专利权人利益的法律武器演变成市场竞争的重要工具和手段。专利诉讼信息挖掘能够识别核心专利和高价值专利，可以辨别公司的诉讼目的和专利战略，是产品进入市场前进行风险预警和评估的重要手段。

①专利诉讼信息检索

专利诉讼信息蕴含在专利诉讼案例中，专利诉讼案例是指各国同专利相关的行政决定和司法决定。美国有着技术创新的悠久传统，利润丰厚的巨大市场和完善的专利保护制度，所有这些造就美国成为专利诉讼的主战场[30]。

Innography 提供了来自美国法院电子数据库系统（PACER）的专利诉讼案件、美国国际贸易委员会 337 调查以及美国 PTAB 的专利无效复审案件。PACER 的信息每晚更新，可获得最近两周内的诉讼信息。利用 Innography 的法律诉讼库，检索得到华为作为原告的诉讼案件有 196 件和作为被告的专利诉讼案件有 44 件。

②专利诉讼信息分析

专利诉讼信息分析是专利挖掘中不可或缺的利器。华为在美国的首场专利诉讼出现于 2003 年，美国思科公司向当时走出国门不久的华为提起专利侵权诉讼，试图通过专利诉讼将华为赶出美国市场，但华为凭借不侵权抗辩以及拥有自主知识产权的技术创新成果，最终以和解的方式结束这场诉讼，此次经历让华为认识到专利的重要性，也让华为积累了专利诉讼的应对经验，同时为华为做了免费宣传，因为国际巨头思科居然向一家名不见经传的公司发起诉讼且最终和解，这是思科对华为技术创新能力的一种变相的承认。2003—2009 年是华为在美国的诉讼空白期，但从 2009 年开始，华为每年收到的专利诉讼逐渐增多，在 2017 年达到了顶峰，如图 6 - 27 所示。而 2017 年的诉讼案件数之所以较多，是因为其中 30 件都属于原告向专利审判与复审委员会提请的专利无效诉讼，主要是 NOKIA 和 SANSUNG 应对华为的主动侵权诉讼而做出的反击。华为作为被告的 196 件专利诉讼案件中，85% 属于专利侵权诉讼，15% 属于专利无效诉讼，原告包括公司和个人，其中不乏某些专利流氓发起的专利侵权诉讼，但华为大部分专利诉讼都以和解方式结案，这得益于华为强大的专利储备和技术创新实力。

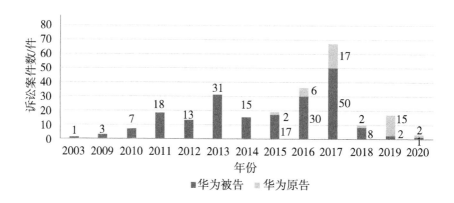

图 6 - 27　华为专利诉讼年度分布图

华为将专利诉讼作为自己的武器是从 2015 年开始的，因 NNPT 公司控告华为专利侵权，华为选择向专利审判与复审委员会提起专利无效诉讼作为反击。2016 年，华为首次在美国提起专利侵权诉讼，且当年分别起诉 T - Mobile 和三星专利侵权。华为现有的 44 件专利诉讼中，如图 6 - 27 所示，34 件属于专利无效诉讼，只有 10 件是专利侵权诉讼。专利无效诉讼是华为应对专利侵权纠纷的一种解决方式，而专利侵权诉讼则是华为保护自己的专利权，保护自己的技术创新成果，从防御走向进攻的武器。

③专利诉讼网络分析

定量统计和定性分析无法反映诉讼主体间复杂的诉讼关系，对专利诉讼关系的社会网络分析有助于了解行业内竞争者的相互制约关系，明确企业在市场中所处的位置。根据华为的专利诉讼情况，如表 6－20 所示，绘制成专利诉讼网络，从图 6－28 中可以看出，华为的专利诉讼网络主要分为四个部分：一是以专利流氓为主体发动的专利侵权诉讼网络，专利流氓一般会向苹果、微软等大公司发起专利诉讼以得到许可费或高额赔偿金，华为成为它们的诉讼对象，说明华为的技术创新及影响力可媲美国际大公司；二是以华为为核心的复杂诉讼网络，因华为向 T－Mobile 发起专利侵权诉讼，诺基亚对华为提起专利侵权诉讼，企图"围魏救赵"，且 T－Mobile、诺基亚和思科都对华为发起专利无效诉讼，华为的首次专利侵权诉讼引来三大公司的围攻，可见华为的技术创新实力之强，让它们联合起来进行反诉；三是华为和三星的双向诉讼网络，华为和三星的专利诉讼在中国和美国如火如荼地展开，华为在美国向三星提起专利侵权诉讼，但三星没有强势选择专利侵权诉讼只是企图利用专利诉讼无效华为专利，这说明华为前期在技术创新链的各个环节中为预防专利侵权做的非常成功；四是华为的专利无效网络，2019 年华为向 Maxell 和 Bell Northern Research 提起专利无效诉讼，这是因为它们向华为的子公司发起专利侵权诉讼，而华为作为国际知名公司，由它提起专利无效诉讼的效率会更高。

表 6－20　华为的专利诉讼情况

公司名称	诉讼角色	总诉讼次数	专利无效诉讼次数	专利侵权诉讼次数	是否为 PT
NOKIA	原告	15	11	4	否
Samsung	原告	8	8	0	否
T－Mobile	原告	7	7	0	否
Cisco	原告	5	4	1	否
Adaptix	原告	4	0	4	是

续表

公司名称	诉讼角色	总诉讼次数	专利无效诉讼次数	专利侵权诉讼次数	是否为PT
IDC	原告	4	0	4	是
NOKIA	被告	9	9	0	否
Samsung	被告	9	8	1	否
Maxell	被告	9	9	0	否
Bell Northern Research	被告	5	5	0	否
T – Mobile	被告	4	0	4	否

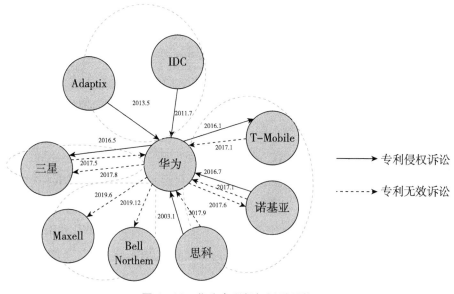

图 6 – 28　华为专利侵权诉讼网络

6.5　人工智能技术领域的专利战略信息挖掘实证研究

6.5.1　数据来源

本研究选择 Innography 数据库和分析平台作为数据来源。依据《中国人工智能报告 2018》确定人工智能领域的关键词为人工智能、机器学习与深度学习，同时该报告显示，与人工智能相关的技术还有自然语言处理、图像识别、人脸识别、计算机视觉、虚拟助手，视觉搜索、文本分析、语义搜索、预测分析、智能系统及语义网络等。考虑到信息检索和数据获取的全面性，在制定检索式策略时将上述关键词一并列入。

检索式为："@（abstract，claims，title）（"Artificial Intelligence" or "machine learning" or "deep learning" or "natural language processing" or "image recognition" or "face recognition" or "computer vision" or "virtual assistant" or "visual search" or "text analysis" or "semantic search" or "predictive analysis" or "intelligent system" or "semantic web"）@"。检索时间截至 2018 年 12 月 31 日。检索共获得63 387件相关专利，对其进行同族去重后获得46 434件，以此为挖掘样本。

6.5.2　面向技术创新水平的专利战略信息挖掘

（1）基于专利申请量的专利战略信息挖掘

专利申请趋势可以展示人工智能技术的起源、发展轨迹，反映人工智能技术的研发兴衰状况，体现企业技术发展动向和专利布局战略，从而为企业专利战略和发展战略制定提供参考。

对检索得到的 46 434 件专利申请，按专利申请量随时间分布的发展变化进行分析处理，得到人工智能技术领域全球专利申请趋势图，如图 6 - 29 所示。由图 6 - 29 可知，全球人工智能技术领域专利申请整体呈上升发展趋势。1961—1981 年全球人工智能技术的专利申请处于萌芽阶段，每年申请量均不超过 10 件，甚至有的年份为 0，说明人工智能技术并没有受到关注。但是1982 年前后，人工智能专利申请数量逐步增加，在 1986 年第一次达到了 100 件。自 1987 年以来，全球人工智能技术的专利申请数量稳步增长，申请数量从 1987 年到 1999 年缓慢增加；2000 年，全球专利申请量达到 892 件，专利申请量首次达到高峰。2002 年至 2010 年，全球人工智能技术专利申请量小幅度增长，2012 年专利申请量达到第二个高峰。2013 年之后直至 2018 年，全球人工智能专利申请量进入快速增长期，全球申请量的年增长量已突破 2000 件。由于专利公布存在延迟，所以 2018 年专利申请数据仅作参考。

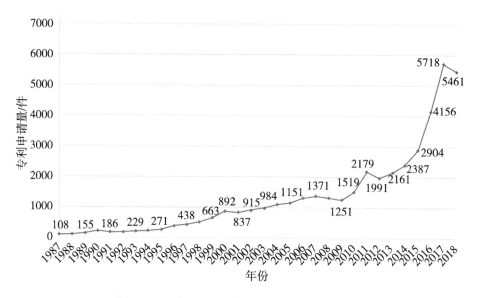

图 6 – 29　人工智能技术领域全球专利申请趋势

对检索获得的 17 026 件中国专利申请进行时间趋势分析和处理，得到国内人工智能技术领域专利申请趋势图，如图 6 – 30 所示。由图 6 – 30 可知，自 1985 年以来，国内人工智能技术领域专利申请数量一直在增加。从 2001 年到 2005 年，专利申请数量增加缓慢，每年的申请数量均少于 100 件。从 2006 年开始申请量加速提升，到 2017 年申请量达到 4190 件，大约是 2006 年申请数量的 35 倍。可以看出，人工智能技术领域的国内专利申请已经处于快速发展时期。同时，根据专利类型对 17 026 件国内专利作进一步分析发现，有发明专利 13 160 件，占国内申请总量的 77. 29%；实用新型 3866 项，占 22. 71%，发明专利占比较高，说明我国一直高度重视人工智能核心技术研发。

（2）基于专利授权的专利战略信息挖掘

专利法律状态信息是互相关联的整体，是构成专利法律信息的重要内容[31]。专利授权比专利申请更能反映企业技术创新能力，也能更有效地反映企业技术发展动向。

通过检索共获得全球 AI 专利申请 46 434 件，其中授权专利 30 232 件，授权率 65. 11%。由图 6 – 31 和图 6 – 32 可知，从专利申请来看，美国和中国的 AI 专利申请量遥遥领先，且申请量相当，而中国的 AI 专利授权量仅为美国的

一半，表明中国在人工智能技术领域的创新能力和专利申请质量同美国相比
还有一定的差距。从专利授权来看，美国的专利授权率高达 85.55%，居全球
之首，远高于全球人工智能技术领域专利平均授权率 43.74%。其次是英国，
AI 专利授权率为 65.60%。中国 AI 专利授权率排名第 4，为 47.15%，略高于
平均授权率，可见中国 AI 授权率仍有待提高。

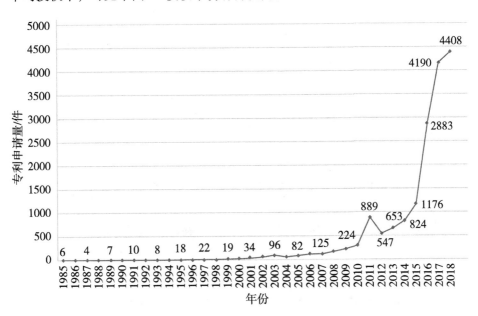

图 6-30　人工智能技术领域国内专利申请趋势

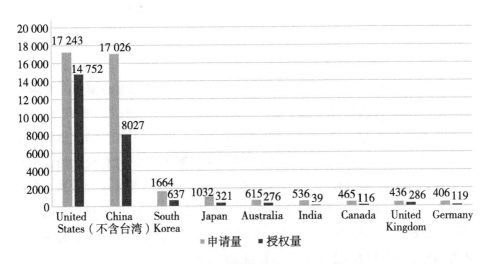

图 6-31　全球 AI 专利授权量排名前 9 的国家分布

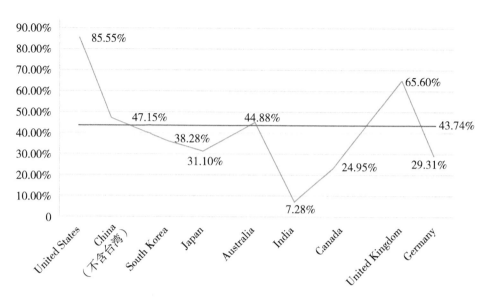

图 6-32　全球 AI 专利授权量排名前 9 的国家专利授权率

6.5.3　面向技术创新区域分布的专利战略信息挖掘

（1）基于专利地域布局的专利战略信息挖掘

专利地域布局是将专利申请按国家或地区进行分类统计。通常认为，某国家或地区持有专利数量越多，就代表了该国家或地区的技术创新水平越高，并且可以根据技术特征有针对性地对创新水平较高的国家或地区进行进一步研究[32]。

当前人工智能技术专利的分布范围较为广泛，主要集中在美国、中国、德国、韩国、英国、日本等 41 个国家或地区，这些国家或地区是人工智能专利技术研究和开发的主要区域。其中，美国专利申请数量最多，有 17 243 项，占专利申请总量的 37.13%，可见美国是人工智能技术最主要的研发地和应用市场。中国的专利申请数量为 17 026 项，占比 36.67%，具有较大的竞争优势。接下来依次分别为韩国、日本、澳大利亚、印度，而其他区域的专利申请量则均不足 500 件。美国和中国专利申请累计达 73.8%。可见，美国、中国两国已成为人工智能技术研发和应用的核心区域。此外，韩国、英国、日本等国家也很重视人工智能技术，蕴藏着巨大的潜力。

（2）基于专利技术源产地的专利战略信息挖掘

专利发明人的国家代表了专利技术的源产地。由前文可知，AI 专利发明人主要来自美国，有 17 288 项专利的发明人来自美国，占专利申请总量的 37.23%，可见，美国的技术研究力量相当雄厚，在人工智能技术研发领域处于绝对优势地位。中国拥有 13 928 件 AI 专利，然后依次是日本（1560 件）、韩国（693 件）、英国（586 件）、德国（544 件）、加拿大（366 件）、法国（335 件）、以色列（308 件）等。而印度、澳大利亚、俄罗斯等国 AI 专利拥有量均不足 300 件，技术实力相对薄弱。

美国不仅是人工智能技术专利布局的核心领域，也是该领域最重要的技术源产地，是人工智能技术研发的全球领导者。而中国人工智能技术专利主要在国内布局，海外专利数量不足，专利申请和布局需要向海外拓展。

6.5.4　面向技术创新主体的专利战略信息挖掘

（1）基于专利权人的专利战略信息挖掘

专利权人气泡图从技术层面反映了专利权人的水平差距[33]。对 46 434 项人工智能专利申请按专利权人进行统计分析，可以得到全球人工智能专利权人气泡图。纵坐标是综合实力指标，结合了诉讼专利数量、专利权人收入和专利区域分布 3 个因素。一般认为，气泡的纵坐标越大，反映出企业利用专利的能力越强。横坐标是技术综合指标，综合考虑了企业拥有的专利总量、专利类型和专利引证频次 3 个因素。专利权人的气泡的横坐标值越大，表明专利权人对技术领域的关注度越高。专利诉讼属于法律信息，专利分布、专利数量反映专利技术信息，专利引证属于专利经济信息，综合这几个指标可以挖掘其中隐含的专利战略信息。

全球人工智能专利技术研发领域共有 7666 个专利权人，在全球范围内分布较为分散，竞争十分激烈。其中，美国的微软（Microsoft Corporation）拥有 1266 件专利，居首位；美国 IBM 公司（International Business Machines Corporation）拥有 932 件专利，排名第 2；美国 Alphabet 公司以 477 件专利位居第 3，而其余专利权人的专利申请量则均不足 300 项。可见，这三大专利权人的技术创新能力比较强，尤其是微软科技公司，占有绝对的领先优势。总体来看，前3位专利权人掌握的专利仅占专利总量的8.85%，可见全球人工智能技术专利权人分布相对分散。对前20位专利权人按区域来源统计发现有14位专利权人来自美国，3位来自日本，表明美国在人工智能专利技术领域具有绝对的领先优势。百度是唯一进入前20的中国企业，排名14，有286件申请专利。

由全球人工智能专利人气泡图可知，微软的专利气泡最大，位置最靠右，表明其掌握大量专利，技术实力较强，属于技术领先型企业；IBM的专利数量和技术实力仅次于微软；苹果和三星公司气泡在图中位置较高，且相对较小，表明企业对人工智能技术研发的关注度较低，技术创新能力较弱，但综合实力较强。大部分专利权人处于综合实力和技术创新能力比较薄弱的状态，表明人工智能技术研发仍不成熟。中国百度的综合实力和技术实力均处于不利地位，企业有必要提高人工智能专利保护意识，加强技术研发能力。

对中国的17 026件专利按专利权人进行气泡图分析发现，微软的技术实力和综合实力较强，属于技术领先型企业。百度、国家电网和中国科学院的技术实力相当，百度的专利数量最多，北京航空航天大学的技术实力稍逊。清华大学的技术实力和专利数量虽不多，但是其拥有强大的经济实力，属于市场领先型机构。对比国内外的专利权人性质可以发现，全球人工智能专利技术主要由企业掌握，而中国的人工智能专利技术主要由高等院校持有，说明我国高校和科研机构具有人才优势，研发实力更强，而企业需要加强技术研发能力。

（2）基于核心专利权人的专利战略信息挖掘

专利强度是Innography独创的专利价值评估指标，也是Innography平台的核心功能之一[34]。专利强度与专利申请周期、专利族、权利要求项数量及专利诉讼等多项专利价值指标密切相关。Innography把专利强度评分超过80的专利划分为具有潜在价值的专利。

将核心专利按专利权人分布进行分析得到全球AI核心专利权人气泡图，由图可知，微软依然在专利数量、技术实力方面占有优势，综合实力相对薄弱；而苹果公司的综合实力最强，技术实力稍显薄弱。大多数专利权人都处于技术创新能力和综合实力均不强的状态，表明核心专利在人工智能技术研发领域的分布相对分散，大多数专利权人只有少量的核心技术。

综合以上分析可以发现，人工智能专利技术和核心专利技术分布在不同的专利权人手中，较为分散。尽管 IBM 的专利数量多，但是其掌握的核心专利不多，且核心专利质量并不高。三星在 AI 技术领域的专利数量和综合实力还处在较前位置，但在全球 AI 核心专利权人气泡图中就没有出现，说明其核心专利少，技术创新能力和技术竞争力不够。

6.5.5　面向技术创新热点的专利战略信息挖掘

（1）基于 IPC 分类号的专利战略信息挖掘

国际专利分类法（IPC）是广泛使用的专利文献分类法，其分类依据是专利主题。根据 IPC 分类号的分布状况对检索的专利申请进行统计分析，可以确定专利申请的热点区域，并且通过不同阶段专利申请的技术类别来预测技术发展趋势[35]，将 30 232 件授权专利按 IPC 分类号进行统计分析，排名前 5 的 IPC 分类为：G06F 17/00（2863 件）、G06K 9/00（1125 件）、G06F 15/00（978 件）、G06F 9/00（674 件）、G06F 7/00（562 件）。可见，AI 热点技术领域集中在数字计算方法、文字识别方法、数字电子计算机、程序控制、数据处理方法等方面。

文本聚类是对专利按文本信息进行比照，把相似性高的专利文本信息划分为同一类，可以实现对技术主题的提取。将 30 232 件授权专利按文本聚类分析（相关度前 15 000 条），得到全球 AI 授权专利主题聚类簇。由此可知，AI 专利技术的 6 个核心主题簇为：Database（数据库）、Artificial Intelligence（人工智能）、Image Data（图像数据）、Control Unit（控制单元）、Neural Network（神经网）、User Interface（用户界面），每个主题簇下有若干个下位技术主题，是全球人工智能技术领域的重要发展方向。

（2）基于专利诉讼的专利战略信息挖掘

涉诉专利一般是某技术领域内最有价值的专利，涉诉专利挖掘从经济和法律层面反映了专利战略信息。涉诉专利很容易对新加入的企业造成威胁，风险较高，因此涉诉专利是挖掘和判断专利价值的重要指标之一。

利用 Innography 平台对 AI 技术相关专利进行诉讼检索，共得到 364 件涉诉专利，全部来自美国，这也可能与其他国家或地区缺少专利诉讼数据有关。在涉诉专利中，专利号为 US5388198 A 的"主动向计算机用户呈现自动化功能"专利诉讼次数最多，达到196次。该专利是美国铁克公司于1992年申请的专利。将364件涉诉专利按专利强度分析，发现所有专利的专利强度都是大于70的，这说明涉诉专利的价值更高。

将涉诉专利按专利权人进一步分析，得到全球AI涉诉专利专利权人分布图。美国微软科技公司涉诉专利最多，有46件，其中有17件是涉及数字计算方法的专利。

将364件涉诉专利按IPC分类统计可知，G06F 17/00——关于数据处理的涉诉专利最多，占涉诉专利总量25.3%。其次是G06F 15/00——"一般的数字电脑"涉诉专利占比12.9%。由此可知，数字计算、数据处理、数字电脑等是AI技术领域争议的热点，同时也是目前AI领域最有价值的专利。

6.5.6 面向技术创新关联的专利战略信息挖掘

专利引证包括前向引证和后向引证[36]。对人工智能技术领域专利申请量前15位的企业的前向引证信息和后向引证信息进行分析，各企业所拥有专利的平均引用次数如图6-33所示。

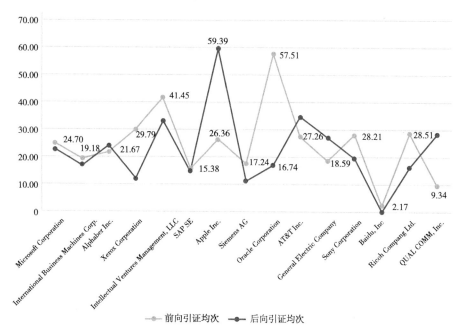

图6-33　申请量前15的专利权人引证图

由图 6 - 34 可以看出，在排名前 15 的企业中，美国 Oracle 公司的专利前向引证均次最多（57. 51），即平均每项专利都被其他专利文献引用了 57 次以上，说明 Oracle 公司的专利技术在 AI 领域是基础专利，而且在申请专利时较重视质量，所以拥有的专利价值普遍较高。而 IBM、SAP SE、西门子等公司的专利前向引证均次较少，相比 Oracle 公司，这些企业的专利质量偏低。

在排名前 15 的企业中，前向引证平均值和后向引证平均值均最低的是中国的百度公司。百度公司的前向引用值较低，说明公司的专利技术含量和经济含量较低，没有获得其他企业的关注。后向引用值较低，说明该企业在进行产品研发时未关注那些先进技术且缺少企业合作。

6.6 国外大数据技术专利信息挖掘实证研究

大数据技术是解决大数据问题的核心，同时也是大数据产业发展的重要支撑。大数据技术是指从各种类型的巨量数据中，快速获得有价值信息的技术。按照数据处理流程，大数据技术可分为大数据采集技术、处理技术、存储技术、分析与挖掘技术、可视化技术等。

本研究以智慧芽专利数据库为实证专利数据来源。智慧芽提供 116 个国家或地区的超 1. 4 亿全球专利数据，10 个国家/地区的权利转移数据，54 个国家/地区的法律状态，4 个国家/地区的复审、无效或上诉等数据；提供高级检索、批量检索、语义检索、扩展检索、分类号检索、法律搜索、图像搜索、化学搜索、文献搜索九种检索方式以实现高效信息查询，方便信息用户根据自己的检索目的选择合适的检索方式。智慧芽具有专利数据收录范围广、专利信息全面丰富、支持中文等优点。

大数据技术纷繁复杂，每年都会涌现出大量的新技术，成为大数据获取、存储、处理分析或可视化的有效手段，本研究选择大数据领域的关键技术作为检索要点，检索式构建为 TAC_ALL：（大数据 OR "big data"）OR TAC_ALL：（Hadoop）OR TAC_ALL：（MapReduce）OR TAC_ALL：（MPP OR "massively parallel processing"）OR TAC_ALL：（PCS OR "parallel computer system"）OR TAC_ALL：（HDFS OR HBase OR NoSQL OR Hive OR Flink）OR TAC_ALL：（spark OR

流计算　OR 云数据库　OR 图计算）AND IPC：（G06F＊），由于专利申请与专利公开有一定的滞后期，因此检索时间范围限定为申请日自 2010 年 1 月 1 日到 2018 年 12 月 31 日，检索数据库范围不限国家及地区，检索日期为 2020 年 7 月 14 日，最终得到 85 449 条检索结果，保留公开日最新专利文本去重得到 67 997 件专利申请。

6.6.1　大数据技术专利申请分析

（1）专利申请趋势分析

大数据技术伴随计算机、通信、云计算、物联网等现代信息技术的发展而产生，是解决大数据问题的关键技术，是全球战略性新兴行业领域争夺的焦点。截止检索日期为 2018 年 12 月 31 日，全球大数据技术专利申请公开 67 997 件，其中 34.97% 处于有效状态，31.62% 的专利仍在审核之中，"审中"状态的专利数量占比较大，代表着大数据技术领域的新申请专利较多，技术创新非常活跃。如图 6 - 34 所示，大数据技术领域的专利申请数量逐年增加，2013 年之前的专利申请数量增长较为缓慢，以每年数百件的速度增长。2013 年以后，大数据技术专利申请数量增长速度加快，特别是 2015 年以后呈

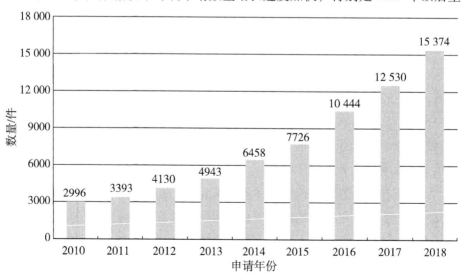

图 6 - 34　专利申请年度趋势图

爆炸式增长，这是因为大数据技术的广泛应用促进了医药、金融、互联网、汽车、公共管理、物流、体育、文化等行业发展，得到了各国政府的强力支持。再加上产业化的逐步推进和技术发展成熟度的逐渐提高，大数据技术领域也吸引到更多企业加入研究。

（2）大数据技术专利生命周期分析

某一领域技术的变化是有一定规律的，技术生命周期代表技术发展的不同阶段，主要分为萌芽期、成长期、成熟期、衰退期和复苏期。专利申请量与专利申请人的数量之间的二维关系图谱可反映技术所处的生命周期。如图 6 – 35 所示，在 2010—2018 年这段时期，专利申请量一直处于上升趋势，在 2016 年突破了 10 000 的大关，而专利申请人数量也增长迅速，从 2000 + 变为将近 10 000，特别是在 2013 年之后，专利申请量和专利申请人数量急剧上升。由此可以判断，在这一段时期，大数据技术正发展处于成长期，技术有了突破性的进展，而且市场扩大，介入的企业增多，大数据技术正往成熟的方向发展。

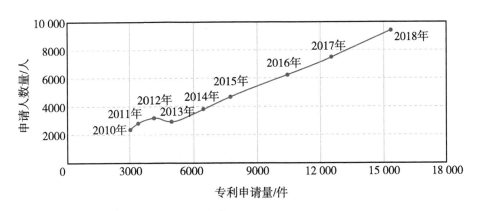

图 6 – 35　大数据技术生命周期

6.6.2　大数据技术专利区域分析

（1）技术来源国分析

技术来源国是指专利权人所属的国家，一定程度上代表着某国的研发活力和技术水平。从图 6 – 36 来看，中国、美国、韩国、日本、德国拥有的大数据技术专利人数量排在前五位，大数据技术实力不凡，是大数据技术领域具有竞争力的国家。中国位居大数据技术来源国的首位，专利申请量占据绝对优势。但与美国等发达国家相比，我国的大数据技术发展起步较晚，技术实力和竞争能力还有待提升，如图 6 - 37 所示。美国在 2011 年发布了《大数据研究与发展计划》，将发展大数据技术提高到国家战略层面，而我国于 2014年才将大数据首次写入政府工作报告，并于 2015 年提出了国家大数据战略。在国家政策和市场利益的双重驱动下，我国的大数据技术领域和产业获得快速发展，企业、高校、科研机构踊跃参与技术创新，并进行专利申请，最终我国的专利申请量超过美国，跃居世界第一。

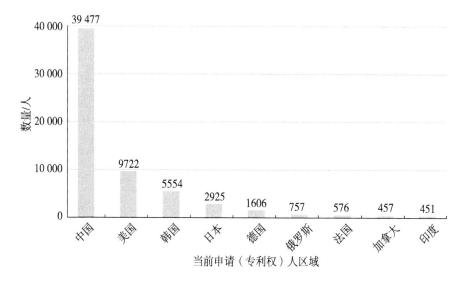

图 6 - 36　当前专利权人区域排名

国家/地区	2001	2002	2003	2004	2005	2006	2007	2008	2009	2010	2011	2012	2013	2014	2015	2016	2017	2018	2019	2020
中国	73	99	117	124	174	246	296	302	412	587	755	1247	1832	28 824	4330	6791	9050	1197	12 868	1692
美国	1036	967	879	1139	1012	927	1053	1057	906	1071	1177	1289	1505	1655	1560	1600	1355	1113	648	53
韩国	481	362	456	660	553	458	319	266	252	265	311	343	473	669	638	777	897	1054	409	33
日本	512	427	416	489	436	414	378	343	296	406	361	355	253	338	289	279	225	262	75	4
德国	144	172	201	110	132	115	98	75	79	108	163	179	141	149	120	132	105	96	43	1
欧洲	91	83	91	111	93	94	78	98	101	97	98	145	157	125	101	109	102	71	45	1
俄罗斯	51	41	59	81	61	68	96	75	80	98	110	125	81	71	102	69	75	66	57	4
世界知识产权组织	36	43	17	29	15	21	27	41	24		51	44	49	59	140	166	129	13		
英国	60	87	87	64	33	24	25	29	38	44	51	55	39	92	76	58	43	21	3	

图 6 - 37　技术来源国/地区前 9

（2）专利五局技术流向分析

中国国家知识产权局、美国专利商标局、欧洲专利局、日本特许厅、韩国特许厅是世界最大的五个知识产权局，全球有效专利的91%分布于这五局所辖区域。分析五局的技术流向，能够展现出该技术的发源情况和市场布局情况。从图6-38来看，大数据技术专利的流向存在以下特点：①大数据技术专利在本国申请最多，这是因为如果中国单位或个人拟申请外国专利，必须首先向中国国家知识产权局提出专利申请。②美国在其他国家或地区的专利布局最为均衡，美国企业的技术实力非常强劲，且其专利布局及专利运营能力成熟，这也导致了美国在其他国家率先布局，抢占市场份额。③其他国家除本国外在美国申请的专利最多，说明了这些国家的专利权人对美国市场高度重视，此外申请美国专利是技术实力的一种肯定，如果授权通过则代表专利质量得到认可。

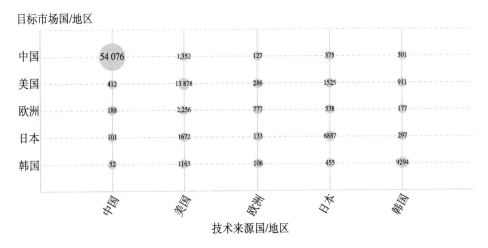

图6-38　专利五局流向图

6.6.3　大数据技术专利权人分析

（1）专利权人申请数量及国别分析

专利权人申请数量的多少，反映着企业的技术创新水平。从图6-39来看，高通、国家电网、IBM、华为是拥有大数据技术专利较多的专利权人，充分显示了这四个企业在大数据技术方面的科研实力。其中高通公司投入大数据技术研发早（如图6-40所示），因此专利产出一直较为持续和稳定；而国家电网和华为属于后起之秀，相比中国的其他企业，其研发团队成熟、研发实力强、研发经费充足，因此专利成果较多。排名前25的专利权人主要来自中国（15个）和美国（5个），且中国的三所高校和一所研究机构榜上有名。由此可以看出，中国企业、高校和科研院所对大数据技术领域十分重视，同时也表现出中国的大数据研发实力和力量正在逐步提升。

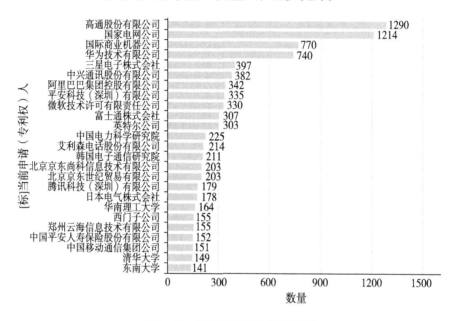

图6-39　当前专利权人排名前25

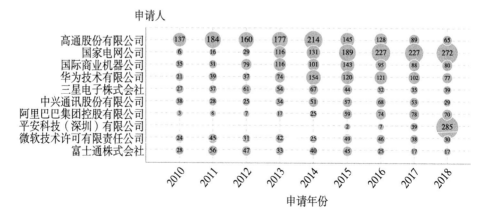

图6-40　主要专利权人申请年度趋势

（2）专利权人技术类别分析

通过了解专利权人的专利分类号情况，可以把握企业的大数据技术研发重点。通过对专利申请量排名前 4 的企业进行 IPC 分析发现，高通的专利申请集中在 H01L（如图 6－41 和表 6－21 所示），创新词云（如图 6－42 所示）主要是存储器、无线通信、半导体、集成电路等，涉及大数据的存储、传输等方面业务。国家电网的专利申请集中在 G06Q、G06F，创新词云以大数据、数据库等为主，涉及大数据的采集、处理等方面业务。IBM 的大数据技术专利分类集中在 G06F、H04L，创新词云最显著的是计算机程序、流计算、处理器等，主要涉及大数据的处理、传输、计算等方面业务，IBM 定位于商业智能分析软件，致力于为大型企业提供数据库平台和分析服务。华为主要申请 H04L、G06F 等技术领域的专利，创新词云凸显的是大数据、数据传输、数据库、数据流、物理编码子层等，涉及大数据的传输、处理、存储、采集等方面业务。

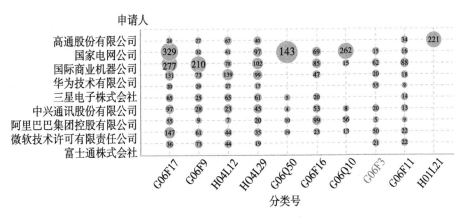

图 6－41　主要专利权人技术分布

表 6－21　IPC 分类号含义

IPC 分类号	含义
G06F	电数字数据处理
H04L	数字信息的传输
H01L	半导体器件；其他类目中不包括的电固体器件
G06Q	专门适用于行政、商业、金融、管理、监督或预测目的的数据处理系统或方法；其他类目不包含的专门适用于行政、商业、金融、管理、监督或预测目的的处理系统或方法

— 289 —

图6-42 高通、国家电网、IBM、华为创新词云

6.6.4　大数据技术核心专利挖掘

（1）大数据技术专利引用分析

一般来说专利被引用次数越多，专利质量越高，专利价值也就越大。大数据技术领域被引用次数排名前 10 的专利中，有 7 项专利来自美国（如图 6 - 43 所示），2 项是向世界知识产权局申请的 PCT 专利，1 项是中国公司申请的中国专利；在专利权人属性方面有 8 项来自公司，1 项的拥有者是个人，还有 1 项的专利权人是高校；在申请时间方面，80% 来自 2010 年、2011 年和 2012 年（如表 6 - 22 所示），属于一批质量较高的基础专利。被引用次数最高的专利是美国佛罗里达州的 ABELOW DANIEL H 申请的 US20120069131A1，专利名称是现实替代与大数据采集方法有关，被苹果、三星、英特尔、索尼、亚马逊等多家知名公司引用高达 1199 次。

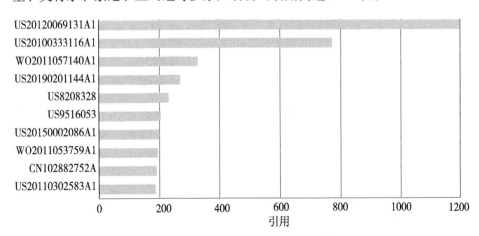

图 6 - 43　被引用次数排名前 10 的大数据技术专利

表 6 - 22　大数据技术高被引专利

专利	引用	当前专利权人	申请日期	IPC 分类号
US20120069131A1	1199	ABELOW DANIEL H	2011 - 05 - 24	G06F
US20100333116A1	773	COMMVAULT 系统公司	2010 - 03 - 31	G06F
WO2011057140A1	328	诺维信公司，MCBRAYER BRETT，SHAGHASI TARANA，VLASENKO ELENA	2010 - 11 - 05	C12N

续表

专利	引用	当前专利权人	申请日期	IPC 分类号
US20190201144A1	271	ETHICON，LLC	2018 - 03 - 29	A61B
US8208328	231	三星电子株式会社	2010 - 06 - 15	G11C
US9516053	205	斯普兰克公司	2015 - 10 - 30	H04L
US20150002086A1	200	英特尔公司	2011 - 12 - 08	H02J
WO2011053759A1	195	默沙东药厂，LUO PETER PEIZHI，NI YAN，WANG KEVIN CAILI，HSIEH MARK，王鑫伟，董峰，GOLOSOV ANDREI，WANG WEIRONG，李岩，ZHONG PINGYU，PETERSON LAURENCE B，CUBBON ROSE	2010 - 10 - 29	A61K
CN102882752A	192	天津光宏科技有限公司	2012 - 10 - 19	H04L
US20110302583A1	187	耶鲁大学	2011 - 02 - 22	G06F

（2）大数据技术专利权利要求数量分析

权利要求数量越多，技术范围越广，一般来说专利的价值也就越大。专利价值越大，专利保护要求就越高。因此，专利权利要求数量也是衡量专利质量和价值的重要指标。在大数据技术领域中，专利权利要求数量最多的专利来自美国的强力物联网投资组合 2016 有限公司申请的"工业物联网中具有大数据集的数据收集环境下的检测方法和系统"（如图 6 - 44 和表 6 - 23 所示），其有 1442 项专利权利要求，是一种用于工业生产环境中的数据收集系统，包括大数据收集、处理、存储等技术方面。前面提到的 US20120069131A1 这次也是榜上有名，共有 518 项权利要求。

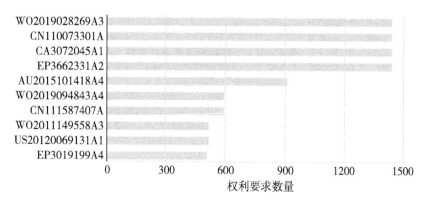

图 6 - 44　权利要求数量排名前 10 的大数据技术专利

表 6-23 权利要求数量排名前 10 的大数据技术专利

专利号	权利要求数量	专利名称	申请日期	专利权人
WO2019028269A3	1442	Methods and systems for detection in an industrial internet of things data collection environment with large data sets	2019-04-25	强力物联网投资组合 2016 有限公司
CN110073301A	1442	工业物联网中具有大数据集的数据收集环境下的检测方法和系统	2019-07-30	强力物联网投资组合 2016 有限公司
CA3072045A1	1442	Methods and systems for detection in an industrial internet of things data collection environment with large data sets	2019-02-07	强力物联网投资组合 2016 有限公司
EP3662331A2	1442	Methods and systems for detection in an industrial internet of things data collection environment with large data sets	2020-06-10	强力物联网投资组合 2016 有限公司
AU2015101418A4	911	Compositions and methods of nucleic acid - targeting nucleic acids	2015-11-12	卡里布生物科学公司
WO2019094843A4	595	Systems and methods for safe and reliable autonomous vehicles	2019-07-18	英伟达公司
CN111587407A	593	用于安全且可靠的自主车辆的系统和方法	2020-08-25	英伟达公司
WO2011149558A3	518	Reality alternate	2011-12-01	ABELOW DANIEL H
US20120069131A1	518	Reality alternate	2012-03-22	ABELOW DANIEL H
EP3019199A4	508	Microvessel endothelial cell surface markers and uses thereof	2017-03-15	哈佛大学校长及研究员协会，布赖汉姆妇女医院

6.6.5 大数据技术专利领域分析

通常根据 IPC 分类号下专利数量的多少识别大数据领域的热点技术。在大数据技术专利申请中，专利申请量最多的技术领域是数据处理，分类号为 G06F17（如表6-24 所示），即特别适用于特定功能的数字计算设备或数据处理设备或数据处理方法，共有 11 135 件专利申请。排名第 2 的分类号是 H04L29，与数据传输相关。在专利申请量排名前 10 的 IPC 技术领域中，大部分都与数据处理相关，这与检索式限定了分类号有关。此外，通过旭日图（如图6-45 所示）可以发现，最近的技术研究热点主要分布在存储器、控制器、数据集等大数据技术主题方面。

表 6-24 热门技术构成分析

分类号	含义	专利数量/件	技术领域	占比
G06F17	特别适用于特定功能的数字计算设备或数据处理设备或数据处理方法（信息检索，数据库结构或文件系统结构，G06F16/00）	11 135	数据处理	25.05%
H04L29	H04L1/00 至 H04L27/00 单个组中不包含的装置、设备、电路和系统	6064	数据传输	13.64%
G06Q50	特别适用于特定商业领域的系统或方法，例如公用事业或旅游（医疗信息学入 G16H）	5483	数据处理	12.33%
G06Q10	行政；管理	4223	数据处理	9.50%
H04L12	数据交换网络（存储器、输入/输出设备或中央处理单元之间的信息或其他信号的互联或传送入 G06F13/00）	3648	数据传输	8.21%
G06F16	信息检索；数据库结构；文件系统结构	3579	数据处理	8.05%
G06Q30	商业，例如购物或电子商务	3017	数据处理	6.79%
G06F9	程序控制设计，例如，控制单元（用于外部设备的程序控制入 G06F13/10）	2889	数据处理	6.50%
G06F3	用于将所要处理的数据转变成为计算机能够处理的形式的输入装置；用于将数据从处理机传送到输出设备的输出装置，例如，接口装置	2275	数据处理	5.12%

续表

分类号	含义	专利数量/件	技术领域	占比
G06K9	用于阅读，或识别印刷，或书写字符，或者用于识别图形，例如，指纹的方法或装置（用于图表阅读或者将诸如力或现状态的机械参量的图形转换为电信号的方法或装置入 G06K11/00；语音识别入 G10L15/00）	2141	数据采集	4.82%

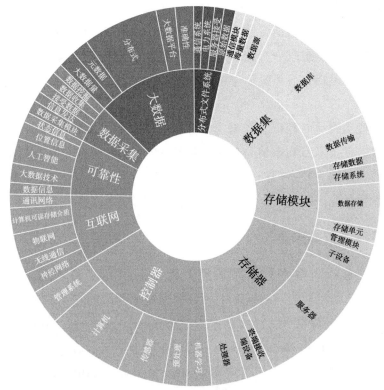

图 6-45 技术焦点旭日图

6.7 我国大数据技术专利信息挖掘实证研究

现代信息技术飞速发展，大量非结构化数据产生，传统的数据存储、处理与分析技术面临巨大挑战，大数据技术概念应运而生。大数据作为一种社会资源和资产已成为共识，随着信息技术的不断发展，大数据蕴含的巨大潜在价值引发社会各界广泛关注。世界各国都高度重视大数据技术及产业发展，并进行了积极布局。我国党中央、国务院也高度重视大数据技术及产业发展。2014 年，大数据首次写入政府工作报告，并逐渐成为各级政府关注的热点。2015 年，习近平在第二届国际互联网大会上提出了国家大数据战略。此后，国家各部委相继出台了一系列大数据相关政策，鼓励大数据产业发展。如2015 年 8 月，国务院为加快政府数据开放共享、推动资源整合等，出台了《促进大数据发展行动纲要》[37]。2016 年 6 月，国务院为夯实健康医疗大数据应用基础，全面深化健康医疗大数据的应用，加快保障体系建设等，出台了《关于促进和规范健康医疗大数据应用发展的指导意见》[38]。2017 年 5 月，国务院出台了《政务信息系统整合共享实施方案》，推动分散的政务信息系统加快整合等[39]。

本研究主要从专利信息挖掘视角分析我国大数据技术及行业发展概况，并绘制大数据技术专利申请趋势图、专利 IPC 分类图、专利申请人专利申请趋势图等，以期为政府部门、科研机构、高校、企业等了解国内大数据技术及产业发展状况，制定政策、做出决策提供参考。

6.7.1　数据来源

本研究选择大数据技术领域的关键技术作为检索要点，在智慧芽（PatSnap）全球专利检索数据库中对大数据技术领域的相关专利进行检索，构建的检索式为 TAC_ALL：（大数据 OR "big data"）OR TAC_ALL：（Hadoop）OR TAC_ALL：（MapReduce）OR TAC_ALL：（MPP OR "massively parallel processing"）OR TAC_ALL：（PCS OR "parallel computer system"）OR TAC_ALL：（HDFS OR HBase OR NoSQL OR Hive OR Flink）OR TAC_ALL：（spark OR 流计算 OR 云数据库 OR 图计算）AND IPC：（G06 *）AND APD：[20100101 TO 20181231]AND PATSNAPFILTER =（COUNTRY：（"CN"）），检索日期为 2020 年 7 月 15日，共得到 67 619 条检索结果。

数据去重是数据清洗最首要的环节，智慧芽数据库的检索结果以公开的专利说明书为基础。一项专利一般包括专利申请公开说明书和专利授权公布说明书，部分还包括单独的检索报告和再版专利说明书，因此得到的 67 619

条检索结果并不代表着有相应数量的专利，其中可能存在着重复专利。重复的数据主要有两种：一种是专利的重复，与专利审批制度有关；另一种是专利族重复，与专利的地域性相关，一般可以利用检索系统或 Excel 进行去重，智慧芽提供简单专利族去重、INPADOC 同族去重、扩展专利族去重和申请号去重，涉及时间的小节选择对检索结果进行申请号去重处理，保留公开日最新的专利文本，最终得到 57812 组申请。而涉及技术的小节选择对检索结果进行 INPADOC 同族去重，最终得到 55208 组 INPADOC 同族。

6.7.2　大数据技术专利申请分析

本研究主要分析了 2010—2018 年国内大数据技术专利申请数量及趋势，如图 6-46 所示。通过专利申请趋势可以从宏观角度了解该技术领域在各时期的专利申请热度变化。2010—2018 年大数据技术领域专利申请数量一直呈现出持续增长的趋势，且其增长幅度稳中有增。"数据兴国"和"数据治国"已经上升为国家战略，这也将成为中国今后相当长时期内的国策[40]。从时间上来看，全国大数据技术领域专利申请数量伴随着大数据技术深化、产业发展和一系列政策的出台在 2015—2018 年间大幅度增长。

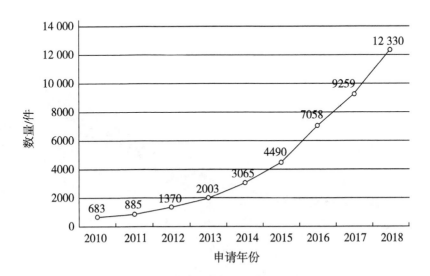

图 6-46　我国大数据技术领域专利申请数量及趋势

6.7.3 大数据技术专利区域分析

对我国各省市专利申请数量进行分析，可以了解我国各省市的技术创新能力和活跃程度。由检索结果可得，我国大数据技术领域专利申请人分布在全国25个省市，其中专利申请数量位居前三位的省市为广东、北京、江苏，这体现了广东、北京、江苏作为中国经济综合实力较强的城市在科技发展中的重要领导地位[41]。同时也可以看出，我国沿海省份的技术成果普遍比内陆省份更多。从中国大数据技术专利的发展现状来看，由于经济、科技、法律等发展水平的差异，大数据技术和产业发展呈现出"东西部差异大"的特点。我国的大数据市场和产业前景十分广阔，但需要考虑区域均衡发展，深入挖掘大数据技术市场和产业领域，进一步提升我国的大数据技术和产业实力。

图6-47显示了我国专利申请数量排名前10的省市的大数据技术专利申请趋势。2010—2018年，这些省市的申请量均呈现出持续增长态势，且增长幅度逐年增高。这代表随着我国综合国力的提升，我国各省市对于知识产权保护的重视程度快速提升，也反映了我国大数据技术和产业发展近年来逐年升温。

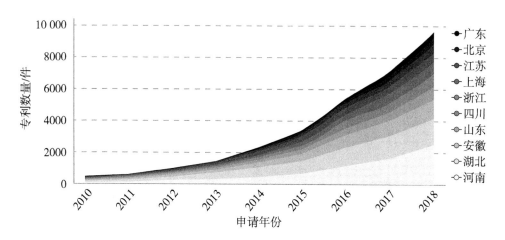

图6-47 我国各省市大数据技术专利申请趋势图（top10）

6.7.4　大数据技术专利主题挖掘

图 6 - 48 为我国大数据技术专利创新词云。通过创新词云可以了解该技术领域内最热门的技术主题词，帮助分析该技术领域内最新重点研发主题。由创新词云分析得出，我国大数据技术专利涉及的主题范围很广泛，研发技术领域众多，比如人机交互、自动化、人工智能、机器学习等。这也反映了大数据技术已经渗透到社会各领域，具有广泛的应用前景。

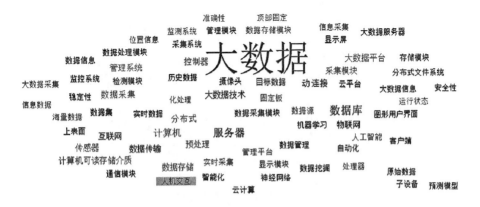

图 6 - 48　我国大数据技术专利创新词云

图 6 - 49 是我国大数据技术专利的旭日图。旭日图对热门技术词的层级拆分，可以帮助用户更好地理解该技术领域内更详细的技术焦点。其中，外层的关键词是内层关键词的进一步分解。由旭日图可知，我国大数据技术领域的主要关键词为：大数据、数据集、数据采集模块、存储模块、控制器、互联网、信息数据、顶部固定、云平台、数据采集。这些是我国大数据技术和产业的重点研发领域，也是争夺的焦点领域。

图 6 - 50 是我国大数据技术的专利地图。专利地图是技术领域布局可视化的表现形式，高峰代表了技术聚焦的领域，低谷则意味着技术盲点（潜在的机会或者待开拓的领域）。专利地图通过 IPC 聚类生成地形，然后通过对每个聚类包含的所有专利文本进行分析，提取标签词。从专利地图分析可知，我国大数据技术专利所聚焦的领域很广泛，比如身份识别、疾病监测等。

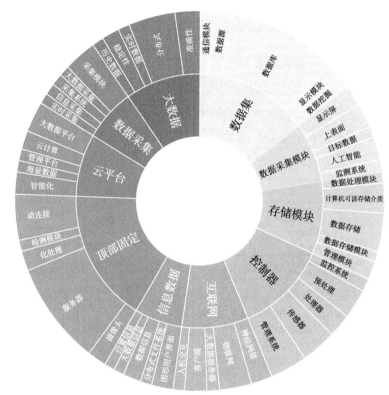

图 6 - 49　我国大数据技术专利旭日图

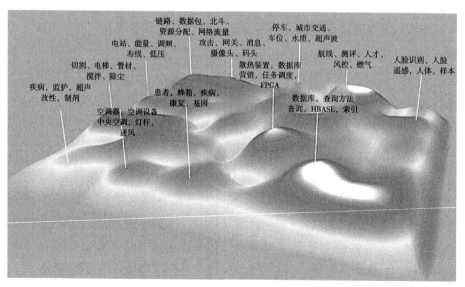

图 6 - 50　我国大数据技术专利地图

6.7.5　大数据技术专利分类分析

图 6 - 51 展示了我国大数据技术专利申请 IPC 分类排名前 10 的占比情况，图 6 - 52 展示了我国大数据技术专利申请的具体类别。由图 6 - 51 和图 6 - 52 可知，我国大数据技术领域专利申请目前主要应用于计算机设备和数据处理

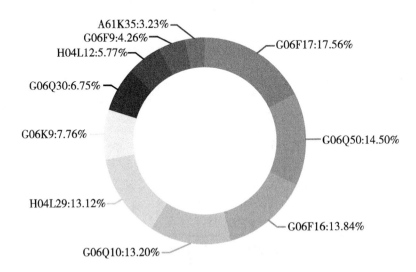

图 6 - 51　我国大数据技术专利申请 IPC 分类排名（top10）

图 6 - 52　我国大数据技术专利申请的具体类别（top10）

设备，在其他领域也均有广泛涉及，表明目前我国大数据技术和产业的应用范围较为宽泛，在各行业各领域均有较为广泛的分布。另外，表 6 - 25 为我国大数据技术专利 IPC 分类 top10 及专利申请量，反映了我国大数据技术和产业发展的重要领域。

表 6 - 25 我国大数据技术专利 IPC 分类 top10 及专利数量

IPC 分类号	释义	专利数量
G06F17	特别适用于特定功能的数字计算设备或数据处理设备或数据处理方法	7480
G06Q50	特别适用于特定商业领域的系统或方法，例如公共事业或旅游	6339
G06F16	信息检索；数据库结构；文件系统结构	6035
G06Q10	行政；管理	5755
H04L29	H04L1/00 至 H04L27/00 单个组中不包含的装置、设备、电路和系统	5582
G06K9	用于阅读或识别印刷或书写字符或者用于识别图形	3347
G06Q30	商业，例如购物或电子商务	2917
H04L12	数据交换网络	2292
G06F9	程序控制设计	1777
A61K35	含有其有不明结构的原材料或其反应产物的医用配制品	1386

我国专利法规定，专利有发明专利、实用新型专利和外观设计专利三种类型。在这三类专利中，发明专利的技术水平最高，专利质量和价值更大。其中，发明专利是指对产品、方法或者其改进所提出的新的技术方案。专利类型的分布反映了该技术领域的申请人是专注于保护创新的功能还是外观。通常情况下，发明专利相对于实用新型的占比，能反映该领域的创新程度的高低。由图 6 - 53 可知，我国大数据技术领域的专利类型中，发明专利占绝大多数，而外观设计专利占比最少，这表明我国大数据技术研发重点在于技术提升而非产品外观，我国大数据技术发展仍处于技术生命周期的成长期。

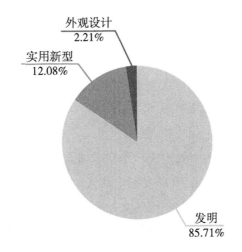

图 6-53　我国大数据技术领域的专利类型分布

6.7.6　大数据技术专利申请人分析

通过对我国大数据技术专利申请人的专利申请量进行分析可知，该技术领域内哪些公司拥有的专利申请量最多，以了解该技术领域内的主要竞争对手和竞争威胁。由图 6-54 可知，我国大数据技术领域专利申请人主要以 IT

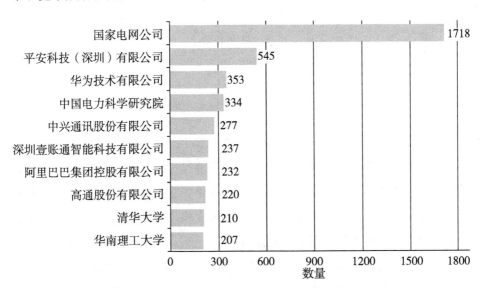

图 6-54　我国大数据技术专利申请人专利量排行（top10）

企业和高校为主，其中企业占主导地位，专利申请量排名前十的专利申请人依次为国家电网公司、平安科技（深圳）有限公司、华为、中国电力科学研究院、中兴、深圳壹账通智能科技有限公司、阿里巴巴、高通、清华大学、华南理工大学。高校拥有较好的资源和平台，企业则能更好地将技术研究与实践应用结合起来，大大提升技术的实现率。可见，大数据技术可观的应用前景已经得到了高校和企业的高度重视。

图6-55展示了我国大数据技术专利申请人的申请趋势（前10名）。我国大数据技术专利量排行前10的专利申请人，在2010年至2012年阶段的申请趋势均较为平缓，表明那时我国的大数据产业刚刚进入起步阶段。从2012年至今，国家电网公司关于大数据技术的专利申请量迅速提升，这表明国家对这一领域的重视程度和扶持力度持续加大。

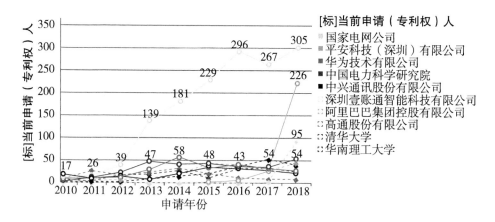

图6-55　我国大数据技术专利申请人申请趋势（前10名）

图6-56反映了我国大数据技术专利重要技术分支的主要申请人分布，可以借此分析各技术分支内领先公司的分布情况，这有助于寻找不同技术领域的潜在合作伙伴。由图6-56可知，国家电网公司在大数据技术专利重要技术分支中有较为广泛的涉足，可谓是国内大数据技术领域的领军者，在寻找合作伙伴时可优先考虑国家电网公司。

图6-57展示了我国大数据技术专利主要申请人的主要技术分布情况，分析主要申请人的技术分布情况，可以帮助了解该技术领域内的主要申请人分别专注于哪些技术分支。比如国家电网公司主要专注于G06Q50、G06Q10、

G06F17、H02J3 等技术分支。

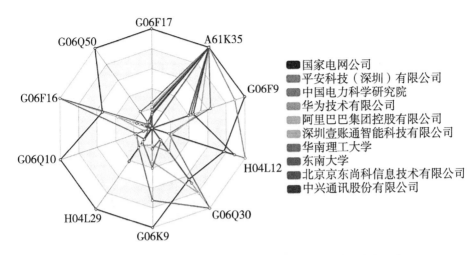

图 6 - 56　我国大数据技术专利重要技术分支的主要申请人分布

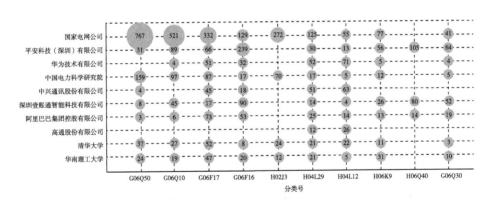

图 6 - 57 我国大数据技术专利主要申请人技术分布

6.7.7　大数据技术专利状态分析

图 6 - 58 反映了我国大数据技术专利的法律状态。通常情况下，审中状态表明新申请专利较多，其占比反映了该领域近期创新活力；未确认状态为无数据的情况。由图 6 - 58 可知，我国大数据技术领域有超过一半的专利都处在审中法律状态，另有 27.00% 的专利处于有效法律状态。这从侧面说明近年来我国大数据技术领域专利申请量呈现出蓬勃增长的态势，创新活力较高。

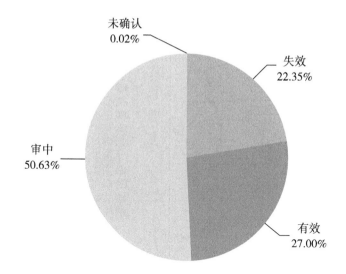

图 6-58 我国大数据技术专利的法律状态

图 6-59 呈现了我国大数据技术专利的公开趋势。由图 6-58 可知，我国大数据技术领域专利的公开数量呈现出持续增长趋势，且增长幅度越来越大，这表明我国大数据技术领域专利申请量呈现出持续增长且增长速度越来越快的趋势，反映了我国大数据产业日益兴盛的局面。

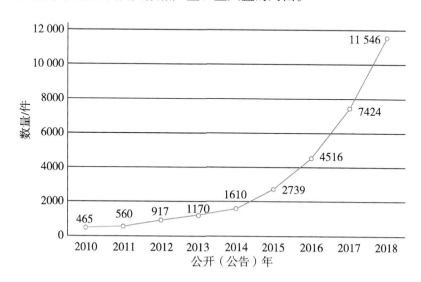

图 6-59 我国大数据技术专利的公开趋势

图 6-60 是我国大数据技术专利生命周期图。在专利技术发展的不同阶段，专利申请量与专利申请人的数量一般会呈现周期性规律。利用专利申请量与专利申请人数量随时间推移的变化来帮助分析当前技术领域所处生命周期的阶段。通过这个图可以帮助评估技术发展的阶段，用来判断是否需要进入当前技术领域。由图 6-60 所示，我国大数据技术专利申请量近年来一直保持稳定上升趋势，说明当前技术领域正处于其生命周期当中的成长期，适合进入当前技术领域。

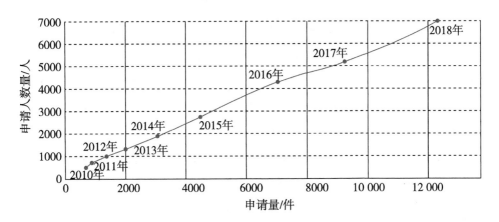

图 6-60 我国大数据技术专利生命周期图

6.7.8 大数据技术重点专利分析

图 6-61 展示了我国大数据领域被引用最多专利当中的前十名。这可以帮助识别哪些专利已被广泛应用或借鉴。图 6-61 所示的这些专利更具影响力，并代表着国内大数据技术领域的核心创新技术，其中以专利 CN102882752A 为这一领域的核心创新技术代表，此专利的主题为基于物联网及安卓系统的智能家居系统及控制方法，申请人为天津光宏科技有限公司。此外，位列第三的 CN103402177A 为一种 Wi-Fi 终端信息推送系统及其实现方法，申请人为江苏省东方世纪网络信息有限公司，此专利也可以代表国内大数据技术的核心创新技术。当前图表按每件申请显示一个公开文本的去重规则进行统计。

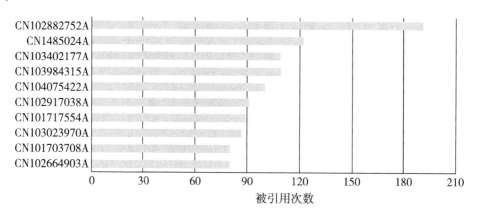

图 6 - 61   我国大数据领域被引用最多的专利（top10）

图 6 - 62 展示了我国大数据领域规模最大的专利家族，这些专利在全球被广泛布局保护。分析偏好选择［每组 INPADOC 同族一个专利代表］，图 6 - 61 中的专利家族使用设置的去重方式计算。其中，CN1799208B 为我国大数据技术领域规模最大的专利家族，受到全球范围内的广泛布局保护。CN1799208B 专利主题是用于多频带/多模式卫星无线电话通信系统及方法的集合辐射功率控制，申请人为 ATC 科技有限责任公司。

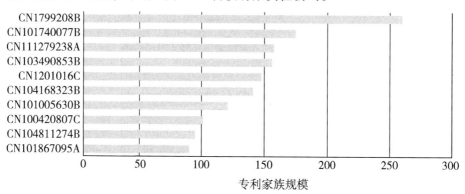

图 6 - 62   我国大数据技术领域规模最大的专利家族

图 6 - 63 展示了我国大数据技术领域诉讼次数最多的专利，这一分析有助于确定构成最高诉讼威胁的专利，同时也代表了值得注意的研发雷区。按每件申请显示一个公开文本的去重规则进行统计，由图 6 - 63 所示，CN103455942A 为我国大数据技术领域诉讼次数最多的专利，其专利主题为信息币。信息币属于通信网络世界领域，即新型互联网领域和人类经济文化领

域。它包括了信息币的产生、信息币的概念、信息币的职能、信息币的运行规律等内容，还包括信息街道系统工程技术、信息币的世界信码职能系统工程技术等一系列系统工程技术。此专利的申请人为蒋华。在研发时应注重对这些专利的规避。

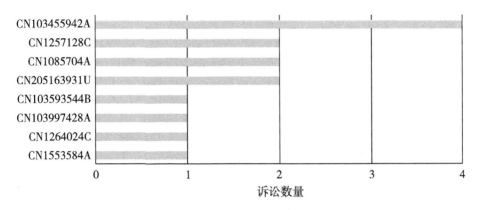

图6－63　我国大数据技术领域最多诉讼专利

行业基准比对图将所选专利组合比对相关行业的平均专利价值水平。这可以帮助评估该技术领域在各个细分领域的相对创新能力。按每组简单同族一个专利代表的去重规则进行统计，图6－64显示了我国大数据领域行业基准比对。由图6－64可知，G06F17、G06F9、H04L12等专利的均值占到其行业专利均值的将近一半，这说明这些技术领域在其细分领域的创新能力相对较强。

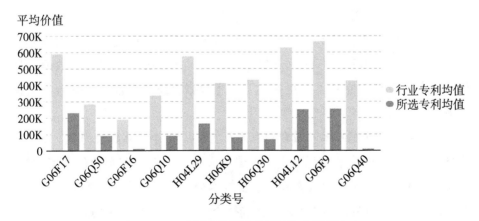

图6－64　我国大数据技术领域行业基准比对

表 6 - 26 显示了我国大数据技术领域市场价值最高的专利（top5），找出国内大数据技术领域内最有价值的专利，可以帮助了解哪些专利发明具有较高的市场价值和利润潜力。最有价值的专利是指该技术领域内具有最高专利价值的简单同族。按每组简单同族一个专利代表的去重规则进行统计，并选择最新公开日专利进行显示。由表 6 - 26 可知，我国大数据技术领域市场价值最高的专利是以国家电网公司为主要申请人的 CN103944507B 专利，此专利的主题为基于逆变器型式试验的光伏电站低电压穿越性能评价方法，申请人为国家电网公司、中国电力科学研究院和国网青海省电力公司电力科学研究院，具有相当高的市场价值和利润潜力。

6.7.9　结论及建议

本研究选择大数据技术领域的关键技术作为检索要点，在智慧芽（PatSnap）全球专利检索数据库中对大数据技术领域相关专利进行检索，通过对我国大数据技术专利进行申请数量及趋势、区域分布状况、主题分布、分类状况、申请人状况、专利状态、重点专利等一系列分析，可以得出以下基本结论：

（1）随着大数据技术和产业发展的深化及一系列国家大数据政策的出台，我国大数据技术领域专利申请数量在 2015—2018 年大幅度增长。

（2）我国沿海省份普遍比内陆省份大数据技术专利申请量多，大数据技术和产业发展呈现出"东西部差异大"的特点。促进全国大数据技术和产业均衡发展需要全国各地区齐心协力、共同发展。

（3）我国大数据技术专利申请涉及的主题范围很广泛，研发技术领域众多。大数据技术和产业的重点研发领域为：大数据、数据集、数据采集模块、存储模块、控制器、互联网、信息数据、顶部固定、云平台、数据采集等。

（4）我国大数据技术领域专利申请人主要以 IT 企业和高校为主，企业占主导地位。大数据技术可观的应用前景已经得到了高校和企业的高度重视。其中，国家电网公司在大数据专利重要技术分支中有较为广泛的涉足，可谓是国内大数据技术领域的领军者，在选择合作伙伴时可优先考虑。

表 6－26　我国大数据领域市场价值最高的专利（top5）

专利	标题	[标] 当前申请人（专利权）人	简单同族	技术宽度	价值/美元	优先权日	申请日	过期年	转态
CN103944507B	基于逆变器型式试验的光伏电站低电压穿越性能评价方法	国家电网公司，中国电力科学研究院，国网青海省电力公司科学研究院	2	3	99 540.000	.	2014/02/18	2034	有效
CN103812592B	基于链状工业以太网的时间同步协议系统及同步方法	南京航浦机械科技有限公司	2	1	99 440.000	.	2014/02/13	2034	有效
CN103631940B	一种应用于 HBASE 数据库的数据写入方法及系统	中国联合网络通信集团有限公司	2	3	98 200.000	.	2013/12/09	2033	有效
CN103532744B	一种智能电网信息通信一体化支撑平台	国网辽宁省电力有限公司信息通信分公司	2	2	96 870.000	.	2013/09/29	2033	有效
CN103440522B	遗传算法与 MapReduce 相结合的车辆调度方法	福州大学	2	2	96 320.000	.	2013/08/31	2033	有效

（5）我国大数据技术领域专利申请量呈现出蓬勃增长且增长速度越来越快的趋势，创新活力较高，当前大数据技术领域正处于其生命周期中的成长期，适合进入当前技术领域。

在大数据时代，一个国家拥有的数据量和处理数据的能力将成为综合国力的重要体现，对数据的占有和控制能力将成为国家和企业提升核心竞争力的关键点[42]。基于此，对国内大数据产业发展提出以下几点建议：

（1）充分发挥现有大数据资源效益，积极实行数据公开共享，打造从政府到各行业间的全社会数据透明共享机制。

（2）积极发挥政府领导作用，加大政策、资金扶持力度，为高校、科研院所、IT类企业提供更加良好的技术创新平台。

（3）进一步增强知识产权保护意识，保证国内大数据产业的研究成果能够在第一时间得到有效保护。

人类社会已经开始步入"第三次工业革命"时代，大数据的兴起则是新时代的重要标志[43]。我国大数据产业关键技术与核心技术在突破创新方面任重道远[44]，虽然国外对大数据的研究起步较早、成果丰富[45]，但在借鉴学习的同时也应注重提升本土化意识，使得大数据技术嵌入国家意识形态安全建设[46]。

本章参考文献

［1］周洁．专利信息利用对我国企业发展的作用研究［J］．江苏科技信息，2015（24）：11－13，26．

［2］肖沪卫．专利地图方法与应用［M］．上海：上海交通大学出版社，2011．

［3］汪锦，孙玉涛，刘凤朝．中国企业技术创新的主体地位研究［J］．中国软科学，2012（9）：146－153．

［4］KIM G J, PARK S S, JANG D S. Technology Forecasting Using Topic－based Patent Analysis［J］. Journal of Scientific & Industrial Research, 2015, 74（5）：265－270.

［5］DAIM T U, RUEDA G, MARTIN H. Forecasting Emerging Technologies：Use of Bibliometrics and Patent Analysis［J］. Technology Forecasting and Social Change, 2006, 73（8）：981－1012.

［6］袁冰，朱东华，任智军．基于数据挖掘技术的专利情报分析方法及实证研究［J］．情报杂志，2006（12）：99－102．

［7］屈鹏，张均胜，曾文，等．国内外专利挖掘研究（2005—2014）综述［J］．图书

情报工作，2014（20）：131 – 137.

［8］HIDALGO A，GABALY S. Use of Prediction Methods for Patent and Trademark Applications in Spain ［J］. World Patent Information，2012，34（1）：19 – 29.

［9］曹雷. 面向专利战略的专利信息分析研究 ［J］. 科技管理研究，2005（3）：97 – 100.

［10］翁银娇，马文聪，叶阳平，等. 基于专利分析的我国 LED 上市公司竞合关系研究 ［J］. 科技管理研究，2018（8）：124 – 130.

［11］王黎萤，虞微佳，王佳敏. 科技型中小企业专利合作网络演化分析 ［J］. 科技管理研究，2018（5）：180 – 187.

［12］付韬，杨志慧，秦震. 京津冀区域医药产业专利合作网络结构及其对医药企业专利产出的影响 ［J］. 科技管理研究，2017（22）：177 – 183.

［13］陈荣，曹明，孙济庆. 面向技术发展趋势的专利分析模型研究 ［J］. 科技管理研究，2017（10）：183 – 188.

［14］蒋君，凌锋，霍翠婷. 我国专利法律状态分析及实证研究 ［J］. 科技管理研究，2014（3）：171 – 175.

［15］贡小妹，黄帅，敦帅，等. 专利视角下科技型企业竞争力提升路径探究：以华为公司发展的动态过程为例 ［J］. 科技管理研究，2018（4）：155 – 160.

［16］储节旺，曹振祥. 创新驱动发展的企业专利情报战略研究 ［J］. 情报理论与实践，2018（4）：1 – 6.

［17］] 姜滨滨. 企业专利策略管理研究述评与展望 ［J］. 科技管理研究，2015（21）：176 – 180.

［18］简南红. 全球十大航空企业在华专利战略的特点及对策 ［J］. 中国科技论坛，2016（3）：93 – 99.

［19］谢湘宁. 浅谈数据挖掘技术在专利信息分析中的应用 ［J］. 中国发明与专利，2015（1）：59 – 62.

［20］屈鹏，张均胜，曾文，等. 国内外专利挖掘研究（2005—2014）综述 ［J］. 图书情报工作，2014（20）：131 – 137.

［21］袁冰，朱东华，任智军. 基于数据挖掘技术的专利情报分析方法及实证研究 ［J］. 情报杂志，2006（12）：99 – 102.

［22］TSENG Y，LIN C，LIN Y. Text Mining Techniques for Patent Analysis ［J］. Information Processing and Management，2007，43（5）：1216 – 1247.

［23］韩红旗，朱东华，汪雪峰. 专利技术术语的抽取方法 ［J］. 情报学报，2011，30（12）：1280 – 1285.

［24］徐川，施水才，房祥，等. 中文专利文献术语抽取 ［J］. 计算机工程与设计，2013，34（6）：2175 – 2179.

［25］JOO SH，OH CHUL，LEE KEUN. Catch – up Strategy of an Emerging Firm in an Emerging Country：Analyzing the Case of Huawei vs. Ericsson with Patent Data ［J］. International

Journal of Technology Management，2016，72（1－3）：19－42.

［26］青梅子．中国企业专利 500 强榜单公布：华为第一（附完整榜单）［EB/OL］.（2019－07－30）［2020－02－01］．http：//www.techweb.com.cn/internet/2019－07－30/2746772.shtml.

［27］RNST H. Patent Applications and Subsequent Changes of Performance：Evidence from Time－series Cross－section Analyses on the Firm Level［J］．Research Policy，2001，30（1）：143－157.

［28］CHOI E H. Technological Innovation and Competitiveness of Huawei：Focused on the Patent Data［J］．Chinese Studies，2018，85：247－271.

［29］刘凤朝，马逸群．华为、三星研发国际化模式演化比较研究：基于 USPTO 专利数据的分析［J］．科研管理，2015，36（10）：11－18.

［30］苏冬冬．浙江高校专利法律状态的文献分析［J］．浙江树人大学学报：人文社会科学，2018，18（2）：93－99.

［31］国家知识产权局规划发展司．中国有效专利年度报告：2014.［EB/OL］.［2020－2－1］．http：//www.sipo.gov.cn/docs/pub/old/tjxx/yjcg/201512/P02015123161939 8115416.pdf.

［32］祁延莉，刘西琴．核心专利识别方法研究［J］．情报理论与实践，2016，39（11）：5－9.

［33］THOMAS L J，CYRUS T F，RANDALL R R，et al. 美国专利诉讼综述及最新发展（下）［J］．中国专利与商标，2019（3）：74－87.

［34］王旭，刘姝，李晓东．快速挖掘核心专利－Innography 专利分析数据库的功能分析［J］．现代情报，2013（09）：106－110，116.

［35］法雷，张延花，杨婧．Innography 专利检索与分析平台的运用［J］．产业与科技论坛，2014（14）：43－45.

［36］刘畅舟．LTE 融合组网技术专利布局研究［D］．湘潭：湘潭大学，2015.

［37］余敏杰，田稷．海洋生物产业专利情报分析［J］．情报杂志，2012（9）：11－14.

［38］张洋．基于国际专利分类法的上海中药产业创新技术热点分析［J］．中国中医药信息杂志，2015（9）：8－11.

［39］麻晓翠．专利引证分析的可视化技术研究［D］．沈阳：沈阳工业大学，2016.

［40］国务院．国务院印发《促进大数据发展行动纲要》［EB/OL］.［2020－08－29］．http：//www.gov.cn/xinwen/2015－09/05/content_ 2925284.htm.

［41］国务院．国务院办公厅关于促进和规范健康医疗大数据应用发展的指导意见［EB/OL］.［2020－08－29］．http：//www.gov.cn/zhengce/content/2016－06/24/content_ 50 85091.htm.

［42］国务院．国务院办公厅印发《政务信息系统整合共享实施方案》［EB/OL］.［2020－08－29］．http：//www.gov.cn/xinwen/2017－05/18/content_ 5195038.htm.

［43］程学旗，靳小龙，杨婧，等．大数据技术进展与发展趋势［J］．科技导报，

2016，34（14）：49－59.

［44］李鹏飞，卢瑾，辛一. 基于专利的大数据技术发展情报分析及战略研究［J］. 情报杂志，2014，33（9）：45－50.

［45］杜明超，洪建，颜雨春，等. 健康医疗大数据的应用范围与价值分析［J］. 中国卫生信息管理杂志，2017，14（5）：652－654.

［46］李巍，席小涛. 大数据时代营销创新研究的价值、基础与方向［J］. 科技管理研究，2014，34（18）：181－184，197.

［47］李文娟，刘桂锋，卢章平. 基于专利分析的我国大数据产业技术竞争态势研究［J］. 情报杂志，2015，（7）：65－70.

［48］刘桂锋，卢章平，宋新平. 专利地图和知识图谱视角的大数据比较研究［J］. 图书情报知识，2015（5）：89－98.

［49］李昊远. 大数据技术嵌入国家意识形态安全建设：内涵与对策［J］. 求实，2017（1）：14－21.